陕西省社会科学界重大理论与现实问题研究项目：新媒体时代党的执政能力与舆论引导机制研究（2017Z040）

渭南师范学院人文社科重点项目：基于融媒体的高校舆论引导策略研究（17SKZD04）

张统宣　张王梅　著

全媒体时代下的新闻生产

QUANMEITI SHIDAI XIA DE

XINWEN SHENGCHAN

东北大学出版社

·沈　阳·

ⓒ 张统宣　张王梅　2019

图书在版编目（CIP）数据

全媒体时代下的新闻生产 / 张统宣 , 张王梅著 . --
沈阳 : 东北大学出版社 , 2019.6
ISBN 978-7-5517-2155-4

Ⅰ . ①全… Ⅱ . ①张… ②张… Ⅲ . ①新闻事业 – 人
才培养 – 研究 – 中国 Ⅳ . ① G219.2

中国版本图书馆 CIP 数据核字 (2019) 第 119578 号

────────────────────────────────

出 版 者 : 东北大学出版社
　　　　　地址 : 沈阳市和平区文化路三号巷 11 号
　　　　　邮编 : 110819
　　　　　电话 : 024-83683655（总编室） 83687331（营销部）
　　　　　传真 : 024-83687332（总编室） 83680180（营销部）
　　　　　网址 : http: // www.neupress.com
　　　　　E-mail : neuph@ neupress.com
印 刷 者 : 定州启航印刷有限公司
发 行 者 : 东北大学出版社
幅面尺寸 : 170mm×240mm
印 　 张 : 13
字 　 数 : 240 千字
出版时间 : 2019 年 6 月第 1 版
印刷时间 : 2019 年 6 月第 1 次印刷
责任编辑 : 邱 　 静
责任校对 : 叶 　 子
封面设计 : 河北优盛文化传播有限公司
责任出版 : 唐敏志

────────────────────────────────

ISBN 978-7-5517-2155-4　　　　　　　　　　　定 　 价 : 59.00 元

融合与创新：一份小报与一个新时代的新闻理想

笔者对新闻的感知和理解，是从一份小报开始的。

2014年5月，由于工作关系，笔者当了渭南师院报编辑。

这份小报每月出版1期，四开四版。在与这份小报共同成长的3年多时间里，笔者与新闻结下了深深的情缘。

媒介的发展是全媒体时代不变的规则，其发展到一定程度而导致的媒介变革是全媒体时代的常态。

在这3年多时间里，伴随着新兴媒体的跨越式发展，渭南师院报编辑部秉持"打造舆论主阵地，唱响红色主旋律，讲述师生好故事，传播校园正能量"的理念，积极推进校报"全媒体中心"建设，构建以"一报一台一网一站双微一矩阵一站群"为依托的"全媒体"新闻舆论宣传阵地，创新机制体制，重塑新闻生产流程，打造新型主流媒体，提高对外传播能力，助力学校构建新闻舆论宣传深度融合的大宣传格局，受到师生、校友和社会的高度关注，成为学校传播新体系的重要内容。

在新兴媒体占据市场的时代，对于新闻事业来讲既是挑战，更是机遇。媒介平台的变化发展给新闻生产提供了无限动力，同时对新闻从业者提出了更高要求。

不同的媒介形式呈现出不同的媒介图景，进而会影响到不同的大众文化。在全媒体时代，随着媒介报道影响力的增大，如何使媒介报道与社会责任达到和谐统一，更加注重社会责任的阐释；如何推动中国社会弱势群体话语权有效表达和保障机制的建立；如何实现新兴媒体与传统媒体的更有效融合、传者与受者间角色转换……这些成为整个社会关注的焦点，也是笔者在感知和理解新闻过程中关注与思考的问题。

一、融合与变革

我们获知外部世界信息有两种方式：直接经验和间接经验。由于直接经验有限，我们不得不依靠间接经验。新闻传播之所以重要，实缘于此。

直接经验和间接经验又是非常不同的，后者需要一个社会性中介。这个中介不仅有思想、有情感、有意图、有目的，而且有特定的社会地位和社会权力，并存在于错综复杂的社会关系之中。正因为如此，我们往往更相信自己的直接经验。在新闻传播过程中，传播者所传播的新闻受制于他们的思想、情感、目的、意图及其社会地位、社会关系等各种因素。他们首先是在这些因素——甚至比这些还要多的因素——共同作用下来选择事实及其片段。然后在这些因素作用下，再对选择的片段重新组织加工。最后通过一定的符号形式形成他们的"报道"。

虽然人际相互传递新闻的现象在当今社会仍然普遍存在，但比起专职新闻传播机构所从事的大众传播，它的影响面和影响力要小得多。这也是新闻学从诞生之日起，就把研究重点放在由专职的新闻工作者、专门的新闻采访发布机构所从事的新闻事业上的原因。我们渴望更多的直接经验，但事实上我们不得不更多地依靠间接经验。如今，我们的生活几乎被大众传媒所包围，我们生活在所谓传媒时代，我们越来越依靠新闻媒介来了解世界，我们所说的"现实"在很大程度上是媒介为我们建构的"现实"，即"媒介现实"。它是由职业化的组织（新闻机构）和组织化的个人（记者、编辑），按照一定的工作流程"生产"出来的。

自"工业社会"以来，"生产"成为一个使用频率极高的词，不仅被广泛地应用于物质产品，而且频繁地出现在精神产品上，如"知识生产""文化生产""影视生产""新闻生产"等，不一而足。老实说，我不大喜欢把"生产"与精神实体联系在一起，那样做会让人产生太多的关于"物质化""机械化""功利化"的联想。"精神的真正功劳在于对物化的否定"，如果霍克海默的话是对的，那么上述联想实在是对精神的亵渎。不过，话又说回来，针对有组织、大批量、标准化、营利性等特点，说现代社会的精神产品也是一种"生产"过程，不但在描述上有它的合理性，而且带有一定的思想上的批判性。其实，法兰克福学派最初就是在批判意义上使用"文化生产"这个概念的。至于"新闻生产"，在英语文献中主要由"newsproduction""making news""newsmaking"等表述，它们大多旨在说明"新闻"其实是一种有组织、有计划的社会活动过程的产物。在这个过程中，一些事实被选择、组织并发表，另一些事实则被忽视、省略或者乔装打扮，甚至改头换面。从知识社会学的观点出发，研究新闻生产的这种组织化和社会性过程，发现其中的作用因素和机制，被认为是揭开"媒介现实"建构和结构之谜的有效途径。

"新闻是人们了解世界的窗口","窗口展示的视野取决于窗口的大小、窗格的多少、窗玻璃的明暗以及窗户的朝向是迎着街面还是对着后院"。盖伊·塔奇曼这个形象的比喻说明新闻是被生产出来的,它受制于一定的"框架","媒介现实"不是真实的现实,而是媒介组织"制造"出来的现实。但是,那又怎么样呢?问题在于我们似乎无法摆脱依靠媒介的"制造"来了解现实的"宿命"。所以,在解开"媒介现实"建构和结构之谜的基础上,能否进一步思考如何使新闻生产更加"合理化",让媒介产品更好地满足社会的需要呢?因此,"解谜"还不是我们的目的,我们的目的是想通过分析新闻生产中的主要作用因素和影响机制,来寻求建立一种更好的"人们能够得到良好信息"的新闻生产关系。

知识社会学致力于挖掘知识的社会根源,寻找无所不在的社会结构影响知识和思想的途径,探究知识与人类社会或人类文化中存在的其他各种要素之间的关系。它认为,特定时期、特定社会的知识生产与该时期、该社会的结构和文化密切相关。一定社会的组织结构以及文化传统影响并决定着这个社会的知识内容、知识种类和知识形态。从广义上看,大众传媒所进行的新闻报道也是一种知识生产。早在20世纪20年代,芝加哥社会学派的领军人物之一罗伯特·帕克就是这么看的。也许正是基于这一思路,美国社会学家罗伯特·金·默顿在《社会理论和社会结构》著作中将"知识社会学与大众传播"作为单独的一编,可见他对该问题的重视程度。该著作的中译本于2006年由译林出版社出版,共计四编,达690余万字。在默顿看来,"尽管知识社会学与大众传播社会学基本上是各自独立地发展起来的,然而,如果能够把这两个领域中的理论概念、研究方法和经验发现统一起来,那么对知识社会学和大众传播社会学的迅速发展将会大有裨益。"

虽然知识社会学对知识类型、知识与现实存在的关系,以及受存在制约的功能等表示出不同程度的关注,但它的中心论题始终围绕着"知识存在的基础"展开。所有的知识都受制于一定的社会历史条件,这是各种流派的知识社会学一个共同的假设前提,余下的问题只是验证该假设的方法或路径以及对该假设所做的理论解释。马克思和恩格斯运用"历史唯物主义"的方法,通过对人类社会历史的深入考察,认为物质的"生产关系"构成了观念的上层建筑的"真正基础"。

统治阶级的思想在每个时代都是占统治地位的思想。这就是说,一个阶级是社会上占统治地位的物质力量,同时是社会上占统治地位的精神力量。支配着物质生产资料的阶级,同时支配着精神生产资料,因此,那些没有精神生产资料的人的思想,一般是隶属于这个阶级的。占统治地位的思想不过是占统治地位的物质关系在观念上的表现,不过是以思想的形式表现出来的占统治地位的物质关系。因而,这就是那些使某一个阶级成为统治阶级的关系在观念上的表现,因而也就是这个阶级的统治的思想。

物质的"生产关系"构成作为统治权力和观念形态的上层建筑的"真正基础"。毫无疑问，马克思和恩格斯的这一思想至今仍然闪耀着真理的光芒。但是，必须注意到，马克思和恩格斯的这些论述是针对包括费尔巴哈在内的一切旧唯物主义的，旨在阐明新的唯物史观，就是社会历史发展的根本原因存在于以物质生产为基础的"人的感性活动"即"实践"之中。因此，不能机械地套用这一思想来解释"知识"与物质生产资料占有以及阶级地位之间的关系，也不能把精神产品生产简单地理解为"什么人唱什么歌，什么阶级说什么话"。历史唯物主义重在对社会历史发展根本动因的追寻，并通过这种追寻达到不仅"解释世界"而且"改变世界"的目的，而不是像经验社会学所做的那样，通过搜集经验证据来寻求构成一种社会事实的各种原因，或者说是发现一种结果的各种"变量"。后者常常就是西方一些社会学家对马克思主义所做的所谓"修正"或"补充"。

涂尔干对特定的思维体系和社会组织体系之间相互关系的研究，对知识社会学以后的发展产生了深远的影响。沿着涂尔干的思路，舍勒认为，在包括知识生产的人类发展史上没有永恒不变的独立变量，起初是血缘联系和亲属联系制度构成独立变量，后来是政治权力构成独立变量，最后是经济因素构成独立变量。凡勃伦也强调人的思考方式对社会组织的依赖性，认为："人们在工业环境的要求下必须适应的生活规划塑造了指导个人行为的思想习惯……个人只是思想习惯的单一的复合物。而与思想习惯对应的心理机制在一方面可表现为行为，在另一方面则可表现为知识"。

卡尔·曼海姆对知识社会学的贡献受到西方学术界的广泛重视，默顿在《社会理论和社会结构》中设专章介绍和分析了曼海姆的知识社会学。存在决定知识是曼海姆研究知识社会学得出的一个基本结论，在他看来，存在不仅促进了各种"知识"的诞生，而且渗透到它们的形式和内容中，同时对我们的经验和观察的深度与广度也起着决定作用。但是，曼海姆所理解的"存在"不同于马克思主义的"实践"，他所指的更多是一系列可以被观察到的"社会事实"，包括人的社会地位、利益关系、所属群体，甚至"代际差异"等。也许正因为有这么多的"存在"，人们很难从曼海姆的著作中归纳出关于"知识存在基础"方面前后一致的完整观点，"有时，他认为社会力量直接造就精神产品；有时，他又把某种思想形式的出现归结于主观利益；他还宣称人们的注意力导致这种思想而不是那种思想的产生"，关于精神产品或知识现象的研究方法，曼海姆认为有两类：一类是从"（知识）客体和现象本身的内部"入手，认识并解释它们的意义，这就是阐释学的方法；另一类是从精神产品的"外部"入手，把它们视为社会过程的产物，分析各种"存在"因素对它们的影响和制约情况，这就是知识社会学的方法。本书将运用这种知识社会学的方法来考察新闻生产及其产品，但是，笔者并不打算全面考察那些影响和制约新闻生产的"存在"因素，而是集中考察和分析其中的几项重要"社会权力"因素。

1983年，浦尔教授第一次把"媒介融合"概念作为媒体的内在变革力量。此后10年，新闻传播业的发展不断积蓄着融合的力量和因素。互联网的发展更是为融合发展提供了绝佳契机，"媒介融合是社会要求传播媒体多元化发展态势的表现……必然会在曲折行进中成为一种媒介发展的必然趋势。""融合新闻"作为媒介融合的核心环节尤为值得关注。蔡雯教授被认为最早将这一概念引入国内的学者。此后，我国关于媒介融合的研究和实践蓬勃发展起来。2014年公布的《关于推动传统媒体和新兴媒体融合发展的指导意见》，标志着我国决心在媒介融合这一重大变革中发力。从总体上看，媒介融合的全媒体时代目前主要实现的变革集中在三个方面。

一是实现了由"技术变革"到"内容融合"的过渡。

"互联网＋内容"被视为融合的初级尝试，此后融合发展力求通过技术变革倒逼内容生产。媒体纷纷通过对客户端的改造升级实现新闻信息传播的双向性和互动性，在内容上趋向外溢效应，在效果上实现信息主体、传播者和受众的有效连接。从内容生产来看，媒体根据新闻线索价值、受众选择兴趣等，经过新技术的加工处理，特别是借助网络数据优势，实现新闻生产效率的提升和内容的改革。新闻生产模式不断得到创新，新闻产品不断丰富、立体、融合，传播效果不断增强。"数据新闻"成为融合发展新阶段的一个重要标志。媒体借助大数据、可视化等技术，在数据收集、内容选择、分析统计、视觉呈现等方面不断创新，以精准新闻、数据新闻、融合新闻等形态进行生产加工和呈现。

二是实现由"点的突破"到"面的转变"。

"媒介融合既指各种融合的结果，也涵盖各方面融合的进程。"各大媒体在探索技术和内容融合的同时，逐渐开始媒介产业链的融合，借此实现全方位变革。面的突破主要以经营模式的综合化和运营机制的创新为标志。首先，实现多种经营模式的融合，如服务、文创、大数据、电商等多点经营模式，实现新闻传媒与信息服务的有效整合。其次，融合语境下的媒介运营和管理的回应与调整。一方面，作为政策和意识形态层面的监管不断加强；另一方面，媒体自身的"自律性""竞争性"也对媒体自身的信息控制模式产生了冲击。相应的，宏观层面以法治化、市场化和道德性为重点，主体层面主动加强对信息源、采集方式、生产流程、传播效能等进行主体化控制和优化。

三是融合程度实现了由"浅层融合"到"深度融合"的转变。

大部分学者认为，融合是一个系统的、全面的形态和过程。作为过程的融合必然存在发展性，也即融合程度的问题。当前，融合兴起加速了融合程度的加深，逐渐朝着思维方式、组织架构、传播渠道、媒介生态等深度融合方向发展。众多媒体借助"互联网思维""技术驱动"，重建新闻生产组织机构，打破传统的职能划分界限，改造新闻生产流程和传播流程，追求新闻的时效性和创新性，提高传播效率。

融合发展语境下的新闻生产在信息源、生产单位、生产组织、生产方式等方面都处于剧烈而深刻变化之中。"新闻信息源结构的改变与新闻传播主体的变化；新闻媒介组织结构的变化与工作流程的变化；新闻载体性能的改变与新闻传播方式的变化。"有学者将全时性、开放性和互动性归纳为融合背景下新闻生产的三大特性。对于新闻生产者而言，如何理解与应对这种冲击则更为迫切。

（一）专业理想还是市场驱动——新闻价值的取舍

全媒体突出的特点就是信息流动的方向、渠道和数量较以往有了巨大变化。从传统的"媒体传播，受众接受"转变为"用户选择，媒体提供"，新闻信息的供给和需求也从生产向消费转移。新闻专业主义的分析应该注重包括客观性理念、自由与责任的观念、服务公众的意识以及新闻自律与他律几方面内容。

新闻生产环境的几次重大转变，促使媒体、公众和研究者围绕新闻生产的核心与本质反复论证及争论。一个值得考虑的问题就是资本在媒介融合中的作用和对新闻生产的影响。新闻传播离不开资本的支撑，资本运作也是媒介融合的重要途径和方式。但是，资本的本性是追逐利润，而新闻生产作为特殊的产品供给，除了市场竞争性外，内容的规范性、价值的导向性、影响的社会性及传播力、教育意义等都是不容忽视的。而在融合过程中，如何实现资本效能的最大化、资本负面影响的最小化是一个重要的问题。

习近平新闻思想既是对我们党新闻理论的继承和创新，也是对我国改革开放实践的总结，是做好新时代党的新闻舆论工作的科学指南，为新时代新闻舆论工作指明了前进方向、提供了根本遵循，其所揭示的党的新闻舆论工作基本规律和主要理论包括：一是突出强调坚持党对新闻舆论工作的领导；二是突出强调坚持新闻舆论工作的人民性；三是突出强调遵循新闻舆论工作的规律性；四是突出强调新闻舆论工作的创新性；五是突出强调做好网络新闻舆论工作；六是突出强调推进国际传播能力建设；七是突出强调加强新闻舆论队伍的建设。

（二）坚守还是创新——融合新闻生产的流程再造

传统的新闻生产以单一媒体生产、单向传播为主。随着传播技术的发展，信息传播和获取渠道、媒体资源分布、受众要求及媒介自身急需变革，尤其是公众进入新闻生产的过程，联合新闻、数字新闻、公众新闻、循证新闻等新的新闻生产业态不断涌现。实现新旧媒体的高度融合和实质融合，在新闻信息传播过程中各自发挥优势，如采编资源整合、分工协同合作、传播渠道和途径并用等，进而实现新闻信息传播的媒介全覆盖、时间全时段的及时有效传播。技术变革使传统的新闻生产面临巨大的挑战。首先，在网络环境下，速度竞争落后于新媒体。如果说对于可预知的事件，传统媒体可以进行现场直播，但是对于一些突发事件，传统媒体由于缺乏媒体之间的有效互联，及时报道难以实现。其次，新媒体突破了传播时空的局限。互联网的开放性和共享性使得即便内容相似的信息也可以纳入传播环节。最后，传播方向的单向性，单向传播必然会存在信息的选择性，那么对于新闻的第一话语权则不可避免地掌握在媒体手里。

习近平总书记十分重视加强对新闻舆论工作的引导，特别关注对新闻人才的培养，特别注重加强和改进对新闻工作的管理，营造良好的舆论氛围。

一是突出强调加强党对新闻工作的领导。习近平同志开门见山地提出"当前要进一步加强党对新闻工作的领导"，重申新闻事业是党和人民的喉舌，强调党性和人民性的统一，要求新闻工作者发挥渠道和桥梁作用，长期地、耐心地、孜孜不倦地向人民宣传党的路线、方针、政策，解释党对事物的主张和看法，让人民了解党和国家的大事，使党的看法、主张化为人民群众自觉自愿的行动。为此，习近平同志要求各级组织要高度重视新闻工作，切实加强对新闻工作的领导。

二是强调遵循新闻工作的规律性。习近平同志指出：新闻学作为一门学科，与政治的关系很密切，但不是说新闻可以等同于政治，不是说为了政治需要可以不要它的真实性，在实际工作中，既要强调新闻工作的党性，又不可忽略新闻自身的规律性。

三是强调既要加强舆论引导，还要重视发挥舆论监督的作用。习近平同志指出：舆论引导就是要通过新闻报道，弘扬社会正气，坚定人们对改革的信心，认清改革的光明前途。新闻工作者要抓住事物的本质，反映问题的主流，坚持正面宣传为主，把握新闻宣传的基调。同时，舆论监督是加强党的建设和民主政治建设的一项重要内容，各级党组织和政府应欢迎新闻工作者既报喜也报忧，拿起舆论监督的武器，对自己工作中的问题和各种腐败现象进行揭露批评；各级党政领导要正确对待新闻监督，要树立开放、开明的态度，对记者不应求全责备，要与新闻记者交朋友，把新闻监督看作对地方工作的支持，为新闻监督创造一种良好的政治环境。

四是强调加强新闻队伍建设。习近平同志强调：新闻工作者要有强烈的社会责任感，要明确自己是为党和人民工作的，无论在何时何地，都要对党和人民负责。要注意舆论的社会效果，克服片面性。要加强学习，提高政策理论水平；要发扬艰苦奋斗精神，深入调查研究；要严于律己，遵守职业道德。

（三）抵制还是拥抱——技术创新洪流下的新闻生产

技术推动着媒介形态发展，促进着新闻生产的剧变。信息传播平台的拓展使得新闻生产者有了强大的舞台和空间。相应的，信息来源的多元化和信息量的膨胀性，又促使生产者自发地改变对待信息的态度。新闻生产者不得不放下"傲娇"的信息选择和过滤者地位，根据受众需求，在海量数据中进行选择、制作和传播。新闻生产者的身份界定也越来越模糊和延展，生产过程越来越注重公众，尤其是受众的意见和偏好。在新闻生产过程中，一方面要包含并体现公众意见，另一方面生产者也要不断地在技术洪流中找到合理的技术同盟者。这样一来，新闻生产就成为全员参与和竞争性技术合作的双重倾向。一个成功的新闻生产程序，已经从一个单向的、孤立的、封闭性流程转变为开放式、全员式、互动式的技术性工序。

从新闻生产的组织来看，新闻生产组织在融合过程中也积极应对，弥补技术短板，提升技术能力，集中优势资源推动诸如采编系统、信息资源数据库、云平台、信息发布系统等建设。以开放和积极的姿态，尝试并运用层出不穷的先进技术，进而实现技术对生产组织的变革和推动。

应该说，融合发展对新闻生产的影响是全方位的，诸如新闻生产的价值功能和社会功能、新闻生产者的职能转换和身份界定、新闻生产的监管和引导等都是值得关注的问题。

如果说技术是融合新闻生产的直接推动力、内容变革是核心和基础，那么实现融合生产的科学常态机制则是重要保证。融合要健康发展，不仅需要思维和理念的变革，还需要建章立制，如新闻产品质量评价机制、公众信息采集和筛选机制、新闻制作流程规范机制、新闻发布渠道建设机制、传播效能反馈机制、融合发展的监管、资本运营机制等，完善的机制才是融合发展有序进行的保证。

就新闻生产而言，常态化机制主要针对当前融合发展阶段性、战役性尝试。当前，融合新闻生产的主要关节点在内容生产框架的建构，主要通过流程再造实现媒介融合下新闻采编、生成、传播的多元化和资源整合。很多媒体通过重大主题和重要活动的融合新闻生产实践，积极探索符合融合新闻生产特点、传播效果良好、制作生产高效的采编制作发布流程。在不断完善的基础上，融合新闻生产逐渐从"顶端优势"尝试着发展到全面、常态的机制。

推动媒体融合发展，不仅有着重要的思想意识形态战略考量，对于媒体而言，更意味着重生和涅槃，如何实现在融合背景下新闻生产的量的增加和质的提升，真正实现在内容、产品、传播上的超越，值得探讨。

时代是思想之母，实践是理论之源。习近平新闻思想是习近平新时代中国特色社会主义思想的重要组成部分，是从中国特色社会主义新闻实践中总结出来的，与我们党长期形成的新闻思想一脉相承又与时俱进，与习近平总书记长期的学习、工作实践密不可分，是对马克思主义新闻理论的丰富和发展。

二、坚守与转型

柏拉图将我们的经验世界比作投射在岩壁上的影子，这多少有些不可知论的成分。因为人类在实践中的"经验的世界"是我们唯一真实的世界，是全部知识的合法来源。但如果把柏拉图的比喻用在当今无处不在的新闻媒介上，倒是有几分恰当。有调查结果表明，当今全媒体时代，人们关于现实世界存在状况的绝大部分知识来自新闻媒介，我们在很大程度上是按照媒介建构的现实来思想、决策和行动的。于是，善良的人们普遍希望这个"影子"尽可能地和"实在"相吻合（真实、客观、公正、全面等，都是由于这种希望而建构的一些理论范畴）。然而，影子毕竟是影子，它与"实在"的区别是注定的。两者之间是否吻合、吻合到什么程度，并不依赖人们的希望和批评，而是依赖光源的明暗、摆放的位置、投射的角度、其间的折射物体等。

传统的新闻传播学基本上建立在一系列"希望和批评"的基础上，即希望媒体客观、公正地报道事实，真实、全面地反映现实；批评媒体过度报道某些社会问题，如夸大了这些问题的严重性，或忽视了某些问题，甚至有意掩盖了一些问题，从而使这些问题的事态进一步恶化。这种"规范"的新闻传播学自然有理论意义和现实意义，因为人类应该对自身寄予希望，而批评则是试图从另外一个方向促进希望的达成。但是，"规范"的新闻传播学有两大致命的弱点。

第一，它过于宏大，以至于自说自话，严重地脱离新闻传播的实践。大量的研究结果尽管貌似有理，但对新闻传播实践没有多少实际意义。正像许多从事媒体工作的新闻传播学专业毕业生说的那样：新闻学"有理无用"，"理论上一大套，实践上做不到"。近年来，国内有些学者为了追求体系的宏大、理论的"完美"，使这种情况变得愈加严重。

第二，与此相联系，"规范"的新闻传播学研究往往缺少原创性。无论中外，这类研究多是大量地借用其他学科的概念、术语和研究成果；与此相反，其他学科极少借用新闻学的概念、术语，更少引用其研究成果。究其原因，在这类研究中，许多问题可能只是新闻传播涉及而非自身固有的。新闻传播学的研究者如果能发现本学科所固有的问题，并坚持不懈地研究下去，或许能有更多的原创性成果出现。

究竟哪些问题属于新闻传播自身固有的问题？这还需要进一步研究。大体上说，如果没有新闻传播，尤其是没有大众传媒所从事的新闻传播，就不存在的问题，即属于新闻传播自身固有的问题。以此观之，从我们新近经验的部分事实中选出一些片段，到为告知另一些人而做的表述，尤其是那些专职的新闻工作者从获取事实到最终形成人们在媒体上见到的报道，其间所有的作用和制约因素以及它们之间的相互关系，肯定是新闻传播自身固有的问题。本书研究的正是这些问题，虽然我们并不打算考察影响和制约新闻生产的所有因素，而仅仅关注几种主要的"社会权力"。

"从事实到报道"是整个新闻传播流程中的基础性环节，离开了这个环节，下面"从报道到受众（或公众）"的环节就无从谈起。从总体上看，在西方学界，前一个环节属"新闻生产"研究范畴，后一个环节属"效果"研究范畴。无论是从逻辑的观点来看还是从历史的观点来看，"新闻生产"研究都应该是"效果"研究的基础。再回顾一下前面提到的"影子"的比喻。我们如果只是一味地纠缠于"影子"与"实在"是否吻合、吻合到什么程度，而不去探究光源摆放的位置、明暗程度、其间的折射物体等，恐怕会永远不明就里。媒体存在于各种社会关系之中，就和其他任何社会组织一样，它不仅受制于这些关系，而且由于自身也是利益主体，它还会利用自己的"权力"参与社会关系的建构。从这个意义上看，"官方媒体""民间媒体"都很难做到客观、公正。认识并指出这些问题无疑是必要的，过去关于新闻生产的研究大多如此。但社会毕竟需要媒体这样一种"公共信息平台"，如何才能让它更好地为人们提供"比较合理的有意义的信息"，服务于社会，恐怕更加重要。诚如马克思所言："哲学家们只是用不同的方式解释世界，而问题在于改变世界。"本书试图通过考察新闻生产中的"社会权力"及其相互关系，探讨媒体更好地服务于社会的可能性。

英国学者詹姆斯·卡伦在厘清传播学的道路时指出：西方传播学存在两种截然对立的研究视角，一种是自由多元主义的美国视角，另一种是马克思主义的欧洲视角。

多元主义者把社会视为由相互竞争的利益群体组成的复合体。其中，没有哪一个群体能够始终占据宰制的地位。媒体机构也被视为受到一定限制的组织系统。但它们同时享有相当程度的自主权，独立于国家政府部门、党派和体制化的压力群体之外而存在。媒体的控制权被掌握在一群独立自主的精英阶层的管理人员手中，他们把相当程度的灵活性赋予媒体从业者。

马克思主义者认为，资本主义社会是一个由阶级宰制的社会；媒体被视作一个意识形态的竞技场，不同阶级的观点在此进行较量，尽管这种较量是在由某些阶级所宰制的语境下展开的；媒体的最终控制权日益被集中到垄断资本者手中；媒体从业人员在沉浸于自治的幻觉中的同时，被宰制性的文化准则所同化，并且将它们内化于自身。

这两种对立的视角在新闻生产的研究中同样能得到印证。自由多元主义者坚信，在他们那样的自由民主社会里，媒介享有高度的自主权，按照纯粹的帕森斯社会学表述，美国媒体不仅独立于政府，而且独立于其他政治、经济或民间团体等社会"亚系统"。因此，新闻生产更多地被视为媒介组织在专业主义指导下的自主行为，媒介产品充其量是在尊重其他社会组织和个人（自由主义的基本信条）的前提下，与这些组织和个人之间"互动"的产物。从 20 世纪 50 年代出现的"把关人"研究，到塔奇曼关于新闻生产的经典研究，无不贯穿上述基本信念和视角。

马克思主义者反驳，西方媒体的所有权和结构特点早已明白无误地显示出它们的垄断性质，表面独立的媒介组织实质上只能是工商巨头的代言人和资本驱动的傀儡。这一基本信念与研究视角尤其被媒介政治经济学者所坚持。英国伯明翰大学当代义化研究中心的学者们认为，西方媒体被一种隐性的意识形态所控制，由于这种宰制性意识形态已经内化到新闻工作者和新闻机构自身当中，人们很容易产生媒介独立的错觉。

两种信念、两种视角、两种观点，针锋相对，互不相让，且都言之凿凿、持之有据。但稍加分析不难发现，它们背后则隐藏着一个共同的预设前提：理想的媒体应该是真正独立自主的媒体。无论是沾沾自喜于"民主政治"的经验学派，还是不满于"资本主义"的批判学派，对此都坚信不疑。换句话说，真正的新闻业只存在于西方自由民主国家。这不仅不符合世界多元政治格局下的新闻传播实践，而且在理论上也疑点重重。

首先，目前的民主政治仍处在实践中，即便在西方国家也有不同的实践模式，更别说世界范围了。以西方的民主政治为标准无疑是对其他民主国家政治实践的否定，是西方中心主义的典型表现。其次，对自由独立媒体的追求和向往，是社会学结构功能主义理论的伴生物或衍生物。根据结构功能主义理论，一个社会的良性运行有赖于各个子系统依据其在该社会整个结构中应该发挥的功能而自主运作。然而，社会学中的其他许多理论，如互动理论、构成或结构化理论（吉登斯）、交往理论（哈贝马斯）、场域／权力理论（布尔迪厄）等，早已对传统的结构功能主义提出质疑和挑战。最后，与个人的独立自由不同，作为组织的媒介机构的独立自由似乎主要还在于努力达到客观、公正，进而更好地服务于公众利益，但问题在于自由独立的媒介是否就能抑或更可能达到客观、公正，更好地服务于公共利益？起码西方马克思主义者不这么认为。

对于媒介，在自由和干预之间，有着太广的空间地带可供不同的政治实践进行选择。关键不在于秉持什么样的理论假设，而是要在世界政治、经济、文化格局中把握特定时空的脉络或语境（context）。一般意义上的民主政治已经为世界绝大多数国家所接受，但具体的民主政治实践千差万别。比如，现代性在西方和非西方具有不同的解放潜能，媒介体制在两种语境下也有不同的选择可能。

在我们的许多研究中，关于理想媒体的西方理论预设仿佛成了一种不证自明的"逻辑起点"。传播学或新闻学研究的西方化，不只是研究对象或材料的西方化，更重要的是很多预设理论前提的西方化。"有人潜意识里觉得，外国学者提供普遍理论，中国学者只能证明那个理论在特殊环境的真伪。"社会科学的实践性决定了其历史性，这种历史性又深深植根于特定的民主国家的具体实践中。据此，新闻传播研究（当然包括新闻生产研究）的本土化既不应该用西方的理论来整理和分析中国的材料，也不能不顾学说积累甚至抛弃基本的学术规范去另外建构一种"本土传播学"。如李金铨所言："唯有不亢不卑，对具体的经验现象提出原创的解释，既照顾理论的普遍性，又充分显示出文化的特殊性，在各层次展现同中有异和异中有同，最后才能向支配的结构争鸣"。

美国社会学家盖伊·塔奇曼在《做新闻》一书中说："用解释社会学的观点，说明新闻是社会建构的产品，是新闻专业人员按照日常工作惯例完成的产品"。无论是从认识论（知识论）出发，还是从解释社会学着眼，说新闻报道属意识范畴，是社会建构的产物，都不能说是什么新鲜的观点。然而，我们却不能将塔奇曼的著作仅仅视为认识论或解释社会学的实证性演绎。"新闻是通过哪些环节实现社会建构的"，"日常发生的事情是怎样被转变成所谓新闻这种具有现实时空的故事的"，从而完成了一次"实践的理论化"过程，在吉登斯看来，"这种'实践的理论化'正是社会行动者建构或'产生'行为至关重要的因素"。

也许正因为如此，刘易斯·科赛认为："《做新闻》是一部关于新闻媒介研究的开拓性著作"。可是，由于塔奇曼的"实践"（观察和访谈及其对象）完全取自美国，根据这些实践所"化出"的理论，其局限性自然是不言而喻的。和所有的自由多元主义者一样，塔奇曼预设的前提是独立于政府和其他社会组织的媒体。

所以他的研究以媒介、媒介组织和新闻从业者为中心，"考察新闻机构和新闻工作者机构是如何结合在一起的……报纸和电视作为复杂的组织所必须遵循的程序，以及新闻工作者所承担的职业关怀……关注新闻专业主义以及来自新闻专业主义的决定是如何成为组织需要的产物"。虽然这种考察和关注对新闻生产的研究是十分必要的，但对那些根据另外的政治理论和实践进行设计与定位的新闻业来说却显得有些不得要领。舒德森在回顾西方新闻生产研究的各种理论取向后，批评说它们"既缺乏历史视野，也不比较研究……媒介研究的动机通常是在缺乏比较视野的情况下构想出来的"。在他看来，新闻生产研究中的这种缺陷"也一定损害了其作为社会科学的长期价值"。李金铨认为：英美的媒介政治学家通常漠视比较的视野，他们的理论架构孕育于工业先进和政治稳定的富裕国家，无法完全解释第三世界复杂而曲折的经验。

　　本书立足当前中国社会政治、经济、文化的特定语境，重点关注媒介、媒介机构和新闻工作者如何在各种社会力量的作用下，以及在和这些力量的相互作用中从事新闻生产、建构"媒介现实"的。在分析上述作用和相互作用的过程中，笔者也会对这些力量的形成和变化做必要而简洁的历史扫描，以期发现它们的道路和走向。但是，本书的根本目的不在于解开中国"媒介现实"的建构和结构之谜，而在于通过检视那些影响新闻生产的主要社会力量，寻求一种适合中国国情、有利于新闻生产的"专业化制度空间"，并在最后提出全媒体时代新闻生产的保障建议。

张统宜　张王梅

2018 年 8 月

目 录 CONTENTS

第一章　全媒体时代下的全球化语境 / 001

第一节　全球化与全球网络社会 / 001

第二节　媒介化与社会关系 / 008

第二章　全媒体时代的媒介转型 / 020

第一节　全媒体与新闻业的碰撞 / 021

第二节　媒介融合 / 024

第三节　媒介重组 / 033

第四节　党报的转型与发展 / 039

第三章　全媒体时代的新闻产业融合 / 059

第一节　全媒体时代的新闻产业融合综述 / 059

第二节　全媒体时代的产业共生 / 062

第三节　全媒体时代的合作与演进 / 068

第四章　全媒体时代的新闻生产 / 072

第一节　新闻生产的新场域 / 072

第二节　新闻生产的新模式 / 078

第三节　新闻生产流程再造 / 084

第四节　全媒体时代的新闻生产者 / 089

第五章　全媒体时代的新闻传播 / 110

第一节　社会学视角的传媒市场化 / 111

第二节　来自资本的动力 / 117

第三节　新闻娱乐化 / 120

第六章　全媒体时代新闻生产的保障 / 127
　　第一节　健全媒体规则 / 127
　　第二节　变革与创新体制和机制 / 129
　　第三节　市场经营与新闻生产的合理把控 / 130
　　第四节　加强媒体自律与伦理规范 / 132

第七章　高校"中央厨房"建设 / 134
　　第一节　建设高校新闻中心"中央厨房"的必要性与必然性 / 135
　　第二节　高校全媒体"中央厨房"的建设 / 137

第八章　全媒体时代与网络舆论 / 143
　　第一节　互联网舆论场 / 143
　　第二节　新意见领袖 / 157

结语　新时代，新征程——历史的省思与未来展望 / 166

参考文献 / 184

第一章 全媒体时代下的全球化语境

席卷世界的新媒体革命已经成为全球化的一个结构性因素。新媒体以无孔不入的技术优势，全面植入全球政治、经济、文化的交流与冲突之中。新媒体在成为全球化助力器的同时，也日益重塑着全球社会形态。

在全球化背景下，新媒体发展日新月异，凸显出强大的传播力与影响力。一方面，新媒体突飞猛进快速发展对于新闻业产生巨大冲击，它彻底变革了媒介生产消费的方式，加速了媒体的转型，加快了媒介融合的进程。另一方面，新媒体对于社会发展、人际关系、民主进程、文化教育等诸多方面带来了深刻的影响。本章意在从全球范围视角着眼，从新媒体的大发展、新媒体在线新闻生产消费与经营管理、新媒体技术应用、新媒体对社会关系的影响以及新媒体与新闻实践等方面探究新媒体的传播影响力。

第一节 全球化与全球网络社会

南加利福尼亚大学传媒技术和社会研究学者 Manuel Castells 在《传播力》一书中指出：网络技术是这种新的社会结构的介质和新的文化，是一个全球性的网络社会。随着新媒体传播在世界各地蔓延，全球网络社会逐步形成。全球网络社会不仅作为更深刻地推动全球化进程的结构性因素而存在，而且成为全球化进程本身的最新表征。

一、全球网络社会

网络社会的结构是以微电子为基础，由数字化处理信息和通信技术形成的网络。网络社会结构的实质是在人的组织安排下，用有意义的传播文化编码表达的生产、消费、再生产、经验和权力之间的关系。网络具有全球性，通过计算机的传导，网络超越了地域和机构的界限。

（一）网络社会的时空观念

加拿大学者 Harold Adams Innis 在著作《传播的偏向》中指出传播与时空之间的关系："根据传播媒介的特征，某种媒介可能更加适合知识在时间上的纵向传播，而不是适合知识在空间中的横向传播，尤其是该媒介笨重而耐久，不适合运输的时候，它也可能更加适合知识在空间中的传播，尤其是该媒介轻巧而便于运输的时候。所谓媒介或倚重时间或倚重空间，其含义是：对于它所在的文化，它的重要性有这样或那样的偏向。"这里所说的知识，当是泛指一般的传播内容，他所谓时间和空间也是抽取了具体丰富的语境的抽象的时间与空间。

时间历来是哲学家们思考的重要命题。在西方传统中，时间长期属于物理学视域中的问题。在亚里士多德时代，古希腊先哲们常常被称为物理学家，因为他们所要讨论的主要是自然，而物理（physics）最初就是自身涌现的东西。涌现者是如何涌现的？物理学对于自然根基的追问带来了一种时间观念，这从追问伊始就遮盖了本源时间。比如，亚里士多德把时间定义为现成的现在之流，它自在地流失着。在他眼中，整个物理世界的生灭就受到这种自在之流的时间支配。然而这种观念受到中世纪奥古斯丁的质疑，他在《忏悔录》一书中表达："那么时间究竟是什么？没有人问我，我倒清楚，有人问我，我想说明，便茫然不解了。"在他看来，时间不是"什么"，"时间只存在于我们心中，别处找不到"。奥古斯丁对于时间的理解具有两个特征：一是"时间存在于人类的心灵之中，是心灵或思想的伸展"；二是"过去、将来统一于现在，通过现在而存在"。这种对于时间心灵化的理解颇具现代意味，在海德格尔的《存在与时间》中得到回应。海氏从生存论角度解释时间，认为时间是时间性的到时。时间性有三种到时样式，即"将来""已在""当前"，并据此划分三种视界，"走向自己""返回自己""让……来相遇"。海氏时间沉思的指向是存在论的，他要以此唤起人们对于时间结构中的自身存在的一种自觉。他认为存在的人有三个特征：必然性，它是被迫抛入这个世界中；可能性，它面临着各种可能性，不断筹划，不断超越自己；现实性，此在的本质总是被现实遮蔽着，被沉沦于世俗生活之中。

在海氏思维的观照下，我们可以见出，现代人的个体时间已经被卷入社会时间之中。媒介作为现代社会的重要表征和结构功能要素，又与现代人的生活休戚相关。媒介通过声音、图像、文字为现代人提供了对于时间的社会性的多元解读，对人们起着潜移默化的深刻影响。随着对现代人生活方式介入的深入，媒介逐渐消解了钟表时间的意义，将现代人生活时间重新予以安排，建立起新的时序观念，使得现代人对时间体验发生根本性转变。在未竟的现代性进程中，媒介不断影响和塑造着人的时间意识与观念。

在全球网络社会中，时间的观念和认知被改写。一方面，新兴通信技术可以实现多任务的同时处理，从而来压缩时间，提高效率。另一方面，新兴通信技术打破了线性时间的顺序，如超文本链接的功能就体现为在时间上对信息进行的交叉重组。这一改变对人们的心理和行为都会产生重大影响，人们需要有个从钟表时间过渡到媒介时间的适应过程。美国加州大学历史学系和电影与传播学系教授 Mark Poster 在《第二媒介时代》一书中提出："'实时'概念产生于音频录制领域；在该领域中，拼接式多轨录音、多速录音促成了与钟面时间或现象学上的时间不同的'他类时间（other times）'。在此情形中，对'时间'的正常感觉或惯常感觉必须有修矫器保存为'实的'。而修矫器的使用又一次把人们的注意力引向钟面时间的非'现实性'、非唯一性、无实体性以及无根基性。"由于媒介时间与钟面时间存在着不一致性，为了统一需要借助修矫器。但是，随着技术的进步和发展、媒体种类的不断涌现，媒介化时间越来越成为人们的参照标准。首先表现为时间的获知途径更加便捷，其次是时间获取的空间有了进一步的扩展。这不是简单地对钟表功能的取代，而是赋予一种深层的社会意义，即人时刻处在通信的时间中。在这种状态下，人们把对时间的自主性感受建立在对媒介的依赖上，对时间的掌握是与通信和交往密切相关的。

再来看空间概念。在网络社会，与实体空间不同，网络空间是虚拟的世界，在物理空间并不毗邻的情况下，形成一种新型的组织环境。新媒体技术重塑了地理学意义上的空间概念，诚如英国文化地理学家 Mike Crang 在《文化地理学》中提出："我们能够将这些媒体形式看成在更强意义上创造了地理学，即依据各种不同的文化标准形成了地区内部与地区之间的互动作用。而且，这些媒体'侵入'我们的日常生活中，就其传播的广度而言，可以说它所创造的地理景观将其消费者完全淹没了，实际上成了消费者生活中的一部分。媒介重新结构着人们的生活空间，私人生活与公共活动的界限逐渐模糊，外在形式上表现的是媒介技术的综合，内在结构上则在于媒介与人的全方位的彼此依存，这种依存体现在人和机器之间交互关系上。麻省理工学院实验室创始人 Nicholas Negroponte 对此现象这样评价："后信息时代里机器与人，就好比人与人之间因经年累月而熟识一样：机器对人的了解程度和人与人之间的默契不相上下，它甚至连你的一些怪癖（比如总是穿蓝色条纹的衬衫）以及生命中的偶发事件，都能了如指掌。"基于上述分析，全球网络社会是高度的媒介化依存的社会，媒介改变了时空的观念，时间不再是线性状态，空间的界限也在流动中变得模糊。

（二）无处不在的无线传播

随着互联网和无线通信的崛起，新一轮的以这两者为特色的技术融合（包括 WiFi 和 WiMAX 网络）和分散到整个无线网络的多个应用程序传播能力形成网络的倍增点。多种数字化产品传送平台（如新闻、游戏、音乐、图像和视频的交付平台）的形成涵盖了人类整个活动范围的即时信息。这种新形式是大众传播和大众自我传播的结合。从大众传播来看，无线传播通过 P2P 网络和互联网传送给全球用户。它是多模式的，基于可以免费下载的开放源程序，允许对任何形式的任何内容进行重新格式化，并经由无线网络散播。从大众自我传播角度来看，这是由用户参与的内容生产，采用自编自导自发行的方式实现多对多传播中的自我选择。这种新的传播方式是以数字化语言为载体，由计算机网络构成，面向全球进行传播互动。P2P 指的是"点对点"的对等网络，网络参与者可以共享资源和服务，而参与者本身也兼具提供者（Server）和获取者（Client）的双重角色。这将在传播的组织和管理上形成全球多媒体业务网络。波兰著名社会学家 Piotr Sztompka 提出："电脑技术强化了另一种一致性：软件。随着相同程序在全球应用，软件成为组织和处理数据信息的共同模式。随着对地方本土文化传统的压制和腐蚀，西方型的大众消费文化成为一个遍布全球的'文化统一体'。"

二、全球 / 地方关系的重构

全球网络社会如何看待全球和地方的关系？对于多媒体公司而言，资本是全球性的，身份是地方的或国家的。全球与地方的关系构成一对在研究全球媒介化社会时的重要概念。只有发展全球网络才可以掌握全球媒体制作的资源，但征服地方市场的能力取决于其内容对本地受众口味的适应性。全球对于地方有渗入作用，而地方又会以何种方式来应对全球一体化的挑战？比利时学者 Armand Mattelart 提出这样的思考："构成全球化网络的无数子网怎样为每一个社区和每一种文化捕捉意义？这些社区和文化又是如何抵制、适应和屈从（外来的）意义？各文化之间的张力和鸿沟，以及出现在世界商业一体化中的离心力都显示出对于新出现的单一世界市场的复杂反应。

传播的数字化促使由技术集成的媒体系统的迅速扩散，其产品支持全球 / 本土传播网络中的多种内容，其进程在媒体平台上得到快速推进。全球媒体的核心格局有这样几种相关的发展趋势：媒体所有权越来越集中；传媒集团现在能够在一个平台上实现的产品多元化和一个产品在多元化平台上一样，它们通过不同产品的数字部分的组合形成新的产品；这些策略成功的程度是由内部媒体网络发现在采取变化着的传播环境优势的经济协同作用最佳点来确定的。

全球化的媒体集团打入新的地方市场后，朝着有利于它的经营网络和商业形态重新有效地安排着地区市场。它们在当地媒体市场对节目和频道的直接进口，形成全球影响力，如美国有线电视新闻网（CNN）、福克斯（FOX）、娱乐与体育节目电视网（ESPN）、HBO电视网等跨国媒体。需要注意的是，虽然输出的节目和内容是按照当地形式制作的，但往往是基于西方推广的标准格式制订的。

英国社会学家Amhony Giddens认为："社会学家使用全球化这一术语来指那些强化着世界范围内的社会关系的相互依赖性的过程……全球化不应被简单地理解为世界系统（即远离个人关注范围的社会和经济体系）的发展。全球化也是一个地方性的现象——一个会影响到我们所有人日常生活的地方性现象。"从Giddens的观点来看，全球化加强了世界各国的联系，促进了国与国之间的交流，但是全球化本身也是一个地方性现象。在媒介高度融合的今天，全球化媒介社会日益形成，各个国家和各个地方的信息交流愈加频繁。电子疆域在无限扩展的同时又在重新结构着全球与地方的关系，这是个动态发展过程。在他看来，世界的问题和事件，对西方媒体而言，都不是真正意义上的全球新闻，而是作为全球新闻来想象的当地新闻。它们虽然是当地新闻，但有着可能超出当地新闻边界的经济意义和政治意义，这是在事件建构、问题干预中成为新闻最感兴趣的公众传播活动。以《华盛顿邮报》为例，作为国际知名的新闻品牌，其网站版拥有国内外受众达到80%以上，但其印刷版则在本地。《华盛顿邮报》CEO Caroline Liffle在总结业界经验时说："我们一贯面临的挑战是全国性的作战观念，网站也有限制，只有本地可以达到。对网站的受众，我们的重点是Web产品与印刷产品相比的独特的分化。对我们来说，要做到这一点的最佳方式是强调网络以其专注于编辑创新作为战略举措的实力。虽然很多报业公司采取了非常谨慎的方式去提供新东西，以飨读者，我们当然有关于何时以及如何启动新事物的讨论——我们相信，习惯于快速变化的各地的网络用户有时欣赏这样的冒险。"

将全球性与地方性相结合，有助于新闻媒体更好地以地方视角思考全球问题。所谓新闻媒体的全球化是指以全球化的眼光去关注具有普遍意义的议题（如健康问题、教育问题等），并以此指导新闻实践，从而体现新闻价值。

"超越国界"的口号从平台传播的内容上看，强调其国际视野，意在联系起世界各地的受众。再如，英国的《卫报》（Guardian）及其网站提出的目标是发出世界领先的自由派的声音。英国读者在卫报网站阅读自己国家和世界的新闻、政治、文化和观点，而美国读者在卫报网站可以看到世界如何看待美国。由此可见，网络是高度细分受众及其兴趣的环境，没有单一的模式可以适合所有的用户。以万维网为例，其目标是全世界性的，意在培养起全球范围内不同国家、不同民族的人们之间的相互理解和合作。从这一层面来看，全球与地方形成一种互相促进的作用，"在指出全球市场互动和碎片化的潜在好处的同时，我们还必须认识到这一分析路径具有两面性。一方面它可能鼓励质疑统一化的逻辑与日常的民主生活组织之间的关系，但是同时它也调和了多种形式的文化和种族的再认同。" ❶

地方媒体在全球化的过程中又存在着差异。无论是商业还是其他替代性新闻网站都不能够超越国界，超越自己的侨民。应该说这也是新闻发展不平衡带来的地区差异，由此带来新媒体发展中的新闻鸿沟问题。他们观察到，在拉美新闻业发展过程中，尽管有一些改造措施，但效果不尽如人意。例如，CNN 的拉美新闻网站，其内容来源于 CNN 西班牙语新闻频道，但该网站既不能实现经济上独立性，也不能拥有足够的受众，终于变成了静态网站，即只有电视频道宣传而没有新闻更新。阿根廷、玻利维亚、古巴、厄瓜多尔和委内瑞拉的政府最近都尝试开发拉美新闻网站，这些网站的内容来源于南方电视台（TeleSUR）新闻频道，但可惜一直不太成功。南方电视台是一个"泛拉美"的卫星电视频道，是由拉美多个国家共同出资创建的公共电视频道，同时它也是由多国政府共同创建的地方性电视频道。即便南方电视台已经做出了较大的突破和尝试，但在这个区域，在线新闻消费仍然依赖于媒体与国家和地方市场的参与，而不是其带来的具有创新性的跨国传播能力。

三、大众自我传播的兴起

"20 世纪 80 年代，经济全球化推动世界范围内经济高速增长。与之相伴随，社会个体民主意识和主体意识不断增强，特别是青年人，更加强调个体与个性，不再满足于被动式接受信息，希望能够积极地参与信息传播，并且主动发布信息，阐述自己对问题的观点和意见。新媒体使信息传播者与信息接收者双方之间实现双向互动，信息接收者可以作为信息的发布者。新媒体的个性化，使社会个体根据自己的喜好与需要选择和定制接收的信息，能够发表个人对某一事件的观点和态度。新媒体以平民化的姿态，获得更多的社会个体的喜爱。" ❷新媒体促进了大众自我传播的兴起。这不是限于一时或一地，而是一种全球范围的普遍性存在。其革命形式起源于以年轻人为主体的用户生产者所贡献的创造性自主参与。最为突

❶ 李良荣 . 论中国新闻媒体的双轨制；再论中国新闻媒体的双重性 [J]. 现代传播，2003（4）：1-4.

❷ 韩国强 . 论市场经济背景下的媒体自律 [J]. 电视研究，2000（1）：22-24.

出的例子就是 YouTube 与青年人的使用关系。YouTube 是世界上最大的视频网站，2005 年由 Chad Hurley，Steve Chen 和 Jawed Karim 创立。YouTube 是典型的用户生产内容的网站，具有共享的性质。一方面，任何人都是获取者和消费者，他们都可以在 YouTube 的选择性列表当中去观看他们感兴趣的视频和影片，并留言发表评论。另一方面，每一个人又都是生产者，可以上传视频供他人欣赏。因此，YouTube 的出现迅速受到了年轻人的追捧，活跃用户呈现出飞速增长的态势。究其原因，抛开设备方面的因素不谈，最主要的是 YouTube 有大量的忠实年轻的拥趸。这些优质用户不仅对时下最新最热门的话题、流行的趋势具有很好的判断力，还能挖掘出珍贵的历史镜头。他们对及时上传的视频按照内容做出较为详细的归纳整理。YouTube 会根据用户个人对视频的浏览历史做用户偏好分析，根据其主题词进行定位，及时推荐相关的内容给用户观看，具有典型的大众自我传播的特质。

　　基于青年人对于新媒体的自然亲近性、接收的快捷性和接触的频繁性来考察他们的使用对媒介发展的重要性，这是很多学者研究的基点。青年人是未来人类社会的代表，他们具有构建未来社会领头羊的作用。"这就是为什么我们主张有必要重新审视在移动通信携手并进的社区和青年的互构想法。"澳大利亚新南威尔士大学数字媒体研究学者 Gerard Goggin 和 Kate Crawford 在《代的断裂——青年文化和移动通信》一文中也谈到为何要选择年轻人作为研究对象，因为他们与技术的参与最为紧密，由此可以窥探到未来的成人社会，去预知未来社区。"自 18 世纪以来，青年和技术已经被经常放在一起考虑，就好像当作家在查看与他者联系时希望争取到更清晰的图像。技术通常被视为青年天然的合作伙伴，反之亦然，但是这种耦合情况下，存在相当大的以及经常不被承认的问题。全球移动通信的色彩杂陈的经验需要更精细和详尽的说明，不是仅仅在技术使用方面，而是在根据构成最普遍的研究主体的小组方面：年轻人。"这当中，电子茧（telecocooning，也翻译成远程茧）是一个很好的例证。该词由 Ichiyo Habuchi 提出，他观察到电子茧与年轻人使用之间的关系，看到他们如何增加精力以投入自身关系的维护当中。通过电子茧去描绘社会存在的新模式，这一比喻被视为考察移动和青年的特征问题的新转折。

　　大众自我传播的发展还鼓励了草根组织和个人创业时使用的自主传播的新形式，如低功率电台、私人电视台、利用数字视频的低成本生产以及独立视频生产实践。再如，RSS（really simple syndication）称为简易信息聚合，它搭建的信息迅速传播的技术平台，使得每个人都成为潜在的信息提供者。RSS 技术目前被广泛地用于网上新闻频道、博客文章、头条新闻、音频、视频方面。博客、电子邮件以及网络上的其他文件提供给 RSS，并且与在线新闻相结合，已经成为传播的新形式。

四、个体与社会自治权的重新建构

在全球化媒介社会中，新媒体促进了个人主义的兴起，促使了社会自治权的建构。新媒体让每个公民都有成为传播者的可能，都可以在平台上对时事等发出自己的观点和评论，由此个人主义得以彰显。这些积极的个体传播者具有很强的行为能力，其力量不容小觑。他们以自己的能力在社会生活的各个领域引入新的变化，且表现在方方面面，"在工作（创业精神）、在媒体（积极受众）、在互联网（创造性的用户）、在市场（知情'专业消费者'：生产者—消费者）、在教育（作为知情批判思想家的学生、电子学习和移动学习教育学、开放内容学习、慕课等）、在保健（以病人为中心的健康管理系统）、在电子政务（知情，参与公民）、在社会运动（草根文化的改变，如女权主义或环保）、在政治（独立意识的公民能够参与到自我生成的政治网络）。在互联网使用的社会影响的来源的报告上提供了互联网和社会自治兴起之间的直接关系的证据"。新媒体的发展让个人与社会的关系更为紧密。他们在媒体平台上讨论各种社会问题，寻求解决方案，推动民主的进程，这是社会自治权建构的新形式。为了更好地实现自治，维护自身的利益，他们会为了建立起更大范畴的同盟战线而积极与他者以各种形式进行联系。他们会主动搜寻各方面的信息，并最大限度地将获取的信息在全社会进行共享。

第二节　媒介化与社会关系

在媒介融合的过程中，新媒体从方方面面对社会产生了巨大的传播影响力，这既是媒介的自我重构，也是重构当下与未来社会形态的重要力量。新媒体的发展改变了社会结构，对于社会关系产生了很大的影响。新媒介已经日益深入而广泛地成为人们日常生活中不可或缺的组成部分，它不仅是功能性的使用工具，而且成为生活本身，成为人际交往、自我确认的重要方式。按照麦克卢汉"媒介是人体的延伸"的思维，新媒介实际成了媒介化社会中人的存在方式的重要侧面。这肇始于无线移动通信（wireless mobile communication）在此领域的快速发展，并随之形成的迅速密切化的人际交往与各种关系的建立。早在1999年，日本东京NTT-DoCoMo公司的iMode的无线网络手机就首先受到公众和媒体专业人士的青睐，甚至受到了学界的极大关注。这种手机在通话功能的基础上，全面开拓新的功能，如提供娱乐。在此过程中，iMode与内容提供商实现互利双赢，用户体验了内容丰富的信息服务。应该说，手机媒体这些功能体现了高度的人性化特征，是人机交互友好度的表现，"所谓人性媒体特征，是指手机作为一种融入人们生活最深的个性化媒体，具有实用性、情感性与娱乐性三者高度统一的特质……手机全面地满足了个人在实用、情感和娱乐三方面的基本需要，表现出很强的人性化特征。"新媒体参与社会关系的作用越发显著，这已经成为一个全球性的社会现实。

一、移动共生与人际关系的聚拢和拆分

新媒体的出现导致传播形式发生了很大的变化，对人际关系产生了很大的影响。以手机为例，手机是当下全球人民最普遍使用的工具，它使得人们之间的联系更为便捷，全球也因此被连接成一张巨大的网络。基于此，有人提出了这样的观点，移动通信打破了人际关系旧有格局，对其进行了拆分和重组。这一过程是一把"双刃剑"，在加强人际交流过程中也影响了对于社会弱关系的开发，所以必须审慎地对待。

有时候，这种连接可以导致移动共生的经验。移动共生现象，改变了其即时的周围用户的感知。这种变化的感知可能会导致用户以意想不到的方式行事，因为他们的所在地，即两人通话时所创建的即时周围环境和一些虚拟的不确定的空间之间是分离状态。

手机可以持续地保持和他人的联系状态，在这个意义上看，用户即时将别人带入自己的经历中，以此加强日常活动即时经验的共享，加强自己与他人之间随时随地的联系。当个体联系到他时，会感到在与对方的互动中，自己心理状态也会悄然发生改变，尤其是当处在亲密的社交网络中。Kathleen M. Cumiskey 对这种人际关系的变化持肯定态度，并且认为手机作为移动设备，在开发利用情感共享的方法上迈出了第一步。除了加强陌生人之间社会关系的凝聚力之外，最终它会鼓励形成世界意识和社会责任感。

手机有助于创造新类型的公众，五花八门的手机使用方法和移动技术的高度特异性和本地化应用，使得它很难在广义上实现对于深层的连接和分离的要求。相反，它可能是富有成效地发展更紧密切合经验的方式，其中手机是正在进行的重新定义关于我们如何经历情感上的社会连接和断开一部分。在这里，强调了手机在对于公众意识形成中起到的纽带作用，弥合了在情感社会中断裂的部分。手机作为一种社交媒体，在人们频繁地使用中缔造了新的社会共同体，这就如芬兰学者 Jukka Gronow 所设想的："即便是在现代社会之中，或者更准确地讲，是否存在这样一种共同体，它是反思性的，同时又是非传统的——就是说，人们不是生来就喜欢被强行'扔'进去的共同体，而是人们自由选择的共同体，涵盖广阔'抽象'空间的共同体，以及有意识地提出自己创造和重新发明的问题的共同体。"手

机的自由使用在一定程度上也说明了人们是在自由选择和组建个人社交网，在这样一张移动网络中，构成了一种新的社会共同体。

二、新媒体与人际传播

新媒体在人际传播方面产生了非常重要的影响。一些学者通过进行实证研究，力图寻找新媒体给人际交往带来的变化。法国电信实验室学者 Thomas debailliencourt, Thomas Beauvisage, Fabien Granjon 和 Zbigniew Smoreda 在观察到信息和通信技术（information and communication technologies，ICTs）在人际交往过程中起着日益增强的作用。他们以"ICT 交织"（ICT interweaving）的概念来解释信息通信技术是如何渗入人们日常生活的，并影响他们的日常互动。

他们于 2005 年和 2006 年在法国开展调查，通过对 2370 个法国人的媒体使用情况进行统计，以座谈小组展开研究，详细收集了大量的数据，采用不同的研究方法对数据进行阐释。这些数据包括：手机和固定电话通信数据的详细账单记录；家用电脑的使用数据；电话和问卷调查等。通过定性和定量方法相结合展开了全方位的研究。

首先，分析了各种语音和文本通信工具交织的范围，这些通信工具包括移动电话、短信（SMS）、IM、电子邮件。通过查看每种通信工具的使用情况、传播强度，结合其背后潜在的各种因素进行分析，可以看到其中的差异。其次，分析年龄组对于设备使用普及率的影响，分析不同代际的人对于传播工具为何会有不同选择。最后，考察在信息通信技术使用工具上的交织分布情况，以及对个人社交、婚姻关系的影响。

这些调查的数据显示传播的新手段如何融入普通个人传播实践中。应该说，对于法国人而言，热衷并且采纳新技术是潮流，迅速普及是大势所趋。但工具使用多对人际交往并非完全都是利好的一面，"社交网络机制表明，多种用途的工具在关系因素影响下既可以是促进（作为年轻人的友谊网络）也可能受阻（如在代与代之间的交流）。"辩证来看，新技术在分化着用户和人群，它可以通过社交联系，形成网络为家的归属感，在此过程中它也割裂了传统的家庭关系，增强了代际的交流隔膜。

在考察新媒体与人际传播之间的关系时，另一些学者把眼光聚焦到校园里面，研究与新媒体使用普及最为息息相关的大学生们，观察他们的人际关系是如何受到新媒体影响的。对于在人生的关键成长阶段的年轻人而言，大学生涯是自身显著发展与社会关系发生重要变化的时期。个人在这一阶段的社交面明显拓宽，维系和开拓人际关系尤为必要。一方面，结识新朋友，许多大学生会与那些在不同地区甚至不同国家长大的同辈建立新的关系。另一方面，不忘老朋友，他们还保持着与一起长大的玩伴的关系。这种关系的开发和维护是发生在远离家和父母的新环境中，手机起到至关重要的作用。

为了检验手机如何联结大学生在维护地理上分散的友谊，这项调查和访谈于2007年至2008年间，选择在瑞士一所国际大学开展，参与者们均在远离自己国家的地方进行学习。他们中的大多数人没有出国留学的经历（这里指的学生之前曾从他们家乡校园离开一学期或一年）。这些学生来自世界各地，根据数据统计，在433名学生中，约65%来自北美（North America）、19%来自欧洲（Europe）、8%来自中东（the Middle East），其余来自南美（South America）。

调查中充分考虑了物理位置和关系类型。物理位置分两种情况：在校和在家。关系类型也分两种情况：在老家的朋友和在大学的朋友。在研究参与者和他们朋友之间的物理距离时要考虑到物理环境的社会饱和问题。当他们的物理环境处于社会饱和状态，手机在发展和维持人际团结方面没有发挥很大的作用。在这种情况下，那些在身边的人对于参加者而言是居于首要地位的。当他们的物理环境处于社会不饱和状态时，无论其是近或远，参加者使用手机维护人际关系是非常重要的。手机用以建立各种新的友谊，调查数据表明，这些大学生用手机更频繁地接触离他们近的朋友，以发展和保持新的关系，从而远离熟悉的关系。数据还显示，无论在校或在家，高年级学生往往用手机与开发的新关系保持联系，尤其是那些使用手机频繁者，在使用时并不考虑他们在哪里以及他们的朋友在哪里。手机超越地域的限制，实现了人际沟通的直接性。

研究结果是为了证实手机是否连接或分离我们这一问题的复杂性，而很难得出定论。无论远近，手机都可以连接起两人之间的对话，它提供了超出地域限制的建构能力。手机在功能上连接起这些大学生和他们在地理上分散的朋友，大学生及其朋友之间因手机建立起来的关系有其特殊性，这种特殊性不是指接触的频率，而是归因于连接时的感觉。这项研究涉及意义建构过程中的二元层面的机器精神（apparatgeist，spirit of the machine）理论。James E. Katz 是研究互联网、社交媒体和移动电话的传播学者，他和 Mark Aakhus 一起开发 Apparatgeist 这一概念，涉及人们如何发展技术与他们的人际关系，以及他们如何寻求找到超越的方法。"手机连接或分离的人的问题需要在各种社会迫切需要人去面临的复杂动态中被考虑到。机器灵魂的概念可以让我们辨别动态，注意通过微际交往去创建手机象征意义。"这一概念与20世纪30年代俄国电影大师 Dziga Vertov 提出的"电影眼睛派"主张有着相似之处。当时社会有着普遍的机器崇拜心理，Dziga Vertov 也对摄像机极度迷恋，他认为电影的眼睛能够突破人体眼睛的限制，看到更为广阔的视野。电影眼睛虽然不囿于时空的限制，但隐藏在机器背后的仍然是人的主观视角对外界的感知。手机也是如此，无论它如何扩展了时空、加强了人际的联系，都只是手机使用者在此过程中内心体验的实践方式。

三、移动媒介与移民身份认同

移民既要融入新环境，同时也不可能与原住地彻底隔断。在融入新环境过程中，传播媒介具有重要的社会学作用。1922 年，社会学家 Robert E. Park 在《移民报刊及其控制》一书中，就研究过报纸是如何帮助美国移民来改变他们的习俗以适应美国文化和价值观。当下时代的移民问题，应包含双重指向。首先，是跨国、跨族裔的移民问题。全球化背景下，随着经济一体化，各国贸易的展开，国家与国家之间的交流愈加紧密，人口迁移也更加频繁。作为移民要保持和原住国家的联系，通信方式非常重要，在这当中新媒体发挥了不可或缺的作用。新媒体在为移民提供了非常便捷的联系方式的同时，也深刻地改善了人与人之间的亲密关系。其次，无论在发达国家还是在发展中国家内部，区域发展的不平衡或者说差异性，都以不同程度的方式存在，因此区域性的移民现象同样具有全球化性质。成长于美国中西部的青年，可能会选择前往西海岸经济高地、抑或传统经济文化发达地区的新英格兰地区去实现自己的人生价值。在中国，北上广深等一线都市，更是吸引着各类社会人群涌入，形成经济改革背景下的新移民现象。Stephen Castles 和 Mark Miller 观察到在移民发展趋势中，女性移民的比例在逐渐上升，这是与全球劳动力市场的变化密切相关的。

皇家墨尔本理工大学数字人种学家、艺术家 Larissa Hjorth 做过一项关于移民的调查，并且撰写了《亲密的移动幽灵——一个关于女性和移动亲密感的案例研究》。在研究中，Larissa Hjorth 选择了澳大利亚的墨尔本这个城市作为地理样本。墨尔本是个典型的移民城市，移民通过移动媒体与家庭和他人建立亲密感，借助不同的媒体形式表达潜在的情感。她选择的受访者有一半是第一代移民，另一半是第三或第四代移民。样本选取单身、已婚、事实夫妻（指的是未结婚但已同居的事实上的丈夫或妻子，或者是非夫妻关系的男女姘居）和离婚者四种关系状态。此外，受访者的五分之一是同性伙伴关系，有两名受访者被认定为女同性恋者。

在展开研究过程中，首先涉及如何解读"亲密"一词。"受访者中，亲密关系被形容为理解、信任，哲学上的亲近、个人、私人、关心、安慰、脆弱性、缓慢、密集、忧郁、同情、尊重、诚实和真诚的爱。"

在受访者的意见当中，Larissa Hjorth 特别考虑到年龄、种族和性在不同介质的使用等因素，也特别关注了青年人作为早期新媒体的采用者和现在新媒体的用户之间的关系。这当中情况较为复杂，如在与家人的联系过程中，与传统通信方式相比，如何看待打电话或发邮件的作用？Larissa Hjorth 举例论证，当一个女人在她二十多岁时曾经首选写信这种旧的通信形式，但她 40 多岁时会热衷于使用语音呼叫的方式。因为距离往往是第一代移民面对的大因素，出现这种变化使这些人随着年龄的增长思想情感更为炽烈，更需要直接交流。有些女性使用打电话或者发邮件的方式，认为打电话或者发邮件更为快捷有效，在表达中能够切实地感受到情感，有些人认为不打电话会丧失语言表达的能力。Larissa Hjorth 在研究中还发现当女性成为母亲之后，她更愿意用移动媒体和其他妈妈进行交流。

在这篇论文中，Larissa Hjorth 通过研究发现，在澳大利亚这样的发达国家对于情绪劳动（emotional labor）关注要远远低于文化关怀。其研究显然受到了社会学家 Arlie Russell Hochschild 观点的启发，在其 1979 年的论文《情感劳动、感情原则和社会结构》中，她提出感情规则（feeling rules）概念，指出感情规则是社会共享的规范，影响人们去感觉情绪在给定的社会关系的作用。她认为感情规则对理解劳动的性别层面特别重要，一般而言，女性比男性更容易受到影响。之后她深化自己的研究，通过对空姐工作的考察展开她的研究，在训练过程中，空姐是如何在动荡时期和危险的情况下，控制乘客的感受，同时在不同的情况下抑制自己的感情，继而提出情绪劳动一词。Arlie Russell Hochschild 在《被管理的心——人类情感的商品化》一书中提出情绪劳动往往对工作的作用潜移默化，因此非常重要。随着服务岗位数量的增长，女性移民逐渐增加，情绪劳动将越来越走向全球。在她的另一篇文章《爱与黄金》中，她将情绪劳动置于更大的政治背景下来阐释。她描述了南北之间的"心脏移植"（South-North "heart transplant"），这是一个非常形象的比喻。来自南方，如菲律宾、斯里兰卡的移民护理工作者离开了自己的家人和孩子，来到北方从事有报酬的工作，去照顾家庭富裕的北方孩子和老年人。这些人长期与子女、配偶和年迈的父母分离，他们试着将自我感觉的快乐附着于他们的日常护理对象——北方儿童和老人身上，这是一种情感转移，诚如 Hochschild 提出的思考，情感是一种如金或象牙的资源吗？它可以从一个地方被提取，并应用到另一个地方？她的结论是，富裕地区确实"提取"来自贫穷地区的人的爱，因为这些来自南方的迁移护理工作者，已经从精神意义层面上从原来的对象，即她自己的孩子留下的情感迁移到她现在被支付工资去照顾的另一个婴儿身上。流离失所的爱进一步"生产"，并在洛杉矶和雅典等的富裕的北方地区"组装"，Hochschild 向我们展示了通过全球资本主义的镜头看到母爱的情感的一种方式。

Larissa Hjorth 的研究无疑是在 Hochschild 的观点的基础上，将新媒体引入进来，针对墨尔本这座城市的这些女性移民来探讨移动媒体对于情绪劳动发挥的作用。她发现，尽管种族具有多样性，但是几乎所有移民与原有家庭会首选直接语音呼叫形式对话，而发短信则在朋友中占了上风。而在这一过程中，父母和老一代对新的技术使用不灵敏，接受较慢，这也是显而易见的事实。媒体的选择反映了家庭、朋友和合作伙伴之间各种形式的亲密，形成新兴的想象共同体。"在当代文化、技术学移动性通过新的移动媒体与其他媒体关联时的情景化被论证。正如受访者所说明的，关于社会的、创造性的和情感性劳动，表明性别代际流动的当代形式与即时媒体和关系的多样化的新老感情规则，这些双重幽灵出没于各种形式的媒体，放大其主体性、亲切感和共存的不同部分。"

从城乡之间人口流动的社会迁徙中，手机对于人与人之间关系的重塑发挥着作用。作者使用了"immobile mobility"一词，并解释如下："不动的流动性是指和作为社会技术实践的物质一样的情感实践，它允许外来妇女进入一个新的社会空间，这个空间在她们日常生活的情境中是虚拟的和有基础的。这情境是由外来妇女在中国的城市特定位置和她们获得在技术和关系中形成的。由于这些设备为超越这样的结构有开辟新的空间的可能，人们必须考虑怎样可以保存，甚至加强这些相同的结构。"

一方面，这些青年女性渴望通过使用手机融入这个社会，并且希望可以实现阶层流动；另一方面，事实证明她们仍然是北京城市的外来者，虽然使用了手机媒体看似融入了新的社会关系网，但是形式层面的流动并不能根本改变她们内在难以突破的阶层流动性。手机方便与朋友和家人保持联系，它具有一定的私密性，也成为扩大社会性的社交网络、缓解自我孤独和发展潜在"关系"基础的重要工具。从表面上看，手机明显增强外来女性对于社区和亲密的人联系的情感。但这恰恰是"难以移动的流动性"的过程，实质上是指她们所在城市的大部分同龄人不需要面对超越极限的物质环境，这使得手机这样的设备在她们的生活中意义重大。Cara Wallis 这一研究准确地把握到了中国城乡差距，他认为手机对于外来女性的重要程度和含义要远远重要于城市中已经扎根的"本地人"。因为对于这些女性而言，手机既让她们与乡土有割不断的联系，又使得她们能够尽快地融入城市。在这一过程中，手机作为重要的通信工具，承载着她们对于故土的思念，又寄托着她们对于未来的向往，是她们连接自己在城乡之间的重要纽带。

在中国语境下，"关系"一词含义丰厚，在这里特指创建一个特定的文化背景，理解年轻外来女性如何利用手机发展城乡之间的各种社会关系，建立人脉资源，手机构筑了其社交的横向网络。这里值得思考的是，从表面上看，手机似乎在消除城乡差距，让人与人之间更加平等，交往也更为直接，尤其对于年轻的外来女性融入城市起到了很大的促进作用。但是，对于手机的依赖程度越高，其实越证明自己是他者的存在，这就是"难以流动的流动性"。当然，这不是手机创造出来的排斥效应，相反，与手机相关的社会—技术实践都融入了社会和文化模式。

从社会学角度来看，第一，手机强化了外来者的身份认同（identity）。外来务工者是城市的边缘人，手机让她们与这个城市建立了社交联系。关于身份认同，英国文化研究学者 Stuart Hall 认为："身份认同源自对自我的叙述化，但这一过程必然的杜撰性绝不会破坏它的推论的、物质的或政治上的功效，即使是归属性，即使是身份得以产生的'缝合进故事'部分地处于虚构假象状态（也处于象征符号状态），那么因此总是部分地构筑在幻想中，或至少构筑在幻觉领域。"Hall 继续分析，"从共识语言讲，身份认同建立在共同的起源或共享特点的认知基础之上，这些起源和特点是与另一个人或团体，或一个理念，和建立在这个基础之上的自然的圈子共同具有或共享的。与'自然主义'这个定义形成对比，散发性态度把身份认同看作是一种建构，一个永远未完成的过程——总是在建构中"。所以说作为外来务工者要想真正融入城市不是一朝一夕的事情，是她们通过手机一直在建构的城市人归属感的美好愿望。第二，手机加速了自我效能的彰显（selfe-efficacy）。外来女性来到城市，作为城乡之间的差别，她们在身份认同中产生焦虑之感，而此时手机的使用似乎抚慰了她们焦灼的心情，让她最大限度地发挥自我效能。手机作为她们增强自我信心、体认自我价值的工具，能够快捷地融入社会网，进入各种关系之中。但是令人感到遗憾的是，对于这些女性而言，并非事遂其愿，阶层自身的稳定性，由下到上的逆袭并非易事。即便从表面上看很多外来女性在社交网中已经相当游刃有余，建立了自己的关系网，但是其作为外来者身份与北京本地人对她们的身份认知仍存在偏差。北京人更习惯用"打工妹"等称呼去定义这些女性。所以，手机移动性的功能对女性在由乡入城流动过程中提供了方便，但这仅仅是技术层面的，并没有真正地改变外来女性在城市中固化的社会地位。这是内心认同与现实认同之间的差异，"这种差异的根源也许正是符号互动论里最核心的内容——互动，所揭示的。因为，只有建立起真正的互动，彼此间进行广泛的文化与经验的交流，真正的认同才可能慢慢建立起来。这有点类似于一个城市（或者空间中某一个点）对个人生活的意义，当你因为某种特别的经历，而使你与那个城市（或者空间中的那个点）有关联方才有了意义。"否则，在城市中，外来者仍然只是一个无根的过客。美国学者 Larry A. Samovar 和 Richard E. Porter 用"文化适应"这一概念来阐释移民现象，文化适应的基本观点是，虽然大多数人在不断适应新文化，但是他们内心仍然保持原文化的价值观、习俗和交流方式，"通常，文化适应是两个或多个各自独立的文化或群体文化广泛而深入地直接接触所产生的结果。这种变化在国际移民中是普遍的，他们发现自身很多方面仍处于另一种文化之中。"

四、新媒体与社会凝聚力

集团凝聚力（也称为社会凝聚力），即成员彼此联系的社会群体和集团作为一个整体。凝聚力可以分解为四个主要组成部分：社会关系（social relations）、工作关系（task relations）、自觉团结（perceived unity）和情感（emotions）。它具有四个特性：多面性（multidimensionality）、动态性（dynamic nature）、工具性基础（instrumental basis）和情感维度（emotional dimension）。Rich Ling 在《新技术，新纽带：手机传播如何重塑社会凝聚力》中指出："渠道的直接性和普遍性可能导致组内社会关系的凝聚。"

（一）家庭关系的内聚力

在新媒体与社会关系的研究当中，对于夫妻关系的研究也颇受关注，并且由此探讨新媒体是如何改善家庭关系、协调家庭矛盾以及如何促进社会内聚力的形成。

马德里康普顿斯大学教授 Amparo Lasén 于 2006 年和 2008 年两度在西班牙的马德里进行调查研究，在其论文《手机都不是个人的——通过移动电话所提供问责制、可接近性和透明度的意想不到的结果》提出手机媒体对于夫妻关系的作用。这项研究探讨的是移动电话如何被用来加强夫妻之间的凝聚力，有助于揭示社会凝聚力（social cohesiveness）的双重属性："在一个相互依存的关系信任的成就、分享、团结和身份，这不仅涉及相互义务、协商、潜在和显性的冲突的网络的建立，而且还涉及控制和权力关系。"

在 2006 年的研究中，Amparo Lasén 对于 4 对成员的关系进行深度访谈，并且让这些被调研对象详细地做手机使用日记。被考察对象年龄存在差异（20 岁以上的青壮年和 40 岁以上的中年人），其中的关系、同居生活、后代以及其工作情况等因素都有稳定或不稳定之分。在 2008 年，Amparo Lasén 又做了一项试点研究，再次对生活在马德里的 8 位异性恋（heterosexual）的男女，年龄在 25—45 岁的不同类型夫妇关系进行深入访谈。

这里首先需要了解的一个背景是，手机运营商在西班牙提供便利且低成本的服务，称为"家庭联产承包"（family contract）。订阅此类型合同的夫妇由他们的手机供应商认定为一个家庭单位。与此相类似的是，中国移动推出的家庭短号系统，称为亲情网。亲人之间组成小团体，彼此以拨打短号（通常是 661，662，663 等）的方式进行便捷的联系，非常方便，通话费相对较为便宜。在 Amparo Lasén 看来，这种方式非常有效地发挥了手机作为社会联络工具的作用，且充分地将经济价值和情感巧妙地联系在一起，既节省了资金，又维系了情感。手机在夫妻关系中的使用揭示人与设备之间的共享过程，对夫妻之间的相互义务、传播形式和身份认同进行塑造。

Amparo Lasén 论证了手机参与夫妻间相互承认和身份认同的过程。这意味着手机企图消除夫妇之间相互冲突时不同的行为、态度和观点。手机在交流过程中同时提供了舒适性和可控性，增加了夫妻之间相互身份确认并试图消除他们之间的分歧。这是夫妻之间的协商（negotiations）、冲突（conflicts）和合作（collaborations）的结果，是关系到通过手机所提供自我认同（self-identity）和自我认知（self-knowledge）的模式。

（二）作为青年媒介社交的"醉拨号"

美国肯特州立大学传播学者 Erin E, Holen baugh 和 Amber L. Ferris 在《我爱你：醉酒拨号动机及其对社会凝聚力的影响》一文中研究了大学生群体中醉拨号这样一种普遍存在的现象。醉拨号（drunk dialing）是一个处于醉醺醺状态的人在打电话，作为一个孤独的个体呼叫前任或现任爱人的兴趣。如果是清醒状态，他们是不会拨打的。

作家 Kurt Vonnegut 的小说《五号屠场》（*Slaughterhouse-Five*）的主角这样描绘他的醉拨号倾向："我晚上有时候晚点会有这种病，涉及酒类和电话。我喝醉了，开车带我的妻子去呼吸芥子气和玫瑰芳香。然后，严肃而优雅地对着电话，请求电话运营商联系这个或那个我们很久没有联系的朋友。"

《纽约邮报》《纽约时报》《华盛顿邮报》等都报道过醉拨号，手机制造商和运营商正在帮助呼叫者防止醉酒拨号。

在大学校园里，手机与醉酒行为相结合，创造醉酒拨号成熟的环境。酒酣之时给人打电话，是年轻人醉酒时的一种冲动行为。这项研究的目的是确定大学生酒后拨号行为的动机，并探讨其中醉酒拨号可能增强或减损学生的社会凝聚力。研究的样本是在校大学生，平均年龄 20 岁。参加者主要是白种人，其他种族也占了一定的比例（非洲裔、西班牙裔、亚裔太平洋岛民和其他人）。女性与男性的比例分别约为 60% 和 40%。

根据醉酒动机，"一类是技术娱乐（technological reaction）。该技术反映了基于在移动电话技术方面醉酒拨号的特征。围绕着此类的这两个动机包括娱乐（entertainment）和无聊（boredom）。这些动机在以往的研究中已被证明有助于一个人的媒体使用。另一类是酒精（alcohol）。酒精类包括醉酒拨号的动机，这似乎主要是由于酒精对大学生的影响。缺乏禁令（inhibition）和缺乏问责制（accountability）是明确与酒精有关的两种动机。"Erin E, Hoilen baugh 和 Amber L. Ferris 还分析了醉酒拨号与社会凝聚力的关系，把它们分为向心力（centripetal）和离心力（centrifugal forces）。对社会凝聚力的积极作用有四个动机：无聊（boredom）、社会联系（social connection）、协调（coordination）和趋同/互惠（homophily/reciprocity），这些似乎普遍提高他们的群体凝聚力。负面影响的动机有忏悔的情绪（confession of emotion）、性生活（sexual initiation）、娱乐（entertainment）、缺乏禁令（lack of inhibition）和缺乏责任感（lack of accountability），这些会削弱社会凝聚力。总之，醉酒拨号影响情感传达的价值，也对小组成员间的社会凝聚力起到积极或消极的影响。

（三）线上和线下的社交融合

爱尔兰国立大学信息技术研究者 Pat Byrne 在《这里是在线的线下社区！》中特意指出：这项研究专门针对线下社区，研究的是因共同的目标和利益进行局部区域合作的人。

此项研究考察移动媒体的使用如何发短信帮助组织活动，让队员间关系更加亲近，从而提高整体团队效率。Pat Byrne 选择了冰岛西部两个体育俱乐部，考察电子媒介传播如何维持俱乐部成员作为个人和他们作为团队之间的联系。

在他的这项研究中，线下社区综合了手机使用进入他们以创新的方式为基础的传播模式，成功地运营着他们的体育俱乐部。例会是地方社区互动的基础，由手机提供的中介连接帮助成员保持活跃状态。"真正的社区被面对面地展开实践，但技术可以在保持传播活跃、促进组织集团的后勤工作方面提供支撑作用。只需一点点用户创新和谨慎使用，手机可以确保它是这个关系状态的一部分。"

中介的相互作用可以增强彼此交互的更广泛的共同存在，成员形成一种身份共同感。电子媒介传播在促进公民积极参与的作用是矛盾的：它有时会在我们与他人互动中干预分散我们的注意力，有时也会起到积极作用。作为一个体育俱乐部的成员，当他们使用手机时有利于集体行动。关于线上和线下的结合，宋黎磊和卞清在研究"中欧信使"微博账号推送问题上，也得出了类似的结论，"'中欧信使'微博的受众能从线上获得消息，在线下参与活动，然后又到线上进行反馈，有效地将虚拟空间的公共外交发展到真实空间。虚拟空间和真实空间的协同，有助于表达自我、吸引受众，也有利于提升微博平台上公共外交的效果。"

结合上述所有例子，手机到底对于社会关系的影响有何作用？澳大利亚斯威本科技大学的学者 Rowan Wilken 在《结合还是桥梁——移动手机使用和社会资本的讨论》一文中通过考察现有的手机文献，探索移动电话在加强现有的社会关系的工作范围（所谓强链接 strong links）和方便用户直接与外界社会进行更广泛的接触（所谓弱链接 weak links）两种形式中到底是结合作用大还是桥梁作用大？其结论是："手机传播报道以加强现有的社会关系和网络连接，也就是说，'强关系'或社会资本'结合'形式。在文献中，还有进一步的证据表明，手机在某些情况下还用于建立涉及'弱关系'或社会资本'桥梁'形式的广泛网络。然而，社会资本这两种形式在研究文献中都有，所以并不意味着：结合的形式比桥梁的形式具有更大的代表性。"

第二章　全媒体时代的媒介转型

纵观全球，时下传媒产业发展出现了前所未有的巨大转变。

首先，传播技术的急遽变化带来了媒体面貌的更新。基于无线网络通信、计算机网络、先进的软件、增强宽带传输能力的扩散、无处不在的局部／全局通信的数字化以及越来越多地与互联网相关的技术改革，使得媒体技术应用不断更新和迅猛发展。

其次，传播的组织形式和制度结构也发生重大转变，这表现在发送者（媒体）和接收者（受众）的关系已经发生深刻的改变。原先被确认为媒介消费者的受众业余的配对模式也使得传授之间的界限逐渐模糊。可以说，一场根本性的变革已经在过去的 20 年发生在媒介领域中，这体现为：

第一，世界上大多数地方的媒体广泛的商业化。

第二，全球化和媒体业务通过集团化和网络化集中。

第三，市场细分、定制和媒体市场的多元化和强调对观众的文化认同。

第四，多媒体业务集团接触到各种形式的交流（当然包括互联网）的形成。

第五，促进电信公司、电脑公司、互联网公司以及媒体公司之间的业务融合。

再次，在多方位媒介改革进程中，个人主义与地方自治主义同时依托新媒介得以进一步彰显，成为具有世界性表征的两种显著文化模式的存在。

最后，巨大传播改革的每一个组成部分代表了社会关系、最终的权力关系和位于其下的多媒体传播系统的演进发展的过程。

在全球化背景下，新媒体正在以迅猛发展的速度影响着人类的生活，它不仅对新闻业产生了巨大的冲击，而且影响了整个人类社会传播，并在世界范围内建立了巨大的网络。美国社会学家 Todd Gitlin 将媒体全球化更贴切地比喻成"全球狂潮"。

第一节　全媒体与新闻业的碰撞

在网络社会，媒体经营依赖于广告商、赞助商和消费者提供的资金。媒体组织的改革也是围绕着战略合作伙伴关系来建构多媒体连锁业务的全球网络。这种网络体系不是简单的垂直控制，原因在于：其一，公司的传播是多元化的；其二，传播网络需要对公民/消费者具有吸引力，从而扩大新的传播市场；其三，新技术体现人们坚持不懈的创新能力，能对传播新形式进行不断探索和改革。

新的数字化环境给传统新闻业敲响了一记警钟，让其必须从保守自满的心态中清醒过来，去适应新闻实践领域发生的新变化。如何在新闻教育领域更好地展开新闻实践，如何更好地进行新闻生产、适应市场要求，如何更好地体现新闻专业主义精神，重塑新闻理想和信念。职业新闻工作者必须随着新媒体社会的发展逐渐更新自己的新闻理念，以指导自己的新闻实践。

一、新闻业已失去生机?

新媒体的出现对传统新闻业产生了巨大的冲击，"新闻业已失去生机?"这一话题引起了广泛的关注和讨论。

如何看待在信息市场所发生的变化和新闻业未来?报纸和广播媒体的受众数量在下降这是显而易见的事实，不可抹灭，但是新闻业将作为一种文化形式生存下来。因此，越是在信息爆炸、各种新媒体纷繁迭出之时，会有越来越多的人比以往任何时候更有产生消费它的需求。在这样的情况下，媒体甚至会再度繁荣。而此时，重提新闻专业主义尤为重要。专业新闻的生存之道，体现在职业新闻工作者坚持信息收集、处理和演示等方面的新闻实践中，这能够增加和增强观众的信任和信心。技术使得记者们从单一媒体的限制中解放出来，也要求他们更加市场化。因此，专业新闻将被刷新和振兴，而不是被废除。它将与数以百万计在网上的各种声音共存，迎接挑战。知情的独立新闻业的存在是否有必要，又如何在实现必要的利润与表达自我声音中寻求平衡?

Brian McNair 还举例说，像英国广播公司（BBC）、新闻集团（News Corp）等大多数报业集团确实已大量投资和改革其业务以实现与内容生成的用户更高效的互动。他们鼓励其网站的用户去上传素材，对故事发表评论；始终坚持由专业的编辑团队来管理进程。他们认识到，网络革命的管理不是非此即彼，或专业或业余。因为两者都在同一新闻品牌内集成，以提供最快、最真实又最权威的事件报道。

除此之外，新闻的信誉也非常重要，Donna M. Reed 在《诚信——读者仍在购买我们吗？》一文中指出诚信的重要性以及如何去理解诚信："诚信不只是实话实说。它是要告诉'整个'真相。正如我们决策过程变得更加透明，我们冒着风险去揭示在采取行动我们有多么浅薄。我们说我们要开放，使人们接受我们的消息来源，并相信我们的报道。"在她的观点中，新闻业必须以自省的方式不断反思，并且尽可能地还原事实整个过程，揭示真相；同时必须以开放的姿态去接纳读者的审视，让读者建立起对其的信赖。

二、转型的可能性

在新媒体的背景下，新闻业发展也逐渐探索出一些新的模式，这些模式在发展中有成功的经验，也有失败的教训，这都给新闻业的未来走向提供借鉴意义。学者 An Nguyen 在《专业与业余的联姻——OhmyNews 模式的战略和意义》一文中以研究韩国的 OhmyNews 网站模式入手，分析其成功之道，认为 OhmyNews 本质上是混合新闻合作。它是大量有热情的公民记者和训练有素、技术精湛、经验丰富的记者创造性地联姻，这是其成功的根本。An Nguyen 以此展望了新闻业的发展前景和成功意义，这体现在 OhmyNews 模式已经进入韩国媒体景观和全球公民新闻运动的中心舞台。究其原因，这不仅要归功于各种特定的韩国因素，同时也是混合新闻制作，即专业—业余配合模式的结果。在这里，她特别强调了在这一模式当中，专业和业余各占的比例，"虽然公民内容占了总含量的 70% 并且涵盖了大部分主题类别，这 70% 中大部分利用了基于观点的作品（如文章、书评和影评、评论）的形式，多数都是生活中的故事，而不是公共事务。硬新闻和分析，任何新闻产品的重要支柱，主要留下给其全职本报记者"。在她看来，这样的专业业余配合模式分工合理，内容比例适宜。公民内容占据了 70%，涉及较为宽广的主题和内容。用户通过提供内容积极参与新闻生产，最大限度地发挥其潜能，不仅有利于重塑新闻价值，并且对民主进程发挥作用。专业记者提供的内容占 30%，但是他们仍然是最为重要的硬新闻的直接生产者，并且其报道更具有权威性。当然，普通公众参与新闻报道，并不可能完全取代新闻媒体中职业新闻工作者的重要地位，因为职业记者在新闻采制方面的专业素质和技能是普通公民不可能具备的，对于新闻事实的调查和深度解析往往是普通公众无法承担的。

作为媒介研究范畴，新媒体的发展对于新闻的影响是非常深远的。在新媒体早期萌发之时，美国学者 John Vernon Pavlik 就敏锐地捕捉到了这一点。他在《新闻事业与新媒体》一书的开篇就提出新媒体对于新闻行业的巨大冲击，而且指出这是史无前例的。在 John Vernon Pavlik 看来，冲击源于新媒体在四个层面上改变了新闻生产："第一，新闻内容的性质作为新兴的新媒体技术的结果正在被不可逆转地改变。第二，记者的工作方式在数字化时代被改良。第三，新闻编辑室和新闻产业的结构正在发生根本性的转变。第四，新媒体正在带来新闻机构、记者和他们许多的公众之间关系的重组，包括观众、来源、竞争对手、广告商和政府之间的关系的调整。"这四个方面分别针对新闻内容、记者的工作方式、媒体结构以及新闻机构和社会关系的发展进行阐释。在新闻的内容生产方面体现为由传统媒体的记者提供报道转变为专业—业余配对的多元化生产与用户生成内容相结合。记者的工作方式产生了重大的变化，他们从编辑部的时空中突围，利用先进的媒体技术，多渠道地搜集信息来源，全方位地展开报道。此外，他们还承担着媒介运营者的职责。媒体结构在新形势下进行产业重组和机构调整，媒介经营管理日趋与市场相融合。新媒体还带来了新闻机构的记者与公众之间的关系变化。传统的传受关系被打破，记者与受众共享信息和资源平台。新媒体使得全民传播成为可能。而在这样的背景下，就更需要记者以专业主义的精神和认知去提升新闻的品质和影响力。还需要注意到的是，新闻来源也是多样化的，尤其是当地区报道与全球化越来越有机地联系为一体时。广告商们在传统媒体的广告投放量锐减，纷纷转向新媒体，这使得传统媒体在面对危机时为了生存发展必须及时进行转型。各种新媒体营销方式层出不穷，眼球经济争夺和竞争越发呈现出白热化的状态。新媒体对于政府的影响也非常明显，尤其是对于信息公开透明、提高政府公信力和加快民主化进程方面起到了积极的促进作用。

三、重估新闻价值

在新媒体时代重新审视新闻价值非常必要。传统媒体时代，新闻价值的五要素往往概括为时新性、重要性、显著性、趣味性、接近性。这五个要素是从新闻采写的角度来归纳的。新媒体时代，由于新闻采编方式的变化，新闻价值本身也被赋予了新的内涵，在此重提新闻价值非常重要。这是因为：

其一，新闻价值应该被看作构成新闻话语和实践者相关消息的关键性要素。在构成新闻价值或什么是新闻和被用来决定什么是新闻。

其二，新闻价值也发挥新闻身份作用：他们有能力胜任在报道和写作中的应用，即在课堂上学习并在编辑部实践，这也是技艺能力和新闻技能的标志。

其三，他们促进和加强在实践的社区成员资格以及通过加强什么是新闻的评估。

新闻价值将如何重新定义？学者 Colleen Cotter 提出了自己的观点：

一是新闻价值观使一条新闻的"新闻价值"的品质嵌入文本和管理实践中。

二是新闻价值"形式文本"通过提供决策参数，限制可能性范围。

三是新闻价值是抽象的承诺，作为报道决定的动机的清单，通过时间在整个出版和编辑过程中做出不同的解释。

四是新闻价值从内外看不同：从局外人的变化看记者的清单。

在这里，Colleen Cotter对新闻价值理念提出重新的思考，如对新闻价值实现的可能性范围、制定新闻文本的评估方式、对体现内部价值观的新闻文本加强框架管理。Colleen Cotter继续阐释，判定故事是否值得报道，这当中必须突出以新闻价值观为中心的决策及最终文本或故事的形态，注重选取影响故事框架的视角。在新闻报道的过程中，编辑部仍然应该肩负把关的职责。新闻价值落实到具体的新闻写作中，Colleen Cotter提出样板现象（boilerplate），她认为样板具有简化故事、锚定文本和改变的意义。在她看来，样板模式非常有用，这体现在：其一，样板作为循环材料插入故事中，延伸长度去提醒读者前文内容；其二，它是一种特殊类型的"背景"信息，符合新闻文本中的内容需求；其三，其话语目的是向公众交代一个故事迄今为止的状况；其四，样板具有重复的、未归属的特性。样板的语言和文本的设计，是从结构良好的新闻话语中产生，是一种具有责任感的"中性"的文本生产。这是由于"话语需求，提供给新闻报道可访问的概要和背景资料，从而导致文本元素，如'样板'和其他速记参考设备。一般新闻写作的规则——简化复杂的问题或事件、作者的距离和中立/平衡的价值，并有足够的信息反复渲染给深受广大目标读者理解报道的所有新版本——指导其具有间有特性的样板生产"。

第二节　媒介融合

新媒体的出现带来了媒介环境的变化和媒介格局的重组。在这一过程中，传统媒体与新媒体之间既有融合又有竞争，形成共生局面。

一、融合：从科学领域到媒介环境

现在为大家熟知的"融合"（convergence）一词最初起源于科学和数学的世界。它最早使用者可以追溯到William Derham，这位17—18世纪英国科学家以他对于测量音速的成就而颇负盛名，他是通过定时大炮的闪光和轰鸣声之间的间隔来衡量音速的。

当"融合"一词从科学领域被引入媒介环境中，其意义便延展开来。对于媒介公司而言，融合是公司文化的产物，John Haile在《奥兰多哨兵》中介绍这一概念时就认为在跨媒体传播过程中，组织文化是最为重要的需求。南加利福尼亚大学安嫩伯格传播学院的教授 Larry Pryor 则认为，媒介融合体现为大公司由于相互利益聚集进而合并重组，而且他认为融合是由新闻编辑工作室的员工们 24 小时全天候给受众提供信息。美国学者 Kebin Maney 在《大媒体》一书中用"大媒体"（Mega-media）的概念，描述了传媒业将出现跨领域的竞争，并且认为其结果是传统的大众传媒业、电信业、信息（网络）业都会融合到一种新的产业中。这是一种会呈现出爆炸性增长的大媒体业，既有结盟又有竞争，情况非常复杂。美国学者 Rich Gordon 意识到融合一词被关注和广泛应用后，他是这样描述的："这个词已经被应用到企业战略（如时代华纳和美国在线的合并）、技术发展（点播和互动电视视频）、市场运营（报纸和电视台为促进彼此的工作而建立的伙伴关系），到职位描述（从文字、音频和视频故事的场景返回的'背包客记者'）以及叙事技巧（在新闻网站上的文本和多媒体的融合）。有一种危险，即'融合'将成为一个时髦词，在围绕媒体、技术和新闻的讨论中随意使用，不同的参与者用同一个词来表示不同的事物。"从他的阐释当中，我们不难发现，"融合"一词已经渗入媒介生存发展的所有环节，并且作为一个被泛化使用的词语被人们应用于各种讨论中。这种情况在 Rich Gordon 看来并不严谨，把"融合"当成流行的语汇，但人们在认知层面上对它的理解是模糊的。因此，"融合"一词必须与具体研究领域相结合，在讨论的过程中将其明晰化。

二、媒介"融合"的多层性

"媒体融合"（media convergence）一词由美国马萨诸塞州理工大学的 Ithiel De-Sola Pool 教授在 1983 年出版的《自由的科技》（*Technology of Freedom*）一书中首先论及。他提出"传播形态融合"（the convergence of modes），并分析了其产生的原因是与数码产品的发展息息相关。媒介融合是信息时代背景下媒介发展的理念，是在互联网迅猛发展的基础上与传统媒体的有机整合，这种整合体现在两个方面：技术的融合和经营方式的融合。对于如何解析媒介融合这一概念，其具体形式又应该如何理解？不少学者尝试做过一些归纳，还是 Rich Gordon 归纳得较为系统，他以分类的方式将融合做五个层面的意义阐释："截至 2002 年，'融合'一词可以适用于所有这些：公司、他们的运营、他们的员工做好本职工作的方式。利用这个框架，我们可以确定至少五种不同意义的'融合'，并讨论它们在媒介公司不同层次上的含义……即所有权（ownership）、战略（tactics）、结构（structure）、信息收集（information gathering）以及演讲/讲故事（presentation/storytelling）。"这一概括系统化地涉及了媒介融合的诸多方面，比较具体而详尽。

（一）所有权

在今天最高发展水平的企业集团当中，"融合"是指多个内容或分销渠道的所有权。在全球经济一体化发展的当今时代，像维亚康姆（Viacom）、迪士尼（Disney）、维旺迪环球（Vivendi Universal）和时代华纳（AOL Time Warner）等大型传媒业巨头就是所有权融合的很好例证。

被誉为传媒娱乐航空母舰的维亚康姆集团（Viacom）是美国著名的传媒公司。其集团业务范围包括电视、广播与户外、电影与剧院、因特网和主题公园。但值得注意的是，2004 年，维亚康姆进行了一次瘦身运动。当时的董事长兼首席执行官 Sumner M. Redstone 提出："维亚康姆采取的步骤是建设国际传媒企业的三部曲ABC。简单说来，这三部曲是指：A 即 Acquire（购买），就是购买和开发最好的内容；B 即 Brand（品牌），就是对内容进行品牌建设，并在经济可行的前提下将这些内容在尽可能多的平台和市场进行杠杆经营；C 即 Copy-right 版权，就是为自己创建品牌的内容进行严格的版权保护。"之所以进行这样的瘦身改革，是基于内部资源整合不畅和外部投资者施加的压力。这次拆分行动是 Sumner M. Redstone 对集团资源的一次新的整合。

（二）战略

"融合"必将带来媒介经营战略的变化，体现在内容生产、市场营销和增加收入等方面。早在 1994 年，《圣荷西水星报》（*San Jose Mercury News*）就与美国在线共同推出了《水星中心新闻》的电子报服务。《华尔街日报》（*The Wall Street Journal*）就是从内容、渠道和终端实现了媒介融合战略。在内容生产上，通过报网联合打造"融合新闻"（convergence journalism）。"报纸和网站遵照读者阅读习惯实现时间上的延续——早上的报纸服务加上全天的网络服务和功能的互补——报纸着重独家新闻、重大突发新闻分析文章和深度报道，在部分版面增设类似头版'What's news？'的'In Belief'专栏刊登新闻提要，利用导向引导读者去网站阅读来不及在报上刊登的完整新闻故事；网站全天候更新，预告明日报纸深度报道，不间断更新重大突发新闻，定点给订阅用户邮箱发送新闻标题和内容提要，同时利用其多媒体优势，借助视频、音频、图片、图表等全方位立体展现其海量信息资讯。"

不仅是报网融合，电视、广播、纸质媒体等也日趋融合，形成一个混合的传播系统。1994 年，美国之音（VOA）是第一个与网络连接的广播电台，它的尝试意味着广播首次融入数字媒体中。VOA 当时采用了在线直播和网络点播的形式。的确，多种媒体越来越频繁地交织在一起，形成你中有我、我中有你的共生局面，公共空间与私人空间也在媒体的扩张中逐渐被打破，大众媒体与自媒体形成了一种有趣的结合。

在内容和营销的竞技场上，最常见的模式是电视台和报纸之间的伙伴关系，在大多数情况下，它们具有单独的所有权。新闻供应商也逐渐转型为数字化时代的运营商，学者 Brian McNair 在《管理在线新闻革命：英国的经验》一文中就提道："电视和电台广播的线性新闻供应商经由新兴的网络在线产品被替换为新闻业的主导运营商。其中一些巨大的数字化枢纽是由既定的新闻供应商和在英国的新闻业，如英国广播公司（BBC）、《卫报》（*Guardian*）、《每日电讯报》（*Telegraph*）和天空新闻（Sky News）共同进行运营的。"

技术和人力资源是战略融合的前提，从主流媒体机构和品牌角度来看，蜂窝式移动设备（cellular mobile device）是对新闻产品的综合呈现。蜂窝式概念由美国贝尔实验室在 1947 年提出，是很形象化的一个概念，是以若干个相邻的蜂房式（六边形）小区覆盖范围组成服务区的大、中容量移动电话通信系统。"从新闻新的行动者的角度来看，无论是小企业、有兴趣的记者、公民或社区团体、移动技术和网络的启示通过相当多的实验说明提供制定和传播新闻，特别是在非洲、亚太和拉丁美洲。"

再如万维网（WWW, world wide web），也称为环球信息网，简称 Web，1994 年 10 月在麻省理工学院（MIT）计算机科学实验室成立。其创建者是 Tim Bemers-Lee，其初衷是希望建立世界化的信息库。万维网用户通过 Web 客户端访问浏览 Wcb 服务器上的页面，通过互联网访问全球性的电子出版媒介。它包含报纸、电视、广播电台和杂志出版商以及原有的网络世界的一些新闻网站。万维网是由超文本（hypertext）组成的系统。用户浏览网络的过程，被 Jean Armour Polly 形象地比喻为"网上冲浪"（surfing the Internet）。万维网是无数个网络站点和网页的集合，是多媒体的集合，它们在一起构成了因特网最主要的部分。万维网的出现确实具有划时代的意义，加拿大麦吉尔大学教授 David Crowley 和威尔弗里德·劳里埃大学教授 Paul Heyer 对此给予了高度评价："万维网从根本上改变了互联网，这种改变并不是通过扩张它的基础设施或主要协议，而是提供了一个对无数新用户都有诱惑力的新用途。万维网改变了人们对互联网的认知——网络不再被看作搜索工具或是单纯在人与人之间传递信息，而是承担着作为娱乐媒体、商店橱窗、将某个个人展示给世界的工具等新角色。"

（三）结构

在这里，结构是指媒体的格局和组织形式。媒介融合带来了媒介组织的变化，传统的新闻编辑室的格局被打破，形成了新的多媒体编辑室。在多媒体编辑室，不仅媒体之间的壁垒被打破重组，而且时空的概念也被重新书写。《奥兰多哨兵报》（the Orlando Sentinel）就是一个很好的例证。

《奥兰多哨兵报》与时代华纳有线合作推出了 24 小时的本地有线新闻频道。多媒体编辑的工作人员中大部分具有广播的背景。编辑们在新闻编辑室进行协调和安排，与文字记者及时交流和对话，生产原创的电视节目等。

《奥兰多哨兵报》还通过 ISO 平台开辟了自己的 APP 客户端，给球迷提供了最新的关于 UCF 骑士新闻、成绩和赛况分析。当打开 APP 时，球迷可以根据自己的喜好去对内容进行屏幕设置和排序。UCF 骑士新闻应用程序内置目前最为流行的社交媒体脸书（Facebook）和推特（Twitter），并通过访问通信录和电子邮件实现内容共享，把更多的消息传递给自己的朋友和家人。该应用程式尝试为球迷解决没有信号带来的困扰。在这种情况下，球迷即使无法获得最新消息，应用程序也会保留他最近下载的信息和保存的内容。

2006 年，美国最大的报业集团甘奈特（Gannett）宣布将成立信息中心（Information Center）来全面取代传统的新闻编辑室。信息中心下设七个部门：数字部、公共服务部、社区对话部、本地新闻部、内容定制部、数据部以及多媒体内容制作部。信息中心的成立在信息传递和突出本地新闻方面具有优先性。

再如移动记者的工作站（Mobile Journalist's Workstation，简称 MJW）的建立，这也是一种新型的媒体形式。移动记者的工作站对于在现场的记者进行报道非常有用。尤其是在危急的时刻，对于记者快速提高信息传递和通信接入都至关重要。移动记者的工作站既是具有全方位影像收集能力的新闻收集工具，又可以作为新闻演示系统工具。当作为新闻演示系统，MJW 已经被用于创建情境纪录片（situated documentary）这种新形式，使得新闻消费者可以参观过去的新闻事件现场，从而使他们沉浸在对这些事件叙述的多媒体演示中。

（四）信息收集

在媒介融合的背景下，信息收集非常重要。这就要求媒体工作者必须尽己所能地去关注各类平台的新闻来源。在传统媒体时代，媒体从业人员未必会有即时去收集信息的意识，但是随着新媒体的发展，他们需要掌握多种技能，使自己逐渐成为多媒体记者。渐渐地，这种信息收集行为将会成为他们的一种职业自觉。

在信息收集的过程中，首先要考虑的是渠道问题，因为信息的来源是多样化的。在整合多种媒体资源的情况下，尽可能地收集更多的信息，这会给新闻从业人员的工作方式带来很大的变化，随之而来的是其角色身份的变化。新闻从业人员由信息提供者和报道者逐渐变为融信息提供和发布于一体的信息收集者、编辑者和管理者。学者 Stephen Quirni 认为，懂得知识管理与融合才是智慧的新闻编辑部所必须具备的。记者在对浩如烟海的信息整合中，不仅要呈现这当中的关系和内涵的深层意义，并且还要学会将其转化为知识。记者需要具有以下几方面的能力：

（1）鉴别材料的能力，能够辨别材料的真伪。

（2）资源整合的能力，能够对多种图片、文本、视频等信息进行综合整理。

（3）编排应用的能力，善于调用各种多媒体手段进行制作编辑。

（4）大数据处理能力，能够通过数据处理分析新闻情况，预测未来。

美国社会学家 Erving Goffman 在其著作《日常生活的自我呈现》（*The Presentation of Self in Everyday Life*）中提出了拟剧理论，他用前台（frontstage）和后台（backstage）的概念来研究演员的表演和日常行为。前者是公开的区域，后者是隐藏的区域。这将区分演员不同的行为方式，在前台演员按照剧本设定的角色进行表演，是剧中人、是被观看的他者，而在后台演员则卸下面具从剧中人物走出来，做回真实的自己。如果说演员的表演是特定场合的，而戈夫曼将此情境延伸，将其与社会关系中的人际互动相类比。他把人际互动分为经常持续的互动和无界限的临时互动。他把小空间剧场舞台搬到大空间的社会舞台。每个社会成员都是社会舞台的演员，他们试图通过自己在互动过程中的言语、姿态等方式给他人留下自己希望实现的印象，这一过程就是印象管理（impression management）。人们都希望通过自我塑造来形成别人在认知概念中自己想要达到的效果，但在这一过程中会产生"角色距离"（role distance），即个人与其假定的角色实现之间存在的差距，它说明个人在某种角色上能否积极发挥作用取决于他与该角色之间的吻合度。从角色塑造上来说，演员的表演能否与剧中扮演人物的形象灵魂相契合，可以检验演员的演技。同理，社会规范会对各种社会位置上的角色进行限定，这也是"剧本期望"。

在传统媒体环境中，新闻工作者的前台和后台的概念非常清晰，"因为信息采集技术和传播方式的垄断性，信息传播者们借由这个厚实的屏障分隔了权威的专业新闻人'前台'形象和机械复制信息的常规化'后台'形象，让自己可以在幕后进行各种议程的设置并让受众无法察觉"。新媒体技术的出现在信息呈现中使得公共领域和私人领域的界限逐渐消失，前台和后台的界限逐渐模糊。对于新闻工作者的职业期望，已经由传统的单向的信息采集输出者，转变为全天候地关注信息及时变化的动态，并且承担了多角色职能。也可以说，记者的工作较之以往，更加复杂与专业化。正如学者 Mark Deuze 和 Leopoldina Forunati 在讨论没有记者的新闻业现象时指出："其实，记者的权力从传统上讲是他们这样做基于复杂劳动，这需要高度的专业化。传播成本的下降是被通过大量的受过良好教育的用户的使用促成的，他们破坏了行业的独家地位。凭借其专业知识和技能的新闻工作者的职业已经成为综合许多新闻和信息收集、编辑出版的系统。"

对于记者而言，虽然技术可能解决报道中的难题，但想要一蹴而就地掌握多种技能并非易事。在一个主流新闻的报道中，单媒体记者组成的小组数量往往多于多媒体记者的数量，会影响报道的效率和质量。电子技术使多技能新闻工作者成为可能，但是这类记者需要不断地进行跨平台的培训。这是新闻学院在人才培养教育方面所要面对的，也是业界新闻工作者在转型过程中所要面对的问题。

（五）演讲／讲故事

所谓演讲／讲故事，涉及新闻报道的叙事策略、技巧以及新闻语体的语用。新闻报道的决策过程中，编辑们定时举行会议讨论新闻和故事该怎么来写。内容的呈现形式和编辑技巧也非常重要。以 1847 年创刊的《芝加哥论坛报》（*Chicago Tribune*）为例，它是论坛报公司的旗舰。芝加哥论坛报公司拥有报纸、广播电视和因特网产业。《芝加哥论坛报》是美国非常有影响力的报纸之一。其网站（Chicagotribune. com）分为 7 组板块，涵盖体育、新闻、热门、观点、商业、郊区和娱乐。当点击每组新闻板块的时候，屏幕中会直接跳出子网站，融会了头条新闻、头条视频、大图片和文字，为读者提供了大量的丰富的新闻内容。尤其是其创建创新演示文稿，让用户在阅览的过程中体验非常方便舒适。

而这一切又是与媒体技术息息相关的，通信方式的改变作用于新闻的内容生产。针对这一情况，记者要讲好故事所需的装备是不可或缺的，这是作为新闻报道所必须具备的设备和载体。当记者个人可以携带便携式电脑和一些设备，就可以建立自己的移动记者工作站（mobile journalist workstation），进行新闻的同步传输。"它利用与混合用户接口相结合的五个主要的技术：一个可佩戴的电脑背包、一个手持的具有高分辨率的 PDA（personal digital assistant）、一个 GPS 接收器可以在 1 厘米以内精准定位用户的位置、一个高速的每秒十一兆位无线 WaveLAN（局域网）连接到互联网和万维网，和一个头盔式的显示器配备有透视护目镜、卤化银反射镜和耳机，还有提供精确测量头部的空间和方向定位的头部跟踪器。"有了这些新兴的技术配置，记者在现场进行报道过程中会更为有效及时，而且可以同时供应给全媒体，尤其是突发性新闻。在第一现场的记者可以综合运用多种技术手段，全方位地提供新闻报道，如用手机直接为网络传输拍摄的照片、用手机直接编辑电视短片、为报纸撰写简短报道，还可以致电突发事件广播等。

三、媒介融合的意义

看似轰轰烈烈的大融合，从操作层面上看是难还是易，James Gentry 教授认为称之为两者之间的统一体，并非那么简单。表 2-1 通过对比体现了他的观点。

表 2-1 "容易"融合对比"困难"融合

容易融合	困难融合
组织战略的中心	非中心：第二位或更差
承认和集中于领导关系	其他领导关系的优先权
创新和承担风险的文化	总是按照一种模式做事
和谐结构	没有和谐的结构
相同的所有权关系	不同的所有权
相同的价值观	不同的价值观
已结盟的系统和过程	没有结盟的系统
有线电视的参与者	与广播的合作关系
共同成功的经历	以前的问题或没有关系
文化的灵活性和相似性	不灵活或不相似的文化
位置集中	位于一些偏远的地区
缺少联盟	当前强有力的联盟

媒介融合过程的顺利与否，还会受到技术壁垒和政策壁垒的影响。尹连根和刘晓燕在考察南方报业传媒集团后撰文《"姿态性融合"——中国报业转型的实证研究》。在文中他们分析了为何出现"姿态性融合"的原因，"从报业高层来说，报业融合不必是他的终极考虑，无论从组织层面还是个人层面。前者来看，我国报业不是一个纯粹的企业，而更多地表现为具有浓厚意识形态属性的事业型机构……从个人层面来看，尽管报业集团的政治安全往往跟报业集团高层的政治前途休戚相关，但报业作为产业的盈利状况跟高层的个人前途关系不大，甚至可以说没有关系"。所以，他们认为报业集团所宣称的进行融合改革的豪言壮语，只不过是展现出来的与时俱进之态，这是一种公开秀出的姿态而已。高层如此，报业基层对此反应也不过尔尔。员工会认为这只是领导们的面子工程。加之报业融

合的姿态性特征决定了它在报业集团的附庸与补充地位，而报业集团的量化考核和官本位则"进一步驱使着普通员工游离于等级森严的当代报业官僚层级结构之外，堕落为赤裸裸的纯粹雇佣关系，甚至使得员工时而产生职业幻灭感和职业倦怠"。

基于此，作者得出的结论是，"报业的技术融合必须与新闻融合工作室齐头并进。没有新闻融合，技术融合势必缺乏必要的支撑和依托。换言之，单靠技术上的'孤军深入'，而没有包括新闻常规、价值标准等新闻工作室文化的变迁，其结果将是跛脚的融合"。

媒介融合的形成有其内生逻辑（图2-1）。"媒介融合的形成在市场竞争要求的层面上来看，是一个多因素的综合平衡过程，包括经营协同效应、突破进入壁垒、战略性动机、扩大市场权利、不确定性与交易费用的节约、经营者功利驱动等。同时，在融合中，对于主导企业来说，其通过资本进行吞融的过程，也是其多样化经营拓展的过程，这一吞融过程可以解决因竞争程度的激烈而面临如下问题：原本经营领域的需求的增长停止、主导产品的市场集中度很高、需求的不确定性。而融合所带来的经营领域的扩展正好可以解决这些问题，并且利用品牌的通用性来进行市场拓展，充分挖掘内部潜力，缩短目标差距。"

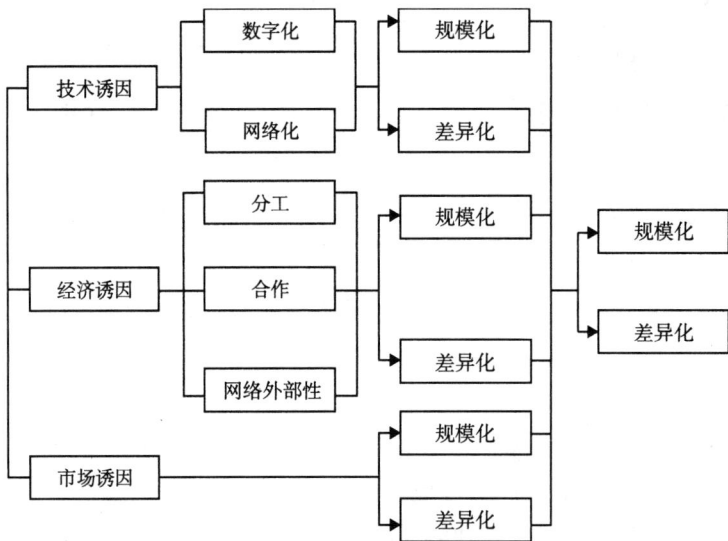

图2-1 媒介融合形成的内生逻辑

媒介融合的意义影响是深远的，一方面它改变了媒介生态格局，使得信息技术和传播方式发生深刻的变革，另一方面它也对社会的发展起到了促进作用，形成了一种新的社会关系和全球化网络。媒介融合的过程会带来新的发展，也会产生新的问题，这些只有在媒介动态发展过程中去研究其变。遥想美国麻省理工学院教授 Nicholas Negroponte 在 1978 年就曾经设想计算机工业、出版印刷业和广播电影工业三者在未来会趋于融合。1996 年，他出版的《媒介化生存》（*Being digital*）一书轰动世界，在书中他预言了未来社会人们的生存形式。他的预言一语成谶，这 20 年来新媒体的发展，随着移动媒体、社交媒体和数字媒体的普及，越来越多的人卷入一种媒介化生存的状态，形成媒介依赖。媒介的发展是双刃剑，它在提供各种便利的同时，也带来了人的异化。

第三节　媒介重组

　　新媒体试图在传统媒体的运营方式中寻求突破，改变经营理念和管理模式。在媒介融合的新的格局中，媒体人的身份转型、新媒体的经营管理、新媒体营销等都是值得我们重新思考的命题。

　　新媒体的生产运营是个逐渐发展的过程。从早期在线新闻运营来看，其操作并不具有独立性。究其原因，首先，大多数在线新闻的运营，尤其是随着母报和其他纸媒运营的，在创建多媒体内容上没有可借鉴的传统。这个阶段也可以称为翻版阶段。它们不具有文化也不具有开始生产多媒体内容的资源。其次，一些新闻运营趋向将在线新闻报道作为仅是它们现有活动的延伸，如果它们是基于纸媒的，读者往往无法查看与之相关的音频或者视频。再次，许多在线新闻运营并不拥有具有多媒体能力和背景的员工，很容易雇用在母报纸媒运营的记者。它们特别强调文字工作的重要性，图形、图像、音频和视频则被忽略。可以说早期的新媒体发展无论是运营方式、报道方式和人力资源都受制于传统纸媒的影响。最后，在发展过程中，逐渐有了变化，在线新闻报道开始与印刷版略有区分，尝试提供自己制作的报道，并且建立数据库，方便读者检索。而目前，在线报道已经完全独立，网站综合了多种媒介形式，包括声音、图像、影像、动画等，它们不仅用于报道新闻，同时也是综合信息服务者，拥有商业、娱乐、网上社区等其他服务项目。

　　近年来，大众传播向大众自我传播的转变、在群众性自治互动沟通的过程中，出现了"创造性受众"（the creative audience），其信息是用户自生产的，即用户生成内容。即使在互联网世界，虽然在某种程度上仍由政府进行管制，但它其实具有相当大的传播自主权。这是因为数字网络技术使个人和组织生成自己的信息和内容，并在网络空间自由分布，这在很大限度上会绕过企业和官方机构的控制，使得大众自我传播通过网络成为可能。

最初出现的分散的通信网络，在随着互联网不断发展过程中成为数字时代的主要传播媒介，成为由大型企业主宰的互联网业务以及全球电信公司的通信形成的移动平台。随着新媒体的发展，媒体间既有合作也有竞争，呈现出多元态势，具体表现为媒体互联、小型媒体、社区门户网站和众包等形式。

一、驱动受众：媒体互联效应

媒介互联指的是传统媒体和数字媒体的工作联系日益紧密，他们通过驱动受众的方式，让受众在媒体之间往复来回，实现媒体彼此之间的交叉互补或是交叉促进。这种方式可以最大化地保证受众不流失。

媒体互联的第一种方式是同一家媒体自身不同形式之间的互相联合，这种方式是以确保受众尽可能多地关注某一媒体为目标。以美国公共广播公司 PBS（public broadcasting service）为例，他们长期以来指导观众访问其网站去搜寻更多信息，因为受到时间的限制这些信息可能不适合在电视转播节目中播出。换言之，这是因为电视时间段的有限性与内容的扩容之间存在的矛盾，而通过将多余的信息转而嫁接到网络上，保证了信息最大限度上被呈现。PBS 的策略是通过电视来作为网站先导，一方面是有效配置电视和网络之间的信息资源，达到优化组合；另一方面也是通过媒体互联的方式，为引导受众关注媒体本身发挥效应。

媒体互联的另一种模式是门户网站（portal Web site）。Web 用户可以通过一种信息交换所的网站去访问许多不同的网站。例如，Bayarea.com，该网站提供各种链接的在线服务，如《圣荷西水星报》（*San Jose Mercury News*）、《康特拉科斯塔时报》（*Contua Costa Times*）、《蒙特雷先驱报》（*the Monterrey Herald*）、《越南水星报》（*Viet Mercury*）。这种网站起到了媒体集聚的扎堆效应，类似于夜市餐饮业一样，"有时候这些信息交换站是链条驱动的结果，其中在不同市场中拥有报纸的大型媒体公司试图通过门户将它们链接在一起。有时它们是一个地方或区域聚集在一起的不同媒体的结果，以至于网站访客可以访问与报纸、电视和电台一样的网站地址"。

千龙网也是一个同类的典型案例。这家由北京几家媒体联手共同发起和创办的中国第一家综合性新闻网站，2000 年 5 月正式开通，涵盖北京日报社、北京人民广播电台、北京电视台、北京青年报社、北京晨报社等北京主要传媒。千龙网通过整合北京传统媒体资源来搭建大型网络媒体平台，意在形成让"北京了解世界，世界了解北京"的网络窗口。千龙网首页有千龙网微信、微信号矩阵、千龙网微博、智慧北京客户端。移动门户有手机千龙网、首都新闻和千龙音画三种形式。主页有今日聚焦（今日北京和今日中国）、千龙创品（评论、采访、视频、千龙图像、北京拍客、京华社区、千龙智库新媒介素养学院、首都公益、兔爷动漫、千龙图表、千龙 FM）和类聚信息构成，以此突出北京要闻，体现全媒体特色。2013 年，千龙网站设置了兔爷动漫频道，意在充分发掘具有北京民俗特征的传统文化。

媒体互联的方式让媒体可以最大化地进行资源整合和合并并且发挥影响，形成品牌影响和规模效应。

在南美地区的巴西、阿根廷和墨西哥的一些报纸的门户网站提供了大量新闻链接和在线服务，如《巴西环球报》《圣保罗日报》《民族报》《号角报》《环球报》《改革报》。美国的德拉吉报道（Drudge Report）是新闻聚合网站（news aggregation website），该网站主要包括链接到来自美国和国际主流媒体关于政治、娱乐和时事的报道，也链接了许多专栏作家。在委内瑞拉，新闻门户网站 Noticierodigita.com，Aporrea.org 和 Noticias24.com 都与其他媒体形成超链接，几乎没有当天新闻的原创内容。这些门户不仅提供可以找到大多数需要的新闻的地方，它们还提供了每条新闻论坛和博客。"这些门户似乎是例外，因为它是在互联网上主导新闻来源的商业主流媒体。"

从全球化背景来看，全球化网络的核心特征体现为：

（1）所有权集中（concentration of ownership），如 ABC，CBS，NBC。

（2）平台多元化（diversification of platforms），如时代华纳。

（3）细分和定制（segmentation and customization），改变广告模式作为媒体行业中改革的驱动程序。

（4）协同效应（economies of synergy）。

举例来看，平台的多样化，特别是体现在在线性质的战略收购和互联网公司的伙伴关系上，如雅虎（Yahoo）和谷歌（Google）。这当中最关键的是协同效应。雅虎在 2002 年就尝试与电影公司 Artisan Pictures 以及电视公司福克斯结盟，在网上为它们提供预告宣传片。2004 年，雅虎斥资 1.6 亿美元收购了 Musicmatch 公司，从而打入音乐下载市场。

二、草根小媒体崛起

每每谈及数字媒体的技术优势，大型商业新闻媒体能以最快引入最新资源的优势从中获益，这也是易为大家所关注的媒体现象。但是，在早期的研究中，往往被人们忽视的就是小型媒体与技术的关系。非营利的草根媒体虽然没有大的财政集团来资助，以帮助它们发展成为一个全球性的媒体，然而新媒体的发展同样惠及了它们，让它们脱颖而出，产生一定的世界影响。

以 1999 年在美国西雅图成立的独立媒体中心（independent media center, IMC）组织的网站为例。该网站被誉为"争取新闻自由的第三条道路"。当时 IMC 报道了世界贸易组织（WTO）活动和在西雅图呼吁移民法改革示威游行活动，以独立的姿态彰显了非主流媒体活动家的风范。它以新闻专业主义的精神为己任，自我宣言是为彻底地、准确地和热情地报道真相而创造共同经营的媒体网络"。

IMC 公司无疑是借力新媒体技术才得到迅速发展和崛起的。它通过使用的 Apple QuickTime 和 RealNetworks 技术及其网站的文字报道、照片、音频和视频文件以及纪录片，形成可以提供给记者的信息中心站，其内容经常被许多大型网站所采用。针对这一现象，Kevin Kawamoto 是这样评价的："这就是数字媒体为什么会被称为伟大的平衡器，它可以让这些比他们的媒体集团同行的资源少得多的'小型媒体'拥有技术的和美学的尖端网站。志愿者和低酬劳的员工在保持小型媒体的生存上非常重要。"

其实除了数字资源给小型媒体发展提供了技术支持之外，探究其兴起的原因，是受到新自由主义的影响。新自由主义强调个人自由，个人能力的发挥促进个人自由的增长，小型媒体恰恰承载了这样的功能，通过关心国家发展的公共事务，达到自身媒体发展与社会影响的共赢。独立媒体中心强调团体内部的平等性，坚决杜绝等级制，杜绝性别歧视、种族歧视。决策过程应该以民主方式进行表决，团体内的每一个人都必须尊重他人。

三、社区门户网站兴起

在媒介市场竞争中，有一些没有传统新闻背景的网络公司悄然兴起，为了在市场的罅隙中寻找生存机会，它们渗入本地市场，提供信息给习惯于顺手拿起一份当地报纸的读者。通过这种方式，这些网络公司会从当地的报纸那里抢夺读者资源并且获得收入和利润。针对这一情况，一些地方报纸网站开始创建自己的社区网站（community Web sites）。作为一种门户网站，它提供当地的艺术和娱乐信息，报道社区和邻里新闻，并链接到工作等相关机会。

举例来说，之前提到的论坛报公司（Tribune Company）发布了《芝加哥论坛报》（*Chicago Tribune*），创建了自己的城市指南网站，将其称为数字城市（Digital City）。Knight Ridder 创建的 Realcities.com，类似风格的还有 Myway.com 网站和 Zip2。再如，由《塔科马新闻论坛报》（*Tacoma News Tribune*）在华盛顿州创办的 SouthSound.com 网站，该网站用于为南方普吉特海湾社区服务，为他们提供在线空间以便在社区组织建立自己的网站，并且让社区居民积极参与。

四、众包的媒介化协作

众包这一概念由 Jeff Howe 和 Mark Robinson 在 2005 年提出。他们当时是在讨论企业如何使用互联网把工作外包给个人这一问题。"简单地说，众包代表公司或机构接受一次员工执行的行为，以公开征集的形式外包给一个未定义（通常是规模很大的）网络大众。这可能需要同行生产的形式（以协作的方式执行工作），但是也常常由个体来承担。最关键的先决条件是公开征集方式和潜在劳动者的大型网络的使用。"学者 Estellés-Arolas 等人则在观察了众包现象并且总结了前人的一些分析文章后，再次对众包进行定义，认为众包是"一种在线参与活动，其中个人、机构、非营利性组织或公司提出一组不同的知识、异质性和数字，通过灵活的公开征集，自愿承诺任务并承担任务；其中的人群应该参与，使他们的工作、金钱、知识 / 经验，需要遵循相互受益的原则。用户将收到给定类型需要的满足，无论是经济、社会认同、自尊或个人技能的发展，而众包者将获得和利用自己的优势，即用户带来一定的冒险，其风险形式将取决于活动所开展的类型。"简言之，这就类似于公开向社会征集各种创意，发挥群众的集体智慧，之后再进行汇总分享给每个人。这改变了以往社会集体生产的形式，把属于员工的工作任务派遣给未知的网络大众。需要考虑的是众包活动是有风险性的。众包在各个领域都有广泛应用，无论是天文学、公共政策、家谱研究等方面。在新闻方面的应用也很多，记者从大众那里获取信息，如 factcheck.org，把他们认为合适的信息写到报道中。"新闻工作，特别是英语、意大利语、西班牙语和德语为母语的国家，正日益外包给临时工，甚至外包给其他国家。"众包还可以用于做调查和检查，Aitamurto 和 Tanja 研究了瑞典报业在 2013—2014 年间利用众包的方式对住房贷款利率问题进行的一次成功调查。英国的卫报也曾在 2009 年以众包的方式对数以万计的文献进行检查。

学者 Daren C. Brabham 在著作《众包》中分析了基于问题的众包方法的类型：知识发现与管理（knowledge discovery management），适合建立集体资源；分布式人类智力任务处理（distributed human intelligence tasking），适合处理计算机难以做到的大型数据集；广播搜索（Broadcast Search），有利于提出更理想的解决方案；同行审核创意制作（peer-vetted creative production），主要是针对设计、美学和政策问题。通过众包去投票、解决问题、集资或是举行比赛。再通过众包集资，建立大量的众筹网站。众筹（crowd funding），即大众筹资，近几年在电影领域做了一些探索尝试，如国产动漫片《大鱼海棠》和国产动画片《西游记之大圣归来》，都是众筹模式下拍摄的，并且取得了较好的商业价值。

　　谁将是众包的积极响应者？或许 Marc Prensky 的观点会给我们一些启示。他在 2002 年率先提出网络社会中的数字移民（digital immigrant）和数字原住民（digital natives）概念。他是从教育学的角度观察到现在的学生与过去相比，不只是改变了他们的俚语、衣服和身体装饰，更大的改变体现在一个"奇点"（singularity），这就是数字技术的迅速传播。他们使用电脑、视频游戏、数字音乐播放器、视频摄像头、手机等，这些工具包围了他们所有的生活。不同的经历会带来不同的思维习惯。所谓数字原住民是指一出生就生活在互联网中的一代人，数字移民是指成年后才开始接触互联网的一代人。显然，从小就与网络相伴生的数字原住民随其发展而不断地适应，他们改变了数字移民以及之前的人们只会消费媒体的模式，探索自己如何去创造媒体。作为数字移民的老师首先自身应该转化思维去适应新环境。应该积极引导学生，而且这就是众包的人力资源。在这样的环境中，每个人都能提供自己的智慧和才华。管理大师 Peter F. Drucker 曾经预言未来的社会是知识社会，在这样的社会中企业变成了社会化和网络化的非营利机构。通过组织化的实践，使得知识产生效用。

　　众包的实践，验证了德鲁克 20 多年前的预见：其一，众包组织网罗了各种知识，具有学术机构的特点；其二，众包组织不像企业，更像是非政府组织（non-governmental organizations，NGO）和社区。与此相伴生的是，众包模式带来的影响：① 平等的社会人。众包组织中，大众都是社会人而非企业员工。② 兴趣集团的出现。众包延伸了教育理念，众包参与者除了本职工作以外，还可以发挥个人的副业。③ 消费者的创新权利。众包并无固定规则，鼓励创新。④ 新型领袖人的产生。众包并非大众单兵作战，往往还是需要合作完成的，过程中仍需要具有决策能力的领导者，但领导者角色并不固定。众包整合了社会所有的兴趣资源，汲取了集体智慧，形成一种头脑风暴式的力量。其出现的意义和价值在于，"个体在新技术环境下的文化反抗和自我表达开始摆脱对传统传播技术、行业分工的依赖，跨文化传播中的个体数量、能量不断扩大，他们更多地利用业余时间、业余爱好使得自己的兴趣转化为社会实践，进而生成文化和文化共同体，这些个体被称为'业余爱好者阶级'……足够丰富和深入的信息获取，使得个体的理性得到更好地提升，并在网络社会中获取更多的集体智能"。

第四节　党报的转型与发展

一、新媒介格局下党报的发展困境

（一）党报的受众结构老化

1.读者群结构单一

党报承担着党和政府耳目喉舌的作用，更是党和政府联系群众的桥梁与纽带，所以党报既要传播党和政府的方针政策，又要反映人民群众的呼声。在党报的读者群中，有80%以上是政府机关干部、大中院校学者、知识分子和一些事业单位领导，这些读者在社会上有比较高的地位，也处在社会结构中的高层。党报在宣传党的方针政策以及反映人民群众的呼声方面难以达到效果。党报读者群集中在党政干部的情况影响了党报发挥其应有的作用，也背离了新闻的"三贴近"原则。党报怎样拓宽发行渠道，特别是让基层群众接触到党报是一个迫切需要解决的问题。

2.读者群人数分流

新媒体的迅速发展抢占了一大批传统媒体的受众。有关调查结果表明，阅读报纸的人数每年都在下降，而阅读新媒体的人数则增长迅速，尤其是年轻读者和部分知识分子。许多人将过去读书看报的习惯转变为如今浏览网页和手机，网站和手机媒体的发展分流了很大一部分的党报读者。

（二）党报的舆论引导力下降

媒体在中国意识形态领域中居于主流地位，党报是中国的主流媒体，是我们党和国家的重要执政资源，承担着弘扬社会主流价值观、引导舆论走向的任务。然而，互联网等新兴媒体的发展拓展了信息的传播渠道，加强了信息传播的时效性，也让信息更加透明，扩大了人民群众表达民意的空间，激发了人们前所未有的表达诉求，在一定程度上影响了社会舆论的走向。

主流媒体影响主流受众，主流受众支撑着主流媒体，作为主流媒体的党报目前还未覆盖到全体公众，而又面临着主流受众被新媒体分流的境况，这些主流受众既是接受主流媒体的客体，又是传播主流舆论的客体。随着党报的部分主流受众转移到新媒体，在一定程度上削弱了党报借助主流受众扩大知名度和传播力的作用，导致党报的舆论引导力和影响力也随之下降。

（三）党报集团旗下子媒体的创收能力锐减

从中国报社的总体组织架构来看，几乎大部分的党报集团旗下都有一些都市报、晚报、杂志等子媒体。尤其是中央和省市级的党报集团，很多都慢慢转型发展壮大，形成拥有多种报纸、多种产业的大型传媒集团。以中国最大、最权威的中央级党报《人民日报》为例，《人民日报》隶属于人民日报社，人民日报社旗下还有多个子报，如《环球时报》《中国能源报》《证券时报》《国际金融报》《京华时报》，有杂志《人民论坛》《环球人物》等。以省级党报《江西日报》为例，《江西日报》属于江西日报传媒集团，除了省委机关报《江西日报》之外，江西日报传媒集团还有子报《江南都市报》《信息日报》《新法制报》以及江西的门户网站——大江网。

在改革开放前，中国的党报没有走市场化道路，而是接受党和政府的补贴进行经营；在改革开放后，党报也要市场化运作，而一般党报的发行收入都来自行政订阅，许多党报还未进行大规模的市场化探索，报业集团就把创收的任务落在旗下的子报，党报旗下的子报以晚报和都市类报纸为主，都市类报纸兴起于20世纪90年代，经过20多年的发展，具有大众化、接近性和贴近性等特点的都市报发展迅速，已经成为最吸引广告商、最具市场创造力的报纸种类，然而，随着新媒体的发展，都市类报纸也遭遇了发行量下降、阅读率下降和广告客户流失的困境。

根据中国广告协会报刊分会、央视市场研究（CTR）媒介智讯发布的2014年上半年《中国报纸广告市场分析报告》显示，2014年1—6月，全国报纸广告累计下降幅度达到13.2%，广告资源累计减少7.6%，其中，党报集团里市场化程度比较高的报纸，如晚报类的广告份额和发行量有明显的下降，有些报纸更是亏损严重，入不敷出。2014年11月的《中国报纸广告市场分析报告》显示，传统媒体的广告份额明显下降，其中，报纸的广告份额在2014年前11个月下降幅度最大，为17.7%，11月环比下降2.3%，同比下降8.7%。由于11月传统媒体的广告份额环比、同比均下降，2014年1—11月累计传统媒体广告从零增长转为下降0.9%。从数据可以看出，作为党报报业集团旗下重要创收来源的晚报、都市类报纸，如今也被新媒体抢占了大量广告市场，面临收入严重下跌的境况。子媒体整体收入的下跌自然影响了整个党报集团的收入情况。

（四）党报的文风不适应新媒体时代的信息需求

贴近性是新闻的基本特性之一，而中国的党报长期以来形成了深刻、厚重的文风，新闻带着浓重的官腔，语气严肃僵硬，难以让读者产生亲和力，新闻中习惯用的语气和文字都让读者产生了严重的距离感。党报的版面编排也饱受诟病，在版面设计上，党报一贯遵循庄重严谨的形式，并且鲜少创新和突破。在人们接受如此多新鲜事物以及审美日益提高的当下，党报的文风和版面也应该跟随读者的审美一并提高。

二、党报加强与新媒体融合的原因

（一）受众青睐新媒体的传播方式

1. 交互式的传播

传统媒体，如报纸、电视的传播方式是单向线性的，它表现为在特定时间内，信息发布者向信息接收者传播特定信息，信息接收者被动接受信息，并且对信息的内容没有选择权，也没有反馈信息的渠道。而新媒体的传播是双向的，受众不仅可以从新媒体获取各种信息，也可成为信息的发布者和传播者，而且受众可以在新媒体平台上对信息进行评论和反馈。例如，新媒体代表之一的微博，微博是人人都可注册的一个社交网络平台，用户可以在微博发表文字、图片或音频，其他的微博用户则可以对某条微博内容进行评论、转发或点赞。这种交互式的传播打破了传统媒体的话语权壁垒，让"沉默的大多数"拥有了话语权。

2. 传播速度即时化

新媒体实时的传播速度将传统媒体远远甩在身后，不像报纸需要严格地采写编排然后打印出版，也不像广播、电视需要复杂的剪辑和烦琐的后期制作，利用新兴的网络信息技术的新媒体在传播速度上完胜传统媒体。此外，报纸有版面的限制，广播和电视有时长的限制，新媒体却是全天候、全覆盖以及海量的信息存储，突破了时间和空间的限制。在智能手机逐渐普及的新时代，人们对信息传播速度的要求越来越高，电脑的传播速度已经不及智能手机那么快捷。智能手机这个新媒体就是信息传播即时化的典型代表。

3.传播内容个性化和分众化

在新媒体平台上，信息的发布者可以是任何年龄、职业、地位的个人，其发布的信息表达的是自己的观点，传播的是自己关注和感兴趣的信息，传播的内容独具个性。不同于传统媒体将无差异的大众作为传播目标，新媒体的受众目标更具有小众化和针对性，如在文艺青年聚集的豆瓣网，分成了许多不同的兴趣小组，如旅行、摄影、音乐、美食等，有相同兴趣的任何用户都可以在豆瓣网上组成志趣相投的小组，共同探讨和分享彼此的兴趣爱好。此外，一些移动手机应用软件也可根据用户的使用习惯来为用户提供定制化的信息，如网易云音乐可根据用户的收听歌曲记录，向用户推荐同类型的歌曲，并且根据用户长期的收听习惯为用户定制私人音乐电台。新媒体的分众化传播不仅给受众良好的体验，也让广告投放更具目标性和针对性，让广告商更明确地将广告投放向目标受众，增强了广告的传播效果。

4.传播形式交融性

与传统媒体单一的传播形式相比，新媒体的传播形式呈现出交融性的特征。报纸主要通过文字和图片传播，广播通过声音传播，电视通过声音和视频传播。新媒体是将报纸、电视、广播的传播形式融合起来进行传播。新媒体交融性的传播形式让受众有了更好的传播体验，微信是如今受众最广泛的一个移动手机社交软件，微信可以发送声音、文字信息及图片等，新增功能中可以拍摄10秒左右的小视频发送给朋友或者朋友圈。传统媒体的手机客户端在新闻中更是将文字、图片和音频融合起来传播。

（二）广告客户越来越重视新媒体平台的广告投放

广告是媒体的主要收入来源，是媒体景气的"晴雨表"，然而新媒体的快速发展以及逐渐显露出的传播优势使其成为广告发布的理想平台，获得越来越多广告客户的青睐，传统媒体大量的广告客户资源被新媒体分流。与近年来中国报纸广告收入持续低位增长甚至负增长相比，新媒体的广告却在高速增长，据有关数据统计，近10年中国的网络广告市场规模平均年增长高达55.0%。那么，新媒体平台的广告较传统党报具有哪些优势呢？

1.新媒体广告的媒介类型更加多样化

党报广告主要有两种方式，一是直接的版面广告，二是形象软广告。版面广告就是平面广告，利用色彩、构图和创意来表达广告内容，形象软广告则需要在传播广告内容的同时还要遵守新闻报道的一些基本要求，不可夸大效果。新媒体平台的广告制作方式比较灵活多样，新媒体广告除了传统报纸的图片、文字形式之外，还可以使用视频、音频、动画等制作方式，使得广告形象生动、传播效果更佳。此外，较之党报广告比较严肃谨慎的语言风格，新媒体平台的广告可以运用许多当下流行的网络用语以及轻松幽默搞笑的语言，让受众感觉更有亲和力，更易接受。

2. 新媒体广告有着独特的传播效果

党报广告的传播对象是所有党报的读者，是一种大众化的传播方式。而新媒体平台的广告可以实行分众化传播，让不同的广告辐射不同的受众群，使得广告的传播更具针对性，阅读率更高，从而达到更佳的传播效果。比如，根据用户点击某种广告类型的频率，在某个广告网页页面停留的时间，利用大数据分析该用户的广告阅读习惯及广告需求，从而对其进行精准化的广告传播。比如，2015年1月微信朋友圈第一批 Feed 广告是基于大数据的分析得出的，主要是对微信用户的现金红包流量数据进行收集并分析，可口可乐品牌广告主要投放在 2014 年红包流量 1000 元以下的朋友圈，vivo 手机的广告则投放在红包流量为 1000~1 万元的朋友圈，BMW 的广告则投放在红包流量 1 万元以上的朋友圈。这个就是典型的新媒体广告分众化传播，依据大数据分析得出微信用户的消费能力，从而根据其消费能力投放不同类型的广告。

（三）民间舆论场逐渐改变舆论格局

清华大学的刘建明是中国新闻界比较早定义舆论场这个概念的学者，他认为："所谓舆论场，就是指包括若干相互刺激的因素，使许多人形成共同意见的时空环境。"构成舆论场有三要素："同一空间的人群密度与交往频率""舆论场的开放度"和"舆论场的渲染物和渲染气氛"。同一空间人们的相邻密度与交往频率较高、空间的开放度较大，空间的感染力或程度较强，便可能在这一空间形成舆论场。无数个人的意见在"场"的作用下，经过多方面的交流、协调、组合、扬弃，会比一般环境下形成舆论场的速度要快，并有加速蔓延的趋势。这类开放的、公开平等而自由讨论的地方，是促成舆论形成和变动的重要空间。

中国目前客观存在着三个舆论场，第一是主流媒体的舆论场，即党报党刊以及官方电视台、广播电台、网站等，主流舆论场的特点是担负宣传党的理论、路线、方针、政策的任务。第二是非主流媒体的舆论场，主要指传媒集团主办的市场化的都市类报纸刊物，这个舆论场的特点是以报道各类社会民生新闻、满足读者的信息资讯需求为目标。第三是存在于自媒体中的民间舆论场。主流舆论场和民间舆论场重叠的部分越大，说明社会舆论越统一，舆论环境越和谐，主流舆论场引导社会舆论的针对性和有效性就越强。如果这两个"舆论场"重叠部分很小或没有重叠，那么，主流舆论场就面临丧失舆论引导力的危机。如今中国党报在舆论场中的意见领袖和舆论引导地位越来越受到互联网、微博、手机等新媒体的挑战和威胁。党报这个主流媒体舆论场的重要部分，正面临被民间舆论场取代的危险。

1. 民间舆论场的形成和特点

新媒体的快速发展，互联网、手机的普及，使得新闻和信息的传播达到了前所未有的速度和广度，民间舆论场也随着信息传播发展而迅速形成并壮大。民间舆论场依靠互联网的无限制地传播特点，区别于主流舆论场，不受地域、年龄、职位或者社会地位的限制，也不限制题材，它是个开放自由的舆论场，它的影响力可见一斑。基于互联网的"网络舆论场"就是当下民间舆论场的重要组成部分，民间舆论场随着互联网的广泛发展传播以及人们言论自由意识的觉醒已经有冲击甚至取代主流舆论场的趋势。

2. 舆论格局的转变

在媒介新格局下，党报面临与过去截然不同的舆论格局。一是互联网的发展和普及，滋生了中国6亿多的网民，互联网传播技术的发展促使传播方式更加丰富；二是互联网提供的无限空间和实时信息传播平台增强了人们思维方式的个性化、差异化、多变化；三是信息愈加透明的时代，人们对信息的知情权、表达权、参与权和监督权的要求越来越高，促使对舆论信息需求的变化；四是中国的舆论环境也发生了很大的变化，由社会环境诸如组织结构、利益格局等的变化而导致。新华社原总编辑南振中说道，互联网已经成为"思想文化信息的集散地和社会舆论的放大器"，改写了"舆论引导新格局"。这些媒介新格局下的新变化，使得中国的社会舆论环境和新闻传播格局呈现多元化的状态，这些新变化给中国的党报提出了新的课题，提出了新的挑战。在新的舆论格局中，党报要重新定义和审视自己，想方设法调整自身，在新媒体环境下重新塑造强大社会影响力，提高舆论引导力。

三、党报与新媒体的融合现状

在新媒体的大潮中，党报必须借助新媒体、利用新媒体，与新媒体融合发展，才可扭转读者老化流失、舆论引导力和社会影响力下降的趋势。

（一）党报与新媒体融合的现状

国家新闻出版广电总局在 2014 年 8 月发布《2013 年新闻出版产业分析报告》显示，2013 年全国共出版报纸数量种类比 2012 年下降 0.2%；2013 年报纸总的印发数量是 482.4 亿份，基本上与 2012 年持平；2013 年报纸出版营业收入比 2012 年下降 8.9%，总共收入 776.7 亿元；2013 年报纸的利润总额是 87.7 亿元，相比 2012 年下降了 11.7%。从统计数据可以看出，虽然 2013 年中国报纸的总出版和印刷数量与 2012 年旗鼓相当，但是 2013 年报纸的盈利收入有比较明显的下降，可见新媒体对报纸出版的挑战和冲击非常严峻，中国报纸需要尽快探索新媒体环境下的发展路径。目前，对中国传统报纸冲击最大的就是互联网、手机等新兴媒体，在这种情况下，中国报纸需要做的就是与新媒体融合发展。中国党报与新媒体融合的现状主要体现在以下几个方面。

1. 多种形式的报网融合

中国报纸早在 1997 年就开始进军网络，报网融合是中国报纸与新媒体融合的主要形式，报网融合的第一阶段是电子版报纸，电子版报纸其实就是纸质报纸的内容在网站上呈现，两者形式不同，但内容、版面都差不多，电了版报纸仍在应用并慢慢升级；第二阶段是报纸网站，在这种形式中，报纸和网站是相对独立的，有时候两者互动传播，在许多重要的新闻报道中报纸和网站可以实现联动传播，共享新闻资源，相互补充又各有特色；第三阶段就是当下的报网互动，报网互动是报网融合的最新阶段，是目前传统报纸与新媒体融合的普遍方式，这种方式通常是党报在网站上开办新闻网，形成"以报为主，两栖发展"的态势。报网互动实际上是传统报纸及其所办的新闻网为了扩大影响力而采取的营销活动，报网互动要把一次性的新闻报道向更高层面、更加稳定的长久性的新闻媒介运作，报网互动是中国报业向数字化转型的开始，是目前报网融合的最佳方式。

"报纸就是要利用其地域性色彩、权威性、影响力、主导性，将其承载的大众注意力通过自己的或战略合作的网络媒体实现媒体平台的平稳过渡，就目前形式而言，报网互动无疑是最佳选择之一。"这种观点出自朱夏炎，这种观点也在一些报纸的具体实践中得到了证明。2004 年 10 月，《河南日报》与河南报业网推出"焦点网谈"。"焦点网谈"是一个报网互动栏目，它的宗旨是"点击事实、网聚观点、制造思想",让读者和网民围绕社会热点、焦点问题进行充分的讨论、交流、互动。一方面把读者关心的热点和焦点问题在论坛上互动讨论,新闻稿件则在新闻网站上首发;另一方面把网友的一些观点整理搜集好发表在报纸上,在每周二、周四出两个整版。《河南日报》成为全国首家推动报网互动的党报,这项举措获得了社会各界的好评,而且得到中宣部和国务院新闻办的肯定。江西日报报业集团在报网互动方面也做了有利尝试,2005 年 1 月,《江西日报》与大江网推出"江报直播室"栏目,这个栏目就是典型的报网互动,栏目发挥报纸擅长深度报道和阅读时间较久的优点以及报纸网站辐射较广、比较直观的优点,通过大江网的视频,每一期的"江报直播室"都会在第一时间进行传播,次日《江西日报》推出相关的深度报道,这种报网互动的形式扩大了新闻的传播广度和深度。

2. 广泛开通手机客户端

2014 年年初赛诺市场研究公司公布的数据显示,新闻类客户端辐射面很广、使用率很高,超过 68.5% 的智能手机用户会通过阅读新闻客户端来读取新闻和资讯,手机已经成为众多用户获取新闻资讯的重要媒介。手机新闻客户端优点多多,它不仅能吸取传统媒体在采写编排新闻方面的优势,还能借助移动传播技术,已经成为许多传统报纸进军新媒体的首要选择,2014 年是手机新闻客户端爆发式增长的一年。

据 2014 年第 9 期《中国记者》披露,目前全国 200 家最有影响力的报纸媒体,136 家研发上线了新闻客户端。2014 年,许多省级党报集团也不失时机地推出了新闻客户端,浙江日报报业集团的"浙江新闻"客户端在 2014 年 6 月 16 日正式上线,这个客户端是浙报集团打入新媒体市场的重要一步,到 2014 年 11 月上旬,"浙江新闻"的用户已经超过 120 万人。2014 年 9 月 18 日,四川报业集团的首批新媒体产品也正式上线,这批产品中包含了"四川新闻""川报观察"两个新闻客户端。2014 年,作为传统主流媒体的《人民日报》也推出了精心打造的移动新闻产品,《人民日报》推出了人民日报新闻客户端,拥有 31 个国内分社和 39 个国外分社以及丰富的信息资源和广泛的受众群体,掌握着国内许多重要新闻的采访权和首发权,拥有无可比拟的社会影响力和舆论引导力,《人民日报》开设新闻客户端有着众多有利条件。

然而在众多新闻客户端中,占据前列的是网易、搜狐、今日头条、新浪、腾讯、凤凰等新闻客户端,《人民日报》客户端在受众较多的客户端排名较后。譬如"新浪新闻"客户端上线一个月,就有超过 4200 万的下载量,日均活跃率超过 20%,留存率 82%,截至 2014 年世界杯期间,"新浪新闻"用户数量已经过亿;今日头条的日活跃用户有 1600 万人；上海报业集团《东方早报》重磅推出的澎湃新闻客户端，以政治财经类新闻的深度挖掘、深度解读的姿态，吸引了大批中高端受众。据速途研究院的报告显示，2014 年第一季度中国的手机新闻客户端用户达到了 3.78 亿人，其中网易新闻、搜狐、腾讯三大客户端占的比例达到了 57.58%，用户数量把党报等传统媒体的客户端受众远远甩在身后。从速途研究院发布的 2014 第一季度新闻客户端下载量分布图中看到，传统媒体中只有人民新闻客户端占 1.90%。

3. 普遍开通微博和微信公众号

这里提到的微博特指新浪微博，即由新浪网推出的，提供微型博客服务类的社交网站。用户可以通过网页、WAP 页面、手机客户端、手机短信发布消息或上传图片到微博上。新浪微博于 2009 年 8 月 14 日开始内测，2009 年 11 月 3 日正式上线。据中国互联网信息中心第 34 次发布的《中国互联网络发展状况统计报告》显示，截至 2014 年 6 月，微博用户规模为 2.75 亿人，活跃用户 1.2 亿人，其中，手机微博客户端用户为 1.89 亿人，活跃用户 6 766 万人，其中包含了大量传统媒体、政府机构、官员、企业、名人明星等认证账号。微博已经成为一个开放的信息传播平台，成了一个"公共议事厅"。美国《时代周刊》评价"微博是地球的脉搏"，比喻微博强大的信息传播功能。随着微博用户数量越来越多以及微博本身功能的不断完善，微博的价值和力量越来越得到媒体的接受和认可，微博已经成为中国最有影响力的网络平台和社交媒体之一。

在媒体融合的大潮下，微博自然也成了作为主流媒体的传统党报的"兵家必争之地"。到目前为止，中央级党报以及省市级党报已经开通法人微博和机构微博近百家，这正好契合中央指示精神："主流媒体要积极主动进军微博领域，办好法人微博，鼓励编辑记者开办个人微博，把微博领域的主流声音做大做强。"

在开设微博的党报中，《人民日报》不是最早开通的，但其微博却是现在"粉丝"数最多的党报微博。《人民日报》于 2012 年 7 月 22 日开通了法人微博，在短短三四个月的时间里，《人民日报》法人微博的"粉丝"数量就突破了其报纸的发行量。到 2015 年 5 月 22 日止，《人民日报》法人微博已有 3527 万"粉丝"，加上人民网和腾讯微博的"粉丝"已经突破了 6000 万人，而报纸的订阅量仅有 310 万份，《人民日报》法人微博吸引了大批"粉丝"的关注，一定程度上弥补了报纸订阅量下降及读者群流失的弱势。从媒体微博运营总体情况来看，党报微博属于管理运营较好、影响力较大的一类媒体微博。

在 2013 年 3 月份统计的"全国体制内媒体微博 Top 50"中，前 10 名有三家是党报官方微博，分别是《人民日报》《广州日报》《南方日报》，《人民日报》占据中央级媒体微博影响力排行榜的首位，江西省党报《江西日报》的微博截至2015年5月22日有"粉丝"151万人。党报微博之所以运营状况较好，是因为党报微博传播的内容比较专业权威可信，发布信息的时间和频率也符合用户使用规律，且不同于报纸版面语言严肃刻板，党报微博语言较为轻松，拉近了与"粉丝"之间的距离，且注重与"粉丝"互动，赢得了"粉丝"的信任。

与微博和手机客户端相比，微信公众号属于党报涉足较晚的一个领域，随着微信用户人数越来越多，越来越多的媒体开通微信公众号，2014年是党报开通微信公众号爆发式增长的一年。《人民日报》微信公众号是2014年8月28日完成认证的，《解放日报》是2014年5月4日完成认证的，《南方日报》是2014年10月12日完成认证的，《江西日报》是2014年10月20日完成认证的。微信公众号"新媒体排行榜"发布的2015年5月20日的微信公众号排行榜资讯类中，《人民日报》排在首位，其在总阅读数和总点赞数方面都遥遥领先于其他资讯类公众号，排名进入前10名的党报还有《广州日报》。

4. 中央出台政策鼓励媒体融合

在各类报社积极探索与新媒体融合途径的同时，国家也在2014年出台了一些推动媒体融合的政策。国家新闻出版广电总局和财政部在2014年4月联合发布《关于推动新闻出版业数字化转型升级的指导意见》，这份文件提出，"通过三年时间，支持一批新闻出版企业、实施一批转型升级项目，带动和加快新闻出版业整体转型升级步伐。"

中央全面深化改革领导小组在2014年8月18日举行的第四次会议中审议通过了《关于推动传统媒体和新兴媒体融合发展的指导意见》。这份文件强调，"推动传统媒体和新兴媒体融合发展，要遵循新闻传播规律和新兴媒体发展规律，强化互联网思维，坚持传统媒体和新兴媒体优势互补、一体发展，坚持先进技术为支撑、内容建设为根本，推动传统媒体和新兴媒体在内容、渠道、平台、经营、管理等方面的深度融合。"目前，中央的有关部门正按照《关于推动传统媒体和新兴媒体融合发展的指导意见》的精神，以政策为引导，以内容建设为根本，以先进技术为支撑，以全局化视角，进一步完善产业管理机制，优化新媒体格局下的产业发展空间，营造良性市场竞争环境，推动媒体融合发展。

（二）党报与新媒体的融合困境

1. 报网融合形式逐渐落后

虽然报网融合的趋势越来越明显，越来越多的党报在报网融合特别是报网互动方面做了有益尝试，但就报网融合的总体情况来看，有不少党报网站还停留在最初办电子版报纸的层次，简单地"复制＋粘贴"，把报纸的内容照搬到网上，这就显示不出网站新闻的时效性优于报纸的优势了。面对传统报媒的重新洗牌和新媒体的创意频出，党报要想在舆论格局中占据主动地位，任重而道远。现阶段，党报与新媒体融合发展的路径中，报网互动作为效果最佳的融合手段之一，其新模式还有待开发。

2. 党报客户端阅读率不高

虽然众多党报在攻占新媒体市场的时候不失时机地开通了手机客户端，但在与腾讯、网易、新浪、今日头条等商业性网站客户端的竞争中还是处于劣势，表现在下载量较少、普遍阅读率不高等方面。2015 年 4 月 20 日，打开苹果 App Store，点击搜索热门新闻类 APP 排行榜，前五名分别是腾讯新闻、今日头条、网易新闻、凤凰新闻、搜狐新闻。从热门新闻类 APP 排行榜可看出，稳居前三名的都是商业网站的 APP。而党报集团出品的客户端中，只有人民日报排名较前。同样，打开安卓应用市场，点击搜索新闻阅读类 APP 排行榜，排在前五名的是今日头条、搜狐新闻、懒人听书、腾讯新闻、人民日报，党报新闻客户端中，只有人民日报排名较前。

此外，地方党报集团的新闻客户端同质化现象比较严重，如在新闻版块的栏目架构上普遍都分类成头条、本地、财经、热点、体育、娱乐等，内容也大都转载地方报的新闻，或者转载其他媒体的热点新闻，以图文并茂的形式展现，浏览新闻的体验都比较类似，难以使用户保持忠诚度。

3. 党报新媒体创收能力不足

现阶段我国党报与新媒体融合的方式多种多样，有党报网站、党报微博、党报微信和党报客户端等，但这些党报新媒体中，还较少看到明显的商业广告的投放，创收的能力和效果还亟待提高。

例如，许多党报微博的内容都以即时新闻和生活资讯类为主，党报微信也主要推送热点新闻、健康资讯、实用知识等，党报客户端也是分类的新闻资讯。可见，在内容上与形式上党报与新媒体已经较好地融合，但在创造盈利收入方面，党报新媒体还有很大的发展空间。如何在客户端、微博、微信等党报新媒体上创新盈利模式是目前党报集团需要解决的一个问题。

四、党报加强与新媒体融合的改进对策

（一）优化党报从业人员队伍

观念是行动的先导，党报在面对新兴媒体带来的冲击的时候，首先应该转变思想观念。传统媒体占据着资源和新闻专业人才等优势，在推进媒体融合的过程中却表现欠佳，究其原因，是不少报纸业内人士对新媒体没有清醒的认识，没有引起足够的重视。有的业内人士认为党报拥有绝对的话语权，并不会被新媒体所取代，有的业内人士认为党报与新媒体融合将会打破原有利益格局，甚至有的业内人士认为媒体融合事不关己，没有意识到党报面临的危机。所以，党报与新媒体融合发展的首要举措就是加快党报从业人员思想观念的转变。

1. 培养"互联网思维"

百度公司的创始人李彦宏最先提出了"互联网思维"这个概念，他说："我们这些企业家们今后要有互联网思维，可能你做的事情不是互联网，但你的思维方式要逐渐像互联网的方式去想问题。"互联网思维，就是在互联网、大数据、云计算等科技不断发展的背景下，对市场、对用户、对产品、对企业价值链乃至整个商业生态进行重新审视的思考方式。互联网时代的思维方式，不应该限制在互联网产品和企业，也不单指桌面互联网或者移动互联网，而是泛互联网，因为未来的网络形态是跨越各种终端设备的。党报从业人员在推动党报与新媒体融合过程中，也要培养"互联网思维"，要打破传统思维的束缚，努力接受新观念、新思想、新主张，形成适应媒体融合的观念和意识。

2. 打造全媒体报道团队

对于报纸而言，与新媒体融合的过程中不仅要改变思想观念和经营管理方式，也要重新制定人才选拔和考核的标准。党报需要打造一支高素质的全媒体报道团队，这是党报在全媒体时代需要做的人才战略选择。培养一批高素质的全媒体记者是党报与新媒体融合的重中之重，也是融合是否成功的先决条件。"全媒体"不只是"全能的媒体"或者"全面的媒体"，它表现为媒介形态的融合，技术手段的结合。但是，"全媒体"并不是不同形态媒体的简单排列组合，而是针对不同用户使用针对性的传播媒介，根据用户的不同需求综合使用各种媒介表现形式的一种传播方式。

因此，全媒体人才的核心在于把握不同媒介的传播特点，全媒体人才能综合地运用不同媒介，把各种媒介巧妙运作起来，以最小的成本达到最大的传播效果。因此，全媒体新闻人才应培养以下三个技能：一是技术，全媒体记者需要全面掌握与运用各种媒体的新闻采写、编辑技术，学会文字记者的采写编评，摄影记者的拍图技巧和图片新闻报道，电视记者的摄像、剪辑、非线性编辑等技能；二是对媒介的运用，全媒体记者要根据新闻事件的性质来选择运用哪种媒介来报道，如是滚动式的现场直播，还是在互联网与网民互动传播，或者用手机媒体、图片新闻，或是单纯的文字新闻等，懂得运用不同媒介报道不同新闻也是全媒体记者必备的技能；三是意识，全媒体人才最关键的就是转变意识，跳出传统媒体的固定思维方式和局限性，把受众当成用户来对待，把硬性的宣传灌输式的新闻变成服务引导式的内容，培养以用户为中心的互联网思维模式。同样的信息，在"全媒体"平台上可以呈现各种不同的表现形式，但全媒体人才并不只是表面上把信息转换成不同的形式，而是需要根据用户的个性化需求提供差异化的内容。

（二）探索报网互动融合新形式

到目前为止，中国部分党报在报网互动方面做了一些成功的尝试，如上文所述的《河南日报》《江西日报》的报网互动，其类型属于资源整合型，就是将纸质报内容和网站新闻资源整合传播，达到了较好的传播效果。报纸实现从纸张到网络的演进，是一个质变的过程，不可能瞬息完成，所以在报网互动方面中国的党报还可以做一些新的尝试。

1. 报网合一型

报网合一这类模式中国报业还较少尝试，报网合一就是让报纸和网络两个编辑部整合起来，"报即网，网即报"，把报纸和网站的记者编辑安排在一个部门工作，采编、新闻发布、资料图库、读者或网友反馈以及话题征集都在一个平台实现。比如，报纸的版面编辑兼任网站新闻频道的编辑。媒体融合最终都是对各种媒介资源、生产要素的整合，报网合一就是对报纸和网站媒体资源的整合。据中国人民大学蔡雯的考察报告介绍：美国综合媒介集团设立"多媒体新闻总编辑"，综合管理三类媒介的新闻报道，在新闻采集和发布上三类媒介联合起来行动，这样能最大限度地减少人力资源和资金设备的投入，从而节约新闻生产成本。

中国党报集团可以尝试构建一个全媒体采编、发布、经营、管理为一体的综合性的技术支撑平台，其中最重要的就是建立新闻采编技术支撑平台，新媒体时代下受众对信息需求的方式发生了改变，这就要求媒体的新闻生产模式也要进行变革，从过去"一次性生产利用、单一发布"的传统模式，向"一次采集、多层次生成、多平台传播"的全媒体生产模式转型，这种全媒体生产模式有利于实现新闻信息资源效益最大化。我国的党报中《人民日报》做了有益的尝试，人民日报社在2014年3月成立媒体技术公司，打造"全媒体新闻平台"，这个平台以《人民日报》为核心，以人民网、人民日报法人微博、人民日报微信公众号、人民日报客户端等为基础，加上"二维码"这种新型报纸传播形态以及26家社属媒体，构成《人民日报》的"全媒体方阵"。

2. 受众参与型

新媒体的受众与传统媒体的受众有着不同的特征，新媒体的受众是主动的，由过去报纸报道什么内容就读什么，变成主动寻找想读的信息；新媒体的受众是互动的，由过去单方面的接收信息变成参与信息的互动和反馈；新受众是能动的，微博、博客等自媒体的出现让受众和传者融为一体，新受众成为新闻的传播者参与到报纸报道中，让读者参与办报变成事实。掌握分析新媒体环境下受众的特征，党报就可以在报网互动中让新受众参与进来。

例如，在网站开设意见征询栏目，了解读者信息需求，根据这些需求进行报纸的选题规划，可以让新闻选题更加具有针对性；将过去的"读者来信""热线电话""短信报料"搬到网上论坛、跟帖，即时交流，充分与读者进行互动。中国党报在报网互动探索中可以尝试让受众参与到新闻的策划采写中来，借助网络平台实行"开门办报"。

（三）创新党报的盈利模式

广告收入是中国传统报业的主要盈利来源，然而新媒体分流了一大批传统媒体的受众之后，也分流了传统媒体的很多广告市场份额，许多广告客户都转移到了新媒体平台，中国报业正面临着广告份额持续下降的境况。尽管我国的党报一直以来都由党和政府提供的资金支持，其发行量因为行政订阅的强制性并未受什么影响，所以党报本身的收入并未受太大影响。但中国许多党报集团旗下都有都市类报纸，都市类报纸一直以来都是党报的重要创收手段，现在都市类报纸面临着广告份额持续下降的情况，从而影响了整个党报集团的收入。党报集团要想与新媒体在广告市场上分一杯羹，就要在与新媒体融合的过程中寻找契机，创新盈利模式。

1. 做"精品内容"营销

在新媒体时代，"内容为王"仍然是硬道理，内容永远是纸质媒体的核心竞争力。过去我们总说"酒香不怕巷子深"，认为报纸有独家、深度、精品的内容，就足以跟别的媒体竞争。然而在今天这个新媒体环境下，这个盛行"以用户为中心"的互联网思维的环境下，报纸的内容再精品，如果没有一个互联网传播平台，也无法抵达受众，无法产生影响，所以现在的党报面临"酒香也怕巷子深"的情况。对于任何一家媒体来说，内容在提升媒体竞争力和影响力的过程中都发挥着决定性作用。新媒体虽然胜在渠道和平台上，但内容依然是媒体的灵魂，媒体的内容生产能力尤其是议程设置能力，依旧是其市场竞争中最有力的筹码。新媒体时代，生产的内容和内容的生产方式都在发生着改变，传播的途径也在变，但生产优质内容这个宗旨始终不会变。

毫无疑问，中国党报在内容生产方面有着传统的优势，党报历经时间的雕琢和洗涤，早已是受众心中最具权威性和公信力的传统媒体，党报在新闻资源和媒体人才方面都具有无可撼动的优势，所以在新闻内容生产方面也有独特的优势。在新媒体方面，内容即产品，所以党报可以把内容当成产品来生产和经营，有目的地设计、开发、包装、营销，并运用数据分析内容生产、营销和使用的环节，分析受众的内容需求，将生产精品的内容当作产品卖给新媒体，从而创立一种新的盈利模式。目前网络媒体的公信力相对传统媒体来说较弱，网络媒体的采访权也受到限制，中国人民大学彭兰认为："每一个成功的新闻网站的背后，都是很多家强大的传统媒体资源力量的集合。"许多新闻门户网站的信息来源都是来自传统报纸，如新浪、网易、搜狐三大门户网站，所以党报网站在与这些门户网站没有竞争优势的情况下，可以利用门户网站消息来源有限的短板，将精品内容卖给这些网站，或者对党报网站的新闻实行有偿转发，整合内容与渠道的优势，给党报创造一种新的盈利模式。

2. 实现广告的深度融合

广告是传统媒体的主要盈利手段，党报的经营收入有70%来自广告，所以广告的融合是党报与新媒体融合的关键，实现广告的融合有助于改变党报广告收入下降的境况。实现党报与新媒体广告的深度融合可以从以下两方面着手：

一是创新广告经营理念。党报广告要想争取受众，就必须跳出传统纸质广告的经营理念，党报集团传统的经营方式是采编和广告分离，重采编轻经营。创新广告经营理念首先就要改变党报集团重采编轻经营的思想，基于党报的功能属性，党报的主管部门即党和政府的相关负责人需要改变观念，在保持舆论导向正确和生产高质量新闻内容的前提下，要重视广告经营状况和市场占有率，只有在政策上和观念上重视广告经营，才能在广告经营方面有所建树；其次，党报的广告经营者也要培养"互联网思维",广告也是一种产品,把广告当成一种产品进行设计,让受众有更加舒适的阅读体验,也能增强广告的传播效果。

二是创新广告表现手法和传播媒介。新媒体平台的广告一大优势就是表现手法的多样性,党报也可以利用新技术来创新广告的表现形式。比如,利用现代的3D印刷技术来制作报纸3D广告,3D广告需要读者戴着3D眼镜阅读,广告在报纸上呈现出立体化的3D效果,增加了广告的可读性和趣味度;除了党报纸质广告,还可以再收取一些费用将其投放到党报的网站上或者手机客户端,这种"捆绑销售"既让广告客户的广告辐射面更广,也增加了党报自身的广告收入。《纽约时报》在这方面有成功的尝试,即让广告客户在报纸的印刷版和网络版享受均等的广告投放机会,凡是在报纸上投放过广告的客户,在其网站上投放广告就可享受优惠,现在,《纽约时报》网络版广告来源中,有25%来自印刷版。我国党报在广告运营方面可以尝试把印刷版的广告客户跟网络版的联系起来,让广告双向传播。此外,党报还可以利用微博、微信、手机客户端等终端设备,开发广告资源,如一般媒体的微博和微信公众号,除了推动即时的新闻信息,也会有许多生活资讯和服务类的信息,党报可以在微博和微信公众号推送资讯服务类信息的时候植入广告,让受众在获取资讯的同时成为广告客户的传播对象,这种植入广告的方式不像报纸版面广告那么直白生硬,更易让受众接受,达到一举两得的效果。

3. 开办咨询与创意营销服务

党报是中国最具权威性和公信力的媒体,依靠体制机制的优势,党报招聘了大量优秀的传媒人才。可以说,党报的新闻采编队伍是中国传统媒体中最优秀的采编队伍,党报的新闻内容无论是在语言文字的组织上还是整体的报道水平上,无论是报道的深度还是高度都高于其他媒体。这些人才是党报的优势资源,然而在很大限度上这些人才优势并未得到充分利用,所以基于人才优势和文化内力,党报可在这方面创新。比如,利用自身的传媒影响力组织一些专家学者和媒体人组成智囊团,为一些企业或传媒集团的经营管理提供意见和建议,提供咨询和顾问服务,增加收入。

党报作为政党机关报的特殊性质,使得其与政府部门有着密不可分的联系,这种联系是一种无形的优势资源。党报可利用这种强大的政府资源,与各级政府建立密切的关系,帮助政府出谋划策。这样既能树立党报的权威性和公信力,又能使党报通过政府与更多的企业单位建立联系,间接地扩展了广告市场,为党报发展咨询顾问和创意服务奠定了客户基础。

4.跨界经营：报人变报商

新媒体技术的突飞猛进是一把"双刃剑"，它给传统报业带来危机的同时，也拓宽了传统报业的产业链，带来了许多新的业务增长点，跨界经营就是新媒体给传统报业带来的商机。国内报业集团最主要的弊端就是盈利模式单一，过度依赖广告收入，而新媒体的发展分流了部分受众，自然也分流了部分广告投放量，所以作为传统媒体的报纸的广告收入会受到影响。这就要求报业集团改变单一的盈利模式，积极向新行业、新领域扩张，寻求新的经济增长点。

广告这块大蛋糕被新媒体渐渐分走，传统媒体不应该苦守广告这块阵地，而应实行跨界经营，发展多种产业，从报人变报商。传统媒体除了发挥其舆论监督的作用，也要重视产业的发展和经营，优化资源的配置，整合中小利益，将报纸本身的影响力和公信力转化为生产力。在这样的背景下，已有一些报社在跨界经营方面做得风生水起，在深耕广告、发行、印刷等主业时，一些报社的副业也发展迅速，已逐渐超过广告发行收入。

2014年10月，中国报商联盟在杭州成立，这个联盟的成立使得全国报业的跨界、跨区域合作活跃了起来。报商联盟的成立提供了一个更方便快捷的经验交流和资源共享平台，使得报社之间以及报社与企业之间的商业交易和往来更加活跃，它对各地报社多元化经营的推动起着非同小可的作用。一个典型的例子就是《巴音郭楞日报》，它隶属于新疆经济报，巴音郭楞处在南疆库尔勒，知道这个新疆的偏远地区的人很少。然而自从2014年巴音郭楞日报社加入报商联盟之后，运用这个平台筹办了"新疆优质农产品全国报商对接大会"，有超过50家报社前去会上采购，新疆的一些优质农产品，如吐鲁番葡萄、阿克苏冰糖心苹果、天山雪莲、昆仑雪菊、喀什巴旦木、伊犁薰衣草、石河子长绒棉等通过巴音郭楞日报社组织采购，再经由各地报社销往全国各地，打开了销路，赢得了广泛的市场。这种形式使得供销双方卖得舒心、买得放心，实现了双赢。

地处东北的延边晨报社利用报商联盟这个平台把长白山人参、鹿茸、林蛙油等东北的珍贵物产销往全国各地；杭州日报报业集团通过报商联盟这个平台使得西湖龙井茶热销全国各地；南京日报社也通过报商联盟积极与成员单位合作，把原本就做得很好的跨境游继续发展壮大起来，如联合成员单位增加了国内养生游这个项目，这样的例子不胜枚举。

若把新媒体比作一头猛虎，我们能做的不是躲避它，而是驯服它，利用它。调整思路才会有新的出路，我国的党报应该吸取已有的经验，拓展新的出路。党报相比其他的都市类报纸，虽然没有很大的发行压力，也有一定的行政补贴，但政府只能解一时之渴，党报同样面临着广告经营收入下降的困境，在今后的发展中，跨界经营是党报的必然选择。

（四）创新管理体制和绩效考核机制

1.融合广告部和采编部

将广告部和采编部进行融合管理，国内许多报社已经做了这方面的尝试。在媒体融合的大背景下，采编和经营的融合是关键。融合采编和经营，经营和采编并重，可以提高工作效率，发挥员工的最大积极性。

以《瑞安日报》为例，《瑞安日报》是浙江日报报业集团旗下的一个县市党报，瑞安日报社于2015年3月推行采编和经营的融合转型，取消广告部和发行部，将原来的采编部、广告部、新媒体技术部和策划执行部的人员组成一个新部门——场景化事业部，各个事业部根据各自的部门特点，内部相互协作配合，共同创收，且收益共享。在这样的灵活机制下，瑞安日报社把新闻服务、政务服务、生活服务等三大服务体系平台良好地运作起来，并且发展了多个跨产业项目，如区域电商、创意产业园、教育培训、会展活动、技术研发等项目都发展迅速。

另外一个例子是《燕赵都市报·冀中版》，该报将广告部、新闻部、发行部和新媒体混合组成不同的部门，走事业部公司化、公司股份化的道路，报社本身持小股，员工持大股，当地财团也可以投股，上市公司帮助招募股票。在组编新部门后，他们的产业做得风生水起。比如，做房地产、卖酒、玩金融，甚至开了律师事务所和骨科医院。结果，报社原来许多广告顾问和记者编辑通过竞争已经当上了董事长或总经理。依靠发展多种经营，《燕赵都市报·冀中版》已经完全可以自力更生。

广告与采编融合是未来报社发展的一个趋势，整合采编、发行成立新的部门是未来报社的发展方向。但整合两个部门并不意味着广告与采编是一样的，这里的广告和采编还是要分开进行，不能因为重视广告经营而忽视新闻内容采编的真实客观和公正性，更要保证新闻采编的高质量。党报可以在采编和经营方面做一些管理机制上的调整，坚持采编和经营两分开的原则下，让采编部门的人也在经营方面上出力。

2.创新绩效考核机制

我国的党报虽早已实行了绩效考核制度，但随着媒介格局的改变及新媒体的迅速发展，党报以往的绩效考核制度也需要改革和创新。一般报社的绩效考评内容主要包括：明确说明采编人员的岗位职责，对新闻稿件数量、质量有硬性规定，定额细化版面编辑、记者的工作任务，对文章内容、图片质量、版面编排等进行等级划分。具体的考评方法有定量法、考核数量法、质数兼顾型、末位淘汰型等。目前，国内许多报社主要运用考核数量法，这种考核方法在一定程度上可以提高采编人员的工作积极性，但也带来负面效果，如片面追求数量，忽视质量，削弱了新闻内容的影响力。

当前新媒体的发展使得传统报纸的传播主导地位受到很大的冲击，原有的绩效考核机制已经制约了报纸的发展，原有的绩效考核机制要被淘汰，报社需运用新的绩效考评机制，提高采编人员的工作热情，改善新闻稿件的质量。

党报创新绩效考核机制可以尝试以下两种方法：

一是平衡计分卡（BSC），这是一种全新的企业绩效考核工具和管理工具，它从四个角度对员工进行全方位定量化绩效考核，分别是财务、顾客、内部流程及学习与成长。党报集团可尝试将平衡计分卡纳入绩效考核，这种考核方式使得报社在新闻内容的质量和形式上进行严格把关，致力于提高读者的满意度，并且建立高效的读者交流和反馈机制，不断创新改进采编内容。

二是360°绩效考核模式，这种考核模式又被称为全方位考核法，是指由被考核者的上级、同事、下级、客户及被考核者本人担任考核者，从多个角度、全方位对被考核者进行评价，总结各方面的反馈意见，对被考核者的优缺点进行重新认知，从而提高绩效。这种全方位考核法的优势在于可避免考核中的"光环效应""个人偏见"等现象。譬如，湖南日报社在2012年实施了360°绩效考核模式。首先，报社成立了集团编委办，编委办由总编直接领导，结合总编室下辖的人力资源部和劳资部门，组成严谨的绩效考评组织架构。除去现有的考评人员，报社还聘请了一批拥有丰富采编经验的学者和具备一定专业基础的读者，对报社当日出版的新闻进行考评，撰写评语，供采编一线记者参考。此外，报社每月会随机抽取3～5名部门主任和记者参与考核，这样就实现了多元化、多层次的考核，考评部门本身也要接受采编部门的监督。这种360°、全方位的考核方式既提高了效率，也兼顾了公平。

全媒体时代党报的发展与转型主要体现在与新媒体的融合，从最初的报纸网站、手机报到微博、客户端，到现在的微信公众号，党报在与新媒体融合的过程中做了多种尝试。如今，传统媒体与新媒体融合也逐渐得到国家的支持，中央也陆续出台一系列政策支持媒体融合，党报应适时抓住这一良好的时机加快与新媒体融合的进程。

在全媒体时代和媒体融合发展的大背景下，党报需认识到与新媒体融合不是权宜之计，而是一项长期的过程，媒体融合也没有固定的模式，而是随着媒介格局的变化而时刻创新。虽然在与新媒体融合的过程中会出现一系列问题，但媒体融合这个大趋势不会变，党报要顺应这个趋势，并不断因势利导，创新发展，才不会被时代抛弃，被受众抛弃，才可发挥应有的作用。

第三章　全媒体时代的新闻产业融合

前面已说到，全媒体是我国传媒界在具体应用层面提出的具有特定含义的概念。它是一种运营理念，即使用多种媒体手段，利用不同媒介形态，通过融合的网络全方位、立体化地展示包含文字、声像等内容的一种新的传播形态。广义上的媒体融合不仅整合了各种媒体形式，还包括其功能、传播手段、所有权、组织结构等要素的融合，尤其是多个媒体行业之间的所有权或组织结构的融合。正是这种融合，使得流动的内容横跨多个媒体平台，不仅实现了用户价值最大化，也实现了媒体和用户的双赢。可见全媒体融合是一种产业融合行为，融合的基础是产业共生。融合过程中既存在合作博弈又存在演化博弈。这些恰恰诠释了电视新闻全媒体融合的一般机理。

第一节　全媒体时代的新闻产业融合综述

1978 年，尼葛洛庞帝开产业融合学术研究之先河，他通过三个圆圈对计算机、广播业和印刷业之间的融合进行了模型化表述，并认为增长最快、创新最多的地方是那些处于交叉的位置。之后相当长的一段时间内，关于产业融合的研究只是零星出现。直到 20 世纪 90 年代中后期，由美国通过《1996 年电信法案》引致的信息通信领域里跨媒体、跨产业、跨地域的企业并购大量出现，由此产业融合领域的研究迎来高潮。当前学术界虽未对"产业融合"的概念形成一致结论，但综合现有学者的研究，依然可以勾勒出产业融合的内涵、类型、动力及意义。这些是电视新闻全媒体融合的理论根基。

一、产业融合的内涵、类型及动力

产业为什么要融合，融合的类型有哪些，融合的动力是什么，这些也是当下媒体融合需要回答的问题。电视新闻媒体与广播媒体的融合近几年来如火如荼地探索实践，而它的理论基础之一正是产业融合理论。分析产业融合的内涵、类型和动力，有助于解释媒体融合的一些机理。根据前人研究的理论成果，这里把产业融合的内涵、类型及动力归纳为表 3-1。

表 3-1　产业融合的内涵、类型及动力

产业融合的内涵	技术视角：罗森伯格在对美国机器工具产业演化研究中发现同一技术向不同产业扩散的现象，并把该现象定义为"技术融合" 产品视角：是指以产品为基础的融合，或者是采用数字技术后原本各自独立的产品的整合。这种融合可以分为替代性融合与互补性融合 企业视角：企业作为产业融合的主体，在产业融合中，两个或多个以前各自独立的产业，当它们的企业成为直接竞争者时，即发生了融合 市场视角：融合是消除市场准入障碍和产业界限后，各分离市场的汇合与合并，融合型产业出现萌芽状态后，这种融合是否成功乃至能否持续下去需要经过市场的检验
产业融合的类型	技术视角：产业融合可分为技术替代融合与技术整合融合或互补融合 产品视角：产业融合可分为替代型融合和互补型融合 市场视角：产业融合可分为来自需求方的功能融合和来自供给方的机构融合 制度视角：产业融合可分为微观层次的标准融合与宏观层次的制度融合 产业视角：产业融合可分为渗透融合、延伸融合和重组融合
产业融合的动力	技术创新：技术创新在不同产业之间的扩散，使不同产业形成了共同技术基础，并使它们之间边界逐步趋于模糊，最终导致产业融合现象的发生，因此技术创新是产业融合现象产生的内在驱动力 管制放松：政府管制的放松是产业融合的动力。不同产业之间往往存在着进入壁垒，而各国政府经济管制是形成不同产业进入壁垒的主要原因，因此管制放松导致其他相关产业业务加入到本产业竞争中，从而逐渐走向产业融合

二、新闻传媒产业融合的三种形式

伴随着技术的不断进步，产业融合的发展趋势正愈演愈烈，其中尤以信息产业、传媒产业领域最为活跃。传媒产业具有典型的产业融合特征，纸媒、广电和信息技术产业的原有厂商正在不断向对方领域渗透。本书所探讨的电视新闻媒体融合发展这一课题，正是涉及了产业融合的问题。依据胡汉辉等人的观点，结合电视新闻全媒体融合的发展过程，可以将新闻传媒产业融合的形式划分为产业渗透、产业交叉和产业重组三种，如图3-1所示。

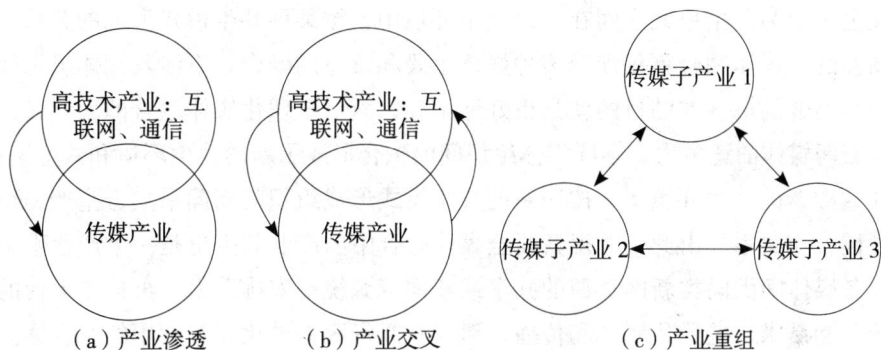

（a）产业渗透　　　　（b）产业交叉　　　　（c）产业重组

图3-1　传媒产业融合的三种形式

（1）产业渗透。由于以网络技术为代表的高新技术具有较强的渗透性，传统产业与之结合能够产生较大的经济叠加效益，可无摩擦地渗透到以电视新闻媒体为代表的传统媒体产业之中，并会极大地提高信息传播的效率。例如，网络与传统视频服务的结合形成的网络视频服务业。因此，全媒体时代，随着数字化、三网融合技术的进步，政府产业政策、社会价值观念随之受到影响，传媒产业的媒介形态、传播特点也因高技术产业的渗透正在经历嬗变。

（2）产业交叉。顾名思义，产业交叉是指产业间并非单向渗透，而是在功能上存在一定的交叉和互补，从而通过彼此间的功能互补实现产业间的融合。融合之后，原有产业仍然存在，但是产业边界会很模糊甚至会消失。例如，随着三网融合进程的不断加快，广电运营商开始发展互联网业务，电信运营商开始发展IPTV等服务业务，两者在业务领域具有很大的重叠区域。因此，全媒体时代，随着国家政策管制放松，产业交叉渗透的可能性正在加大，这使得传统媒体所面临的竞争环境、竞争对象逐渐发生了变化。

（3）产业重组。产业重组是指传媒产业内各子产业（如广电产业、报业）等相互之间进行重组融合。进行产业重组是优化产业结构、实现规模经营的有效举措之一。例如，上海文广集团、美国媒介综合集团就代表着传媒产业内部不同子产业之间的重组融合。

第二节　全媒体时代的产业共生

产业共生是模仿自然生态系统提出的概念。经济学视角下的产业共生在抽象意义上表现为共生单元之间在一定共生环境中，按某种共生模式形成的关系。电视新闻的全媒体融合不仅涉及多种媒体手段和形态的融合，更涉及媒体组织间的融合。融合的最基本的目的就是更好地生存，面对全球化媒体融合的大背景，提升其新闻媒体的竞争力。不同媒体组织间的融合形成了新的共生环境和共生模式，并在这种新的共生环境下，按照新的共生模式形成组织间新闻采集、生产、传播的协同合作关系。由此，电视新闻全媒体融合中的产业共生也是一个产业生态系统，各媒体间因同类新闻资源的共享或新闻资源统一安排采集，再按各平台的不同特色和需求、差异化制作和传播，形成新闻资源差异化互补利用的共生体。这种共生体，提升了新闻传媒界新闻资源配置的效率，既带来了不同新闻媒体组织效益的增加，又推动了新闻媒体产业的发展。

一、全媒体融合中的产业共生内涵

共生理论（symbiosis theory）源于希腊语，由德国生物学家 Anton de Bary 于 1879 年提出，迄今已经一个多世纪。他认为，"共生"内涵上与"合作"一致，是指相互性活体营养性联系，是一起生活生物体某种程度的永久性物质联系。事实上，共生从来都不是一个专属生物学的名词。早在 200 多年前，经济学家就已经试图从生物学中探知经济学规律。20 世纪中叶以来，共生理论和方法开始在社会科学领域得到运用。西方的一些社会科学家提出了一种"共生方法"的理论来设计社会生产体系，强调社会生产体系中各种因素的作用与关系。共生理论认为，共生是自然界、人类社会的普遍现象；共生的本质是协商与合作，协同是自然与人类社会发展的基本动力之一；共生关系通常可划分为寄生共生、互惠共生及偏利共生三类。顾名思义，寄生共生只对寄生者有利，互惠共生则能形成一种共赢的局面，而偏利共生则对一方有利而对另一方无害。这其中，互惠共生是自然与人类社会共生现象的必然趋势。

产业共生的内涵有狭义和广义之分，它同样适用于本书所研究的电视新闻全媒体融合之产业共生，这里将其进行归纳，如表 3-2 所示。

表 3-2　产业共生的广义及狭义概念

分类	内涵
广义	内涵一：指在分工不断细化的前提下，同类产业的不同价值模块和不同类产业，但具有彼此经济联系的业务模块所出现的融合、互动、协调的发展状态。该内涵强调共生关系形成之前的个体差异，属于差异性产业共生 内涵二：指同类产业或其相似的产业业务模块因某种机制所构成的融合、互动、协调的发展状态，如同类企业在相似业务模块间形成的合作或战略联盟。该内涵把同质个体作为共生关系产生的前提，可视为同质性共生
狭义	只要发生了产业共生，只要形成了产业共生体，共生单元在继承和保留原有性质与状态的同时，差异性就会出现，并表现出显著的融合、互动、协调关系

从电视新闻全媒体融合视角看，可以认为，电视新闻全媒体融合的共生单元也是多层次的，包括新闻媒体层次、产业层次及区域和国家层次；而不同共生单元之间的组合，还可以划分出不同的共生关系。比如，目前的电视台与广播电台的两台合并，广电报与新兴媒体的合作联盟模式等，都存在不同的共生关系。基于新闻媒体产业组织的视角，可将"共生"理解为新闻媒体产业内组织之间存在某种制约关系，该种关系受到新闻媒体产业大环境、区域经济、政策环境等的影响。新闻媒体共生系统由三大要素构成：新闻媒体的共生单元、共生环境及共生模式。其中，共生单元是共生系统关于物质、能力和信息等内容的交换单元；共生环境是指除共生单元以外的其他影响因素的总和；而共生模式则是指共生系统内各共生单元共生时所采用的模式。"产业共生""耦合"是共生思想中两个重要的概念。产业共生主要是指产业链上不同单元的副产品之间展开的合作。而耦合是指两个或两个以上的体系或运营模式之间相互作用、相互影响的现象。

产业共生也是一种和谐共生的关系，如图 3-2 所示。

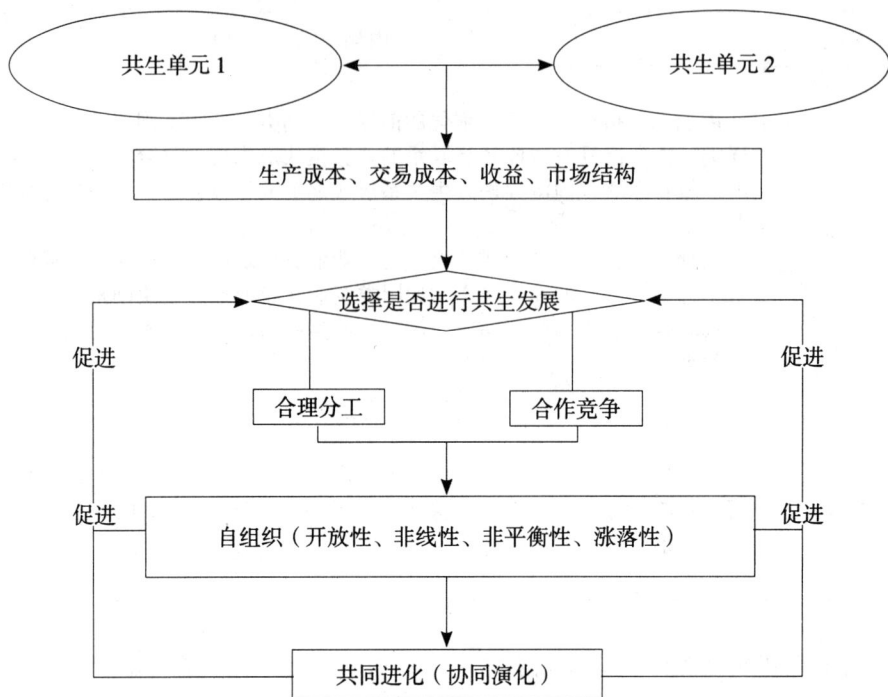

图 3-2　共生内涵之间的内在本质联系

注：自组织是一个随着时间变动，从无组织到有组织的动态演化过程。具有开放性、非线性、非平衡性及涨落性等特点。该过程是自发形成的，没有受到来自内部的权威控制及外力的干预。并且伴随着系统的动态演化，系统的有序度会增加，空间或功能上的自组织结构逐渐形成。

电视新闻全媒体融合中，产业共生单元同样会依据其各自的新闻生产成本、新闻采集和生产过程中的交易成本、收益及市场结构选择是否进行共生发展。前面的概述及后续第四章的研究表明，电视新闻全媒体融合是大势所趋，只有融合才能共生发展。而在共生发展中，双方依据合理分工（媒体融合后的共生体统一安排新闻采集）及合作竞争（共同分享新闻素材，按各平台特色和需求制作新闻）的原则开展活动，合理分工是双方共生发展的原则，合作竞争是双方共生发展的动力，在这两者的相互作用下，共生系统将形成一种新的组织系统并最终实现共同进化，系统的协同演化又会进一步促进共生单元之间的共生发展。因此，可以认为产业共生本身也是一种和谐共生关系。

二、全媒体融合中的产业共生特征

经济学视角下的产业共生具有形成共生的群落性、融合性、资源使用的循环性、上下游产业的关联性和生产成果的增殖性等特征。电视新闻全媒体融合同样是社会经济系统中的产业融合，它同样具有经济系统中产业共生的基本特性，又有其各自的特色。这些特征同样表现在以下几个方面。

（一）共生群落的新闻资源优化配置效应

我国时下电视新闻的全媒体融合最为典型的是"两台合并"，这是一种所有权的融合。国外早在 20 世纪 90 年代起就有了广电报的所有权融合模式，从适度规模经济及媒体融合的大趋势看，广电报媒体融合也是我国新闻传媒业未来的发展方向。此外，在所有权融合的基础上，必须与新兴媒体融合（合作联盟）。媒体融合后形成了新的"生产群落"，按照融合新闻的生产模式进行新闻资料的统一采集，资源共享，按各平台的特色和需求加工生产和传播，从而极大限度地降低了新闻采集和利用的成本，达到资源的优化配置。在这条新闻生产的产业链上，同样的新闻可以从不同视角、不同层面得以客观诠释。比如，现场影像和图文并茂的新闻资料采集、客观报道，网络的快餐报道，专家或当事人做客演播厅的深层次报道等。"群落"的共生单元（广播、电视、报纸、新兴媒体等）各自获得规模经济和外部经济。

（二）全媒体融合下的共生融合新业态

产业共生的一个重要特性就是其融合性，它以形成新的产业业态为根本标志，关注产业创新及其价值增值过程中的业务链接关系。在实现方式上，以技术互补、产品供需、业务模块的组合来促进这种共生视角下的融合。电视新闻的全媒体融合，从其融合新闻运作过程看，已形成了共生融合的新业态，即新闻素材统一采集，按各平台需求共享和制作不同特色的新闻并传播。这是单个新闻单元前所未有的新的业态，是一种创新。而各新闻业务单元之间创造价值增值的过程，也有一定的制衡规则，如美国媒介综合集团就是典型的个案。在产业共生的框架下，媒体融合是各媒体单元共生的前提，但没有这种全媒体的融合，也就不可能产生共生。由融合之后的共生而定义的融合，是与新业态下远大于未融合时单个新闻单元的新闻价值创造和实现的属性相联系的。因此，共生意义上的全媒体融合是以价值共创为基本前提的。

产业共生的新闻资源使用的循环性。经济体系中产业共生系统的资源使用循环性特征在于，把传统的"资源—产品—废物"构成的物质单向流动生产过程，重构成"资源—产品—再生资源—再生产品"的反馈式流程和"低开采、高利用、低排放"的循环经济模式，使经济系统和谐地纳入自然生态系统的物质循环过程中。在这个产业发展模式中，每一个生产过程中产生的废弃物都可能变成下一生产过程的原料。电视新闻全媒体融合后的产业共生同样会产生新闻资源使用的循环性，典型的案例是日本的 NHK 电视台。NHK 在媒体融合中充分利用技术进步助推新闻信息资源整合和循环利用。他们建立了音像资料中心，构建了信息资源库，经常会利用信息资源库的原素材进行加工和策划，然后通过手机电视、网站及针对特殊人群（如残障人士）的广播电视，实现信息的分发和重组。这种做法正是产业共生所产生的循环结构的新闻业务流程，使新闻信息的价值得到重复开发、利用和充分传播，使新闻信息传播的深度和角度多元化。

基于产业共生的新闻产品的增殖性。在生态经济中，产业共生体的目标是在减少污染、节约资源、保护环境的基础上互利与共赢，取得增殖效应。它摒弃了传统产业发展中把经济与环境分离，使两者产生冲突的弊端，真正使发展经济与环境保护有机地结合起来。这种共生系统所产生的实质环境和经济效率是其得到推崇的根本原因。在电视新闻媒体融合后产生的产业共同体中，一条新闻可以在一个时间段里，以不同的方式、从不同的角度、以不同的深度广泛传递着。这就是时下的电视新闻媒体融合的最基本环境。诚然，在当下"摸着石头过河"的电视新闻全媒体融合过程中，不可否认探索中仍可见到的"低效率"，但"正能量"的增殖效果依然处于主流地位，本书在后面有不少这样的例子。例如，2015 年 6 月初的"东船事件"，新兴媒体为公众提供的参与救助、送温暖、献爱心、追哀思的微博平台，让国人善良大爱、无私奉献的社会正能量达到了空前的高度。从产业共生视角看，这就是新闻产品的增殖性。这中间也充分体现了新闻媒体舆论引导能力的社会价值以及媒体融合后新闻传播的伦理和责任。

三、全媒体融合中产业共生的优势

电视新闻全媒体融合后具有了产业共生的特质，它在新闻媒体单元之间建立了新闻产品生产者（媒体人）—传播者（新闻媒体机构、平台、公众）—消费者（公众）这样一个特殊的生态产业链，同时也产生了一个前所未有的更大空间的合作网络，通过这种全方位的网络合作，必将产生新闻的生态效应。

（一）产业共生促进新闻传媒业协同发展

经济领域的实践表明，产业共生将产生协同进化效应。随着电视新闻全媒体融合下产业共生的新模式的组建和运行，新闻媒体各单元间开始了新闻产品的采集、生产、传播的协同运作新格局。新闻传媒产业链上的这种新的运作模式，将充分调动产业群落各新闻媒体单元的行为，使之更有效、更合理地处理共生单元和系统的共存关系，尽可能以最佳的方式协同演进。这种共生过程，也是电视新闻媒体特定时空条件下的必然进化过程，也是现阶段电视新闻全媒体融合共同演进、共同发展、共同适应的共生本质。共生为媒体融合后的各共生单元提供了理想的进化路径，这种进化路径不同于以往各媒体单元独立的进化，而是在融合之后的各业务单元之间相互激励中合作进化。进化过程不仅可能产生新的媒体单元形态，而且可能会产生新的共生形态，形成新的共生结构。

（二）产业共生促进新闻资源充分共享和合理利用

如同经济系统中产业共生单元之间的关系，媒体融合后生成的各共生单元之间，可以实现新闻资源的充分共享和合理利用。例如，英国的BBC电视机构，成立了由记者、摄像和制作人3000余名工作人员组成的多媒体编辑部，所有经采集的新闻素材会统一汇集到该编辑部的内容库，供各渠道加工、使用。当然，媒体融合后所形成的新的媒体产业内，不仅包括了丰富的、多种形态的各共生单元，也囊括着新闻媒体的消费者——社会公众。新闻资源不仅各媒体单元可以共享和利用，对于社会公众这样一个特殊的共生单元，同样可以充分享有新闻媒体的资源。在新闻资源对社会公众共享方面，BBC走在了前面，他们引入了集传统编辑、互联网功能于一体的开放式系统Journalism Portal，该系统中设置了各种论坛，体现了新闻视角下的社交媒体功能。这也正是电视新闻全媒体融合后产业共生的又一优势，新闻资源可以在共生群落内外得以合理配置和流动，并有效运用。

（三）产业共生促进新闻媒体单元形成"排劣性"竞争

与经济系统的产业共生具有很强的相似性，电视新闻全媒体融合后形成的产业共生反映了媒体系统内各媒介单元之间的一种相互依存关系。以往的新闻单元之间的竞争往往是一种"排他性"的，而融合之后基于新闻资源共享下的媒体单元的竞争，则呈现一种"排劣性"。这里所说的"排劣性"并不是特指排除以往同一新闻不同媒体的同质报道，乃至形成的恶性竞争，而是指媒体融合之后分工协作、优势互补，新闻生产和报道的最佳排列组合。融合之前的各新闻媒体单元各自为政，对同一新闻都各自期望全方位的完整报道，并排斥异己，但往往事与愿违。电视新闻全媒体融合后，新的产业共生体的共同规则更为公平、公正、合理。在此框架下，同一新闻的报道协调分工，以不同方式，从不同视角和不同层面，全面、完整地系统报道，且透明规范。如果某一环节出现异议，就将意味着这则报道不完美或者不完整，而"规则"则会起到制衡作用。比如，美国媒介综合集团就设立了对新闻采访、报道和记者日常行为的相关规定和受众调查机制，任何受众都可通过集团中心的联系电话、电子邮箱及网站专页的"公众之声"，对新闻节目提出质疑、问题和建议，并能得到一对一的回答和解释。这正是一种"排劣性"的具体体现，旨在形成公平、公正和合理的共生文化。

第三节　全媒体时代的合作与演进

电视新闻的全媒体融合涉及多个主体，尽管这是全球化媒体融合大背景下的必然趋势，但融合必不可少地会对各媒体单元原本的结构和利益产生或大或小的震荡。融合之初的各利益主体并非能真正感知到融合所带来的大于各自独立时的利益，也包括融合产生的外部经济性。由此，博弈是必然存在的。从其他国家媒体融合的实践看，这种博弈主要是合作博弈。随着媒体融合的不断深化，尤其是与不断进化的新兴媒体的融合发展中，与时俱进的新的媒体环境总会在不同阶段出现演化，而这也将引起新的博弈，即演化博弈。博弈理论（game theory）为解释理性个体之间的交互行为提供了非常有效的理论框架。其内在含义是，在特定条件和特定规则下，理性个体（包括个人或组织）同时或先后、单次或重复，从各自可行的策略中做出抉择并实施。博弈论已被广泛应用于生物、经济、信息、政治等学科领域，它将会很好地诠释媒体融合中博弈的丰富内涵和内在规律。

一、全媒体融合中的合作博弈

在博弈理论研究中与非合作博弈相比，关于合作博弈的研究较少，但这并不意味着两者地位的孰轻孰重。合作博弈理论侧重于强调参与主体的理性，其以各行动主体之间存在可以实现交流的介质（如协议、承诺或威胁）为前提条件，讨论各行动主体间的合作博弈结果及其获得的效用。在电视新闻全媒体融合中，无论是本书研究的所有权融合或是与新兴媒体的合作联盟融合模式，其参与融合的主体（媒体组织的承担者）都是具有理性的。从我国广播与电视"两台合并"的发展状况看，自2006年国家广电总局对我国"两台合并"工作做出部署开始，截至2014年4月23日，由5家单位整合成立的广东广播电视台正式挂牌后，迄今内地除西藏、新疆（未列入文化体制改革范围）外，只有5个省份尚未完成合并。由此可以看出，电视新闻全媒体融合是时代发展要求。参与主体是有理性的，且有前提条件的，所有参与融合的新闻媒介机构都极为关注融合后获得的效用。

合作博弈理论中有一些重要的概念。例如，Shapley 定义了联盟分配解、Shapley 值及核心（不被其他任意分配优超的主体组成的集合）的概念；Neumann, Morgenstem 提出了稳定集的概念；Aumann 等（1964）定义"A-M 谈判集"。事实上，在电视新闻全媒体融合过程中，这些概念始终存在。理论上讲，合作博弈亦为正和博弈。合作博弈采取的是一种合作或妥协的策略，是指如果参与主体间的交流介质，如协议、承诺或威胁，对参与主体的行为具有完全的约束力且可以强制执行，使得博弈参与主体的收益具有帕累托改进性质。能够产生合作剩余是合作博弈的典型特征，这种剩余是从合作或妥协的关系层面引出的，并且会涉及在各个参与主体之间的分配问题。博弈各方的力量对比和技巧运用对资源或利益分配比例起着制约作用，各方通过讨价还价达成最终的协议。综上分析，电视新闻全媒体融合中合作博弈的条件及形式如下。

（一）电视新闻全媒体融合的合作条件

依据合作博弈理论，电视新闻全媒体融合的合作条件归纳起来可概括为两点：第一，媒体融合后各媒体单元的整体收益应大于各自单独经营时的收益之和；第二，各参与方在融合后所形成的新的媒体机构内部，应存在具有帕累托改进性质的、强约束力且可强制执行的分配规则。从国外已有的成功经验及国内现实已实施两台合并的融合情况来看，电视新闻全媒体融合已经获得了或多或少的成效，也即这种融合行为存在可转移支付（收益）。正是因为存在这种可转移支付，融合成员之间的资源重配、收益分配成为可能，并可促使融合机构的存在、巩固和发展。

（二）电视新闻全媒体融合的合作形式

按照合作之后（全媒体融合）的收益变动情况，合作博弈有本质性和非本质性之分。设 N 为电视新闻全媒体融合参与者的集合，S 是 N 中的一个子集（$S \subseteq N$），$v(S)$ 是定义在子集上的函数。如果存在（$i \in S$）（即全媒体融合后收益不一定增加），则称该合作博弈是非本质的；如果（$i \in S$）（即全媒体融合后收益有所增加），存在有净增收益的融合，则此合作博弈是本质的。

二、全媒体融合中的演化博弈

在博弈理论中，对于静态博弈、动态博弈及重复博弈，尽管在过去几十年内其理论体系逐渐完善，相关应用逐渐增多，但其假设条件和解的概念都或多或少地存在一些瑕疵。传统博弈论是以完全理性为建构基础，但对于现实媒体融合活动中的参与者而言该条件往往很难得到满足。全媒体融合环境及决策问题趋于复杂时，媒体融合参与者的理性局限性表现得尤为突出。由于经典理论存在诸多缺陷，基于有限理性的演化博弈理论便被提出。它是在吸收生物学中进化论思想的基础上，把动态演化的思想融入传统理论框架中而形成的一种新的理论。在方法论上，演化博弈理论重点关注的是动态的均衡，这与博弈论有所区别。演化博弈认为群体中的个体间的相互作用，会受制于外部环境及博弈局面的变化。这就导致博弈过程表现出动态变化的特征，并且博弈局面与参与人行为相互影响。归纳起来，演化博弈具有如下一些特点：①它关注群体的动态演化过程，考察了博弈过程中的外部环境及博弈局势的变化；②群体的演化规则并不是单一的，既有选择也有突变，体现了随机性和规律性的统一；③群体的演化过程具有一定的惯性，即遵循固有的规律进行演进，但是同时惯性之中也潜伏着突变的动力。从现有媒体融合发展情况看，电视新闻全媒体融合中的演化博弈同样具有这些特点。

在演化博弈理论的发展方面，20世纪70年代，J. M. Smith在研究生态现象时，最早提出了演化稳定策略（evolutionary stable strategy）的概念。这一概念的提出是一个开创性的贡献，这使得人们开始脱离传统博弈论完全理性假设的桎梏。自此以后，演化博弈论受到越来越多学者的关注。进入20世纪80年代，演化博弈理论得到了极大的发展，其理论框架逐渐完善，并开始出现在经济领域的相关研究中。在社会制度变迁、产业演化相关问题的研究中，能够频繁见到演化博弈的应用。经过大批学者的努力，演化博弈开始摆脱对称博弈的桎梏，开始在非对称演化博弈有所发展。到了20世纪90年代，演化博弈的理论框架已经比较成熟，应用范围逐渐得到拓宽，逐渐深入到社会经济活动的各领域。电视新闻的全媒体融合正是经济活动的一个独特领域，随着媒体融合的不断发展，所有参与融合的机构仍会继续发生相应的演化博弈行为。

演化博弈认为，演化博弈是在特定种群中进行，该种群中的成员之间以某种方式相互联系。电视新闻全媒体融合后新的组织结构正是以新闻的采集、生产和传播为主旨活动的特定群体，该群体中的各媒体单元以协同工作、优势互补、排劣竞争的方式相互联系。这种新的组织群体内呈现一种良性的竞争机制，每个媒体单元乃至每个媒体人都以一种排劣性的方式竞争，这事实上也是一种博弈，这种博弈可称为全局耦合。同时，这种博弈在媒体融合形成的特定群体中具有重复博弈性质，所有参与的单元或成员均为有限理性，在重复博弈过程中不断地学习提升其综合能力，可称为优胜者的策略，这种状态被称为随机耦合。与经典博弈论中的收益相对应，演化博弈论中源自生物进化领域的适应度（fitness）也是极为重要的一个概念，它表示博弈中选择的策略对外部博弈环境或局面的适应程度，策略的适应度越高，则越有可能被保留下来；相反，适应度差的策略则会逐渐被淘汰。在全媒体融合后形成的博弈系统的演化中，最终会形成一个稳定的策略，从而使整个博弈系统趋于均衡，也即电视新闻全媒体融合发展达到一种良好状态，这种策略被称为演化稳定策略。

第四章　全媒体时代的新闻生产

　　网络新兴媒体强势登场，改变了传统媒体的垄断格局，传统媒体的市场被蚕食，独家新闻不总是由传统媒体在第一时间发布了。同时，网络平台上新兴媒体和应用拓展了新闻传播方式，受众作为新兴媒体的参与者，互动渗透到新闻传播活动的一些环节。社会媒体或自媒体生产的新闻通过各种传播渠道散播在互联网上，其比重与日俱增，传统意义上的"固态"新闻文本也呈现"液态化"，消费者可以方便快捷地各取所需，同时也培养了新的新闻消费习惯，新闻生产方式的多元化局面正在逐步形成。

　　然而，在互联网新场域下，公众的共同兴趣没有变，新闻仍然固守着内容的真实、真情、真相；新闻报道在追求速度、广度、深度的突破之时，依然遵循着公开、公平、公正的原则。传统媒体在互联网环境下探寻新发展的路径当口，其新闻生产承载着来自政府、资本（市场）、受众（用户）等方方面面的压力，比以往有过之而无不及。面对复杂的互联网媒介环境，新旧媒体的新闻生产较量如火如荼。

第一节　新闻生产的新场域

一、新闻生产

　　新闻生产是指新近变动的事实经过加工形成新闻作品的过程。主要包括两层含义：一是指事实经过采写、编辑、发表等业务流程，是新闻专业组织制造的过程及结果；二是指新闻生产者经过有意识的加工赋予新闻事实以意义从而建构了社会现实。

一个新闻报道不论以什么样的形式出现，也不论在何种媒体上刊载，都是各种社会力量合力所致，是各方博弈的结果。一系列对新闻组织的参与观察研究都证明新闻生产受媒介组织内部特定的生产逻辑与组织外部的各种社会因素左右，其中必须权衡的主要因素有新闻语境和新闻场域两大部分。新闻语境是在特定的空间、特定的时间、特定的条件下从事新闻生产的环境，包括专业标准、国内国际形势、国家制度法规等；新闻场域则包括各级决策者、媒体性质定位及市场等。

　　新闻生产并非只是新闻从业者个体的采集劳作，还包括新闻组织的机构运行与社会环境的互动。"新闻是人们了解世界的窗口。……窗口展示的视野取决于窗口的大小、窗格的多少、窗玻璃的明暗以及窗户的朝向是迎着街面还是对着后院。这个视野还取决于视点的位置，如是远点还是近点、是歪着脖子看还是脑袋向前伸展，或者是侧着身使眼睛跟开窗的这面墙平行。"盖伊·塔奇曼用"框架"取景的比喻来解释新闻生产的选择性与新闻作品最终呈现于大庭广众的人为可能性。

　　在传统新闻生产模式中，新闻生产的过程与受众见面的新闻产品之间"窗里窗外"区隔明显。视窗后面的隐晦复杂并不直接面向公众传播，媒介组织的社会信息生产过程局限于狭窄的专业空间，真实的新闻生产幕后不像电影可以为扩大发行连同花絮版一起随 DVD 光盘赠送发售。印刷媒介时代的记者和编辑几乎都隐身幕后，不可能超越行业边界成为公众人物；广播媒介只闻其声不见其人。然而，电视媒体形式上在有些新闻节目中局部突破了窗里窗外的区隔，最初如现场采访遇到的暴力阻拦，以及一些意外失控的画面，记者和摄像的工作情况往往在别家媒体的镜头上可以得到反映，用来增加新闻的真实性。当然，电视媒介的视听兼备性虽然增加了从业者镜头前与观众"面对面"的机会，特别是电视直播使观众拥有身临其境的现场感。但是，直播报道幕后有协调会，工作人员都要反复地研讨摄制方案、推敲各种细节、调试直播技术流程，观众只是可以直视主持人的现场把握、解说的救场，目睹导播切换控制的画面以及被推到电视画面中的一些记者和摄制人员的工作情况。

　　在互联网环境下，传统媒体新闻生产的"窗户"明度有所增加，社会化新媒体的新闻生产甚至达到"裸露"的程度。公众记录的突发现场的图片、视频经常被援引；在线新闻网站的新闻随时可修订；微博中的手记、底稿、初稿、未删节稿等均如"花絮版"公之于众，一些微博中的意见和讨论可以即刻被各种媒体转载。而当微博等成为重要新闻发布渠道之后，传统媒体的新闻从业者在社会化媒体上不再仅以作品与受众对话，而是以作品为基础发展到寻找共同兴趣爱好到关注生活动态，甚至以观点感悟等个体表达与公众交流，冠之以"新闻背后的新闻"。媒体的新闻记者发布微博直接面向公众传播在新闻实践中日益普遍。传统隐于"窗里"的新闻从业者及新闻生产过程通过微博这样的新媒体平台走向了"窗外",受众增加了对新闻生产复杂过程及其背后影响机制的理解,从业者声望也通过向受众展示日常的新闻生产过程得以塑造。

互联网促使新闻业的窗户渐次打开,媒介的变化正开启着媒介组织新闻生产与社会关系的"新窗口"。

二、新闻场域

场域是法国学者皮埃尔·布尔迪厄提出的一个新闻社会学研究范式,一个场域可以被定义为各个位置之间存在的客观关系的一个网络,或一个构型。场域理论是一种有关社会位置关系的构架,"新闻场域"是结构的和充满了不同力量的对抗的动态空间。他在《关于电视》中对此做了界定:"一个有结构的社会空间,一个实力场有统治者和被统治者,有在此空间起作用的恒定、持久的不平等的关系,同时也是一个为改变或保存这一实力场而进行斗争的战场。"布尔迪厄以构成新闻场域结构的整个客观的实力对比关系为思考基点,在对电视媒体的幕后预先审查筛选及电视话语的炮制等分析中,提出需要进一步弄清新闻工作者的实践活动机制。他从收视率的判断标准揭示电视新闻场是一个被经济场通过收视率加以控制的场,电视新闻场中的不平等关系被掩盖起来,并通过各种方式加强与其他场域之间的关系。

无独有偶,报业内幕操纵的种种"独家新闻"也多是"爆炒"的产物。例如,新闻场域中各方关系比拼在美国的党派报纸因政党功能的变化而改变的报道方式中屡见不鲜。"水门事件"中,英雄的记者扳倒了至高无上的总统,也折射了尼克松政府期间与媒体的"恶劣"关系。白宫的"记者招待会"(conference)改名为"新闻发布会"(news conference),以强调它是属于总统而不是新闻界的;还成功地推广了"媒体"(media)一词覆盖原先的"新闻界"(press),以强调这一术语的操纵性和缺乏支持性。尼克松政府坚信,媒体并不像它们自己常常声称的那样,是人民代表的声音;也并不是许多人过去理解的那样,一方面代表富有的发行人,另一方面代表政党机构。取而代之的是,媒体是一个独立的、危险而不负责任的权力之源。麦克尔·舒德森认为,"正如'水门事件'中的新闻界神话一样,新闻界中的'水门事件'神话也有双重目的:政府利用它显示自己被不公正地围攻,新闻界则利用它来表现自己是勇敢无畏的和独立的社会力量。但是,这两种利用掩盖了事实,在很大程度上,在华盛顿的公共官员与新闻界之间仍然存留着惬意的合作关系"。从场域理论来审视,这种"明修栈道,暗度陈仓",表面激烈争斗下的暧昧往来并不令人奇怪。

当前，新闻生产实践深陷在网络技术、特定的政治经济结构和社会多元的利益表达的混沌中，导致众说纷纭。而立足于新闻场理论的关系性思维，来考察21世纪互联网环境下，媒介组织的建构变化如何，博弈的权力新关系处于怎样的状态，不失为一种明智的选择。

三、传统媒体新闻生产场域

新闻生产的场域是在新闻生产过程中，新闻生产者与社会方方面面的客观关系，是社会各种力量之间博弈的场所。新闻生产的直接和间接相关的影响因素隐喻了新闻生产背后的权力关系。

在媒体日常的新闻生产中，制衡性力量强弱的位置关系主要由媒体与政府、社会、资本（市场）、公众（受众）、传媒人构成。在它们之间，有三组关系在传统媒体环境下产生着决定性影响，分别是政府、社会与媒体，资本、公众与传媒，政府、传媒与记者编辑。

（一）政府、社会与媒体

在这三者关系中，新闻生产者几乎每天都遇到如何来平衡政府的一元意志与社会的多元诉求之间的矛盾。

大家知道，依照党性原则，服从党的领导，宣传党的方针政策是中国传媒尤其是主流媒体的基本职责所在。但在改革开放以后，中国社会的多元利益格局已经形成，党和政府出台的各种政策各种举措在一定程度上必定会引发社会利益格局的调整，就有得益的，也有无利无害，还有受到损害的，有百利而无一弊的政策是空想。政府只能从利弊得失的大局出发来制定政策，尽可能趋利避害。而那些利益受损的群体，甚至有些无利无害或只得小利的群体会感到不公平。"不平则鸣"，他们要求公开表达他们的意见以维护或寻求他们的利益。例如，国家教育部门考虑到教育资源的平衡，要求相对减少全国名牌大学所在地的招生数，增加在全国各地的招生数。那当然对全国大多数地方是有利的，但这势必损害名牌大学所在地公众的利益，引发他们大声抗议。再比如，人力资源和社会保障部根据目前中国公民的健康状况、劳动力短缺前景以及社会保障基金收支状况，提出逐步延长退休年龄的意见。全国公众有喜有忧，有拍手叫好的，也有拍案而起的。

还有诸如房地产政策、医保改革、教育改革、计划生育政策，甚至在国家的基本方针上，都存在不同意见，可以说众声喧哗。在新闻报道中，如何在体现政府的一元意志和表达多元意见之中保持平衡，是新闻媒体几乎每天都会遇到的问题。

（二）资本、公众与传媒

除了少数非营利性的媒体外，全世界绝大多数需要自负盈亏的媒体基本的运行逻辑是：传媒向社会提供内容，吸引广大受众（用户），从而吸引广告商来投放广告，传媒依靠广告收入来获取利润。而广告投放的数量和价格是以媒体受众的数量和质量来权衡的。受众数量以报纸发行量、广播电视的收听率收视率来衡量。这就是传媒"二次买卖"理论：把报纸卖给读者，把读者的需求和喜好信息卖给广告商。在这样的运作过程中，资本（广告商）、受众、媒体三者看上去很一致，但这个过程中的一个核心问题是：如何对待受众？这是在处理资本、受众与传媒三者关系中，每天都会遇到的一个问题。

按照传媒与生俱来所具有的公共性要求，传媒必须承担起社会责任，必须满足公众的知情权，向公众提供真实严肃的新闻，并对此做出合理解释。这就是中国一直倡导的"社会效益第一，经济效益第二"的方针。

按照"二次买卖"理论，传媒把受众当作消费者，当作商品，为了取悦受众，他们就会大量提供娱乐内容，甚至把一些严肃内容也加以娱乐包装，"为我们提供纯粹的娱乐是电视最大的好处，它最糟糕的用处是它企图涉足严肃的话语模式——新闻、政治、科学、教育、商业和宗教——然后给他们换上娱乐的包装"。为了在激烈的竞争中胜出，许多传媒甚至不惜牺牲新闻的真实要求，夸大、扭曲，直到造谣，肆意炒作。

传媒为谁服务？为公众？为资本？还是为自身？这往往考验着每一家媒体。

（三）政府、传媒与记者编辑

记者编辑是新闻生产的第一线操作者、新闻产品的最后完成者。记者编辑作为个体，当然有他们自己的意志、理想、追求、专业理念、职业精神，有他们的个人利益，但每一名记者编辑都处在一个组织构架之中，他们绝不可能完全按照自己的意志来决定内容取舍。在中国的新闻体制下，政府管着媒体，媒体管着记者编辑，政府、媒体、记者编辑都各有自身的目标、自身意志、自身利益，这势必形成三方博弈。记者编辑在新闻生产过程中面对着来自方方面面的压力。

来自编辑部领导的压力。新闻单位的设置像行政单位一样采取科层制。记者编辑受部主任领导，部主任受总编、副总编领导。内容取舍的标准以及内容取舍最终裁定都在各级领导手里，尤其是一些重大事件的新闻稿，其终审权都由领导决定。

非组织的社会关系压力。各种亲朋好友的关系稿，各色企事业单位的公关稿等，都在时时刻刻向记者编辑施压，也就时时刻刻考验着记者编辑的意志。

从上述关系中，我们可以看出，新闻生产是一个错综复杂的关系处理过程，新闻产品是各种力量博弈的产物。

四、互联网新闻生产新场域

互联网媒介和当下社会情势的变化，使以上三组关系有所演变，其中最大的改变就是"用户"这一新变量的加入。在互联网新场域中，"去中心化"的网络特点使话语权更多地向"用户"转移，"用户"开始粉墨登场，重要性与日俱增。

"受众"到"用户"的最大变化主要有两个方面。

一是互动性增强。受众不再被动接受媒体带来的资讯，而是能够主动反馈其意见。2009 年，《纽约时报》设立社交媒体编辑岗位，提出"所有的一切都是关于对话"口号，替换了先前"刊载一切适于发表的新闻"口号。口号的更改和一系列涉足社会性媒体的动作表明，一方面，这份百年老报在当今信息技术发展迅速的背景下对于用户需求的深刻剖析，彰显主流媒体前瞻性的服务理念；另一方面，也意味着用户和编辑之间的对话互动传播改写了新闻生产的生产方式流程。2011 年，用户通过 iPad 上的 News.me 服务，可以分享 Twitter 等社交媒体上的新闻流，以及一些网站上的 RSS 新闻摘要。也就是说，媒体与受众之间的关系不再是单纯的传播与接受，而是信息共享和互动，受众不但消费"享用"新闻，还能参与"生产"新闻。

二是在此基础上，受众开始运用新媒体手段打破传统专业媒体机构对新闻生产的垄断。在 Web 2.0 环境下，拥有基本的终端设施就拥有了表达的渠道，借由社会性媒体，公众有更多发言权，在传播中的作用和影响力也就凸显出来。借助博客、网络论坛、播客、微博和微信等，彼此就能分享意见、见解、经验和观点。传统"一对多"的信息传播模式中只作为"受众"的公众逐步转化为信息制造者、传播者和独立的信息观察员，他们在收集、筛选、甄别各种信息之后，往往会做出颇具批判意识的独立判断，并再次借助互联网传播个人观点。公众作为新兴媒体的参与者在网络上也有了"出版自由"。传统媒体从而面临着用户带来的对新闻生产的威胁，独家新闻不再存在，用户用手机上传的消息、图片、视频都在与传统媒体抢占第一现场。每个人都是媒体，其速度、灵活性远超传统媒体的覆盖范围。这一垄断的打破还有另外一层意义，就是传统媒体很难再隐瞒事实，歪曲真相。

但问题是，网络上的点击率同样会产生各种社会相关控制力量此消彼长。例如，新浪名人博客，吸引了很多名人去新浪平台开设博客，使用户流量聚集。随意写博文和根据用户习惯定制新闻推送，这些看上去很美的网上个性化表达和传播，其背后仍然存在名人与普通用户话语权的差距。中国社会科学院信息化研究中心秘书长、互联网周刊主编姜奇平认为："尽管博客最初流行时比其他平台更贴近'草根'，比报纸、门户网站更能满足人们个性化表达需求。但从实质上来讲，名人博客仍然是一种以社会资源、专业权威为中心而进行传播的大众媒体。"

公众作为网民，现阶段在权力对新闻话语的控制方面实际上还没形成具有一定自主诠释的成熟性。相对新闻机构而言，其新闻生产在塑造新的社会现实上并没有形成气候。网上的许多事件曝光，不是公开分享生产过程、揭露权力操控或反思媒介生态，而只是以讹传讹的流言。

在这样的新场域下，传统媒体必须认清自己的优势和位置，重新定位自己，立足于专业和可信度，从而与业余的新闻生产拉开差距。以慢制快，以真制假，以深制浅，以综合性胜过碎片化。传统媒体要在互联网用户快速出击的新闻生产过程中维持冷静，求"慢"不求"快"，在新闻的第二落点对事件进行确切、平衡的报道。同时，挖掘深层信息，并通过提供综合性的信息为受众提供全面的分析和意义阐释。中国传媒业发展的最大活力和增长点在于技术的进步和制度的解放。技术层面的东西如果不通过制度就不可能转化为生产力。国家对互联网采取的政策比对传统媒体宽容，互联网更为自由的舆论尺度和活跃的互动交流彰显了制度的保障，与党管媒体的政策合力，将进一步释放生产力，促使中国媒体更具创造力。

社会政治结构依然，市场风云变幻，媒体生存险象环生，呼啸而来的庞大用户群欲借社交媒体之东风重构社会权利关系。面对复杂的各方位置关系，传统媒体在观念和心态上沉默坐等者寡，积极主动应声者众：一方面，在其个人化的社交媒体平台中开设微博微信等面向公众进行形象营销，确认行业典范，将新闻传播活动环节推到前台，重构传播者与受众之间的关系；另一方面，游走于新闻组织内部及媒介组织间，协调着新闻生产与社会各方控制力量的关系，为公众提供多元观点和深度报道，在公共议题报道方面发挥作用。

新闻生产者在网络新媒体环境下如此应对方方面面关系，压力只增不减。在具体的新闻实践中，也就应变出一些行之有效的新闻生产新模式来释放高压。

第二节　新闻生产的新模式

以数字化、及时性、互动性为特征的互联网新传播技术改变了传统媒介组织内部的沟通流程和机制，也提供了一个更为丰富的传递和分享信息的平台，多样性新闻消费给予新闻生产发展新的契机，为媒介组织的新闻采集和发布提供了新的生产模式。以下四种模式是当前正在实施的新闻生产新模式。

一、UGC 新闻模式

UGC（user-generated content）的含义是"用户生产内容"，指受众通过互联网或移动网络，以文字、图片、影像等形式制作发布资讯和观点等内容。在传统媒体生产模式里，受众只作为受访者或是爆料人间接参与新闻生产，如今受众都已直接参与新闻生产的各个环节中。尤其值得注意的是，移动 UGC 业务发展增强了人们真实记录生活的机会。在碎片时间里，人们用平板电脑写文章，用手机拍照片或视频，并可随时通过微博和微信公开发布。如果内容被关注，搜索引擎就会发现，门户和垂直网站编辑会向内容提供者提出合作意向并提供收益。移动运营商也希望借助 UGC 吸引更多的用户表达自己的感受，开辟新的业务增长点。这一切都将大大拓展用户新闻生产的空间。目前，社会性媒体兴盛，UGC 已经成为新闻内容的重要来源。

UGC 新闻模式指媒介组织挖掘和利用社会性媒体用户所生产的信息内容为自身服务，降低采编成本的新闻生产模式。主要应用分享形式包括博客、微博、微信、YouTube、Instagram 等图片视频分享网站等。2013 年，*Denier Post*（《丹佛邮报》）"Aurora Theater Shooting"专题使用 Twitter 和 Facebook 进行报道，获得普利策"突发新闻报道"奖。该事件在 Facebook 上做了近 48 页的报道，在 Twitter 上 24 小时不断有人跟踪该事件的进展。这展现了社交网站在突发新闻报道方面的作用。而随着图片或视频分享网站如 Flickr、YouTube、Hulu 等的普及，图片和视频素材也有了新的来源。2009 年 1 月 15 日曼哈顿哈德逊河坠机事件，用户给网站提供了大量优秀稿件和精彩的图片，其中一家软件公司的咨询师柯林斯将站在办公室窗前拍下的飞机冲进大楼时的照片传给了英国一家名叫"Scoopt"的移动网站，照片被英国的《伦敦时报》《太阳报》《泰晤士报》等报纸刊用。柯林斯的照片优于通讯社被选用的原因很简单，图片拍摄角度好，最能说明事件本身。

另外，一些非营利性新闻网站利用少数记者编辑和大量 UGC 内容，做出了质量颇高的新闻。一个名为 InsideClimate News 的网站赢得了 2013 年普利策"国家报道"奖。该网站所报道的加拿大沥青管道泄漏事件引起了美国社会的关注，而普利策委员会认为他们严谨地报道了国家原油管道的制度缺陷，并且专注在沥青泄漏造成的生态威胁。InsideClimate News 网站只有 7 名全职记者和自由撰稿人，网站上的新闻来自众多业余摄影爱好者、博客写手和摄影爱好者，不出版纸质刊物。

UGC 不仅改变了媒体集团垄断内容生产及传播的局面，也成为新闻生产的重要组织部分。传统媒体机构一方面利用 UGC 内容，对其内容进行筛选与优化、组织和整理，使其成为可利用的优质内容；另一方面还通过 UGC 内容增强体验感与媒体黏度，吸纳 UGC 用户，能带给传统媒体亲和力。同时，在 UGC 内容的生成与上传的整个环节中，用户本身已经参与了平台的搭建过程，如用户的订阅、浏览、收藏、评论等行为，实际上都帮助了其他用户选择内容并提供更好的呈现方式。

当然，UGC 模式也存在着明显不足，如用户生产的内容一般质量低，信息多为零散的碎片状，优质内容相对少；虽然受众参与传播的热情高，但缺乏遴选和"把关"，信息的真实性、客观公正性与导向性缺乏，有些言论明显不妥；用户生产者未经专业训练，综合素质等方面存在不足等。在重大事件、需要深入调查的新闻中，新闻编辑们的专业性决定了专业新闻记者依旧是这个新闻业的主力军。UGC 在新媒体与传统媒体、主流与草根之间架起了桥梁，结构了一种良性的互补并存的可能，而非你死我活的零和博弈。

二、众包新闻模式

众包（crowdsourcing）在前面已经介绍过了，指的是一个公司或机构把过去由员工执行的工作任务，以自由自愿的形式外包给非特定的大众网络的做法。众包行为并不是个新鲜事物，早在 1714 年，英国政府就悬赏 2 万英镑以期解决最棘手的科学难题"经度问题"。如今，互联网的普及使众包在许多领域成为可能，如 Linux 操作系统的开发、维基百科、视频分享网站 YouTube 都被视作经典的众包案例。

维基百科的新闻是使用众包模式进行内容生产的一个典型的成功例子。面对突发事件，"匿名编辑"更新新闻，不断补充内容，3 至 4 小时就可以完成一条基本完整的突发新闻，而且其细节程度有时远远超过专业新闻媒体。根据美国东北大学博士后布莱恩·基冈的研究，维基百科已经成为重要的"众包新闻"渠道，甚至可以在重要事件发生后数小时内汇集大量信息。基冈研究了 2012 年美国桑迪·胡克小学枪击案、2011 年挪威枪击案、2007 年弗吉尼亚理工学院枪击案等。几乎每次事件发生后，维基百科都会在一两个小时内给出有关的页面，一两天内便会吸引数千次编辑。一般情况下，在事件发生后的前几个小时，会有很多志愿者前来贡献内容，他们可能会增加细节信息或修正语法错误。另外，值得注意的是，桑迪·胡克小学枪击案的很多内容贡献者，之前从未在类似的枪击案中贡献过内容。从某种意义上讲，这些志愿者都成了维基百科专业编辑团队的一分子。但无论他们是何种身份，的确都在为事件的报道添砖加瓦，甚至充当了专业编辑的角色。

"众包新闻"最早起源于 2006 年由纽约大学新闻学教授杰伊·罗森发起的一

个涵盖职业和非职业参与者的实验性新闻项目——"零任务"（assignment zero），由《连线》和 NewAssignment.net 网合作，试图用众包的方法进行新闻调查。2007年，"零任务"网站设立，该网站首页就有众包新闻模式——"专业+业余"新闻，英语为"Pro-am journalism"，即由 Professional 和 Amateur 合成的缩写，指专业人士和业余爱好者组合形成的"专业+业余人士"。网站编程有特定软件设立一个"虚拟新闻中心"，普通人可以参与新闻生产；拥有各种专业知识的人可以在选择新闻题材时提出自己的意见，在新闻产生过程中提供自己的素材；专业新闻编辑负责收尾发布。罗森认为："业余新闻产品和类似新闻编辑室那样的指挥控制系统之间，有着天壤之别。"当大众对记者的工作进行补充而不是重复的时候才更有益处。他深信业余爱好者的工作不会取代职业记者体系，但会成为一个很好的补充。业余爱好者和职业人士的贡献最终会结合起来，以共同完成报道。

在专业新闻机构中，美国甘耐特媒体集团是较早在新闻生产中使用众包模式的。早在 2007 年，该集团将其旗下媒体的新闻编辑室都改为"信息中心"，信息中心以网络为首运作，着眼于全天候连续不断的跨媒体内容传播。充分利用互联网，放权于网民，共同参与新闻生产，减轻了内部员工的工作量，降低了制作成本，同时提高了新闻时效度和集团的品牌认知。

三、"迭代新闻"模式

迭代新闻（iterative journalism）由美国学者保罗·布拉德肖提出，他认为这是 21 世纪新闻生产的一种新旧媒体相结合的比较理想的模式。有国内学者将这种兼及速度与深度的新闻生产模式称为"钻石模型"。迭代新闻模式展现的报道流程是以互联网为核心平台进行的新闻生产。专业人员与用户进行广泛深入的互动。在迭代过程中，在快速基础上，逐渐逼近事件真相，抵达受众对新闻深度的要求。这一模式反映了网络媒介环境的巨大变化：新闻从静态的"产品"变成了动态的"过程"。部分取代了线性"瀑布流水式"的太过理想化的模式。

迭代新闻生产在迭代过程中完善，满足用户参与定制的信息需求。新闻从快到深分成快讯、初稿、报道、背景、分析、互动和定制 7 个阶段。

只要记者或编辑意识到一个新闻事件正在发生，就可以通过手机、无线网络等方式发出快讯。那些在 Twitter、SNS 订阅的用户很快就能得到更新的消息。快讯的好处是不遗漏重大新闻或做到独家消息的首发，这无疑会增强记者及编辑部在新闻界的名声。对一般新闻而言，也可以在报道中增加一些个性化的内容以吸引更多读者来看网站、报纸或电视。

对传统报纸文章或电视节目来说，新闻初稿显得过于粗糙，但却是完美的博客文章。发出快讯之后，记者可以在网上贴出一篇包括新闻当事人、发生地和一些细节的初稿文章，一旦有新鲜的事实还可随时补充进文章。初稿可以让受到快讯吸引的读者继续留在网站上，而且随着文章在博客中的传播，可以吸引更多的读者过来，以提高网站在搜索引擎上的排名。理想的情况下，这种做法还能获得其他人补充或细节修正，甚至有新的线索来完善记者的报道。

接着，初稿就成了一个生产价值更高的新闻产品——成熟的新闻稿。之后，就是新闻成稿的报道和新闻综述，可以在网上发布，也可以刊载到报纸上或在电视节目里播放。报道的发布时机则由报刊或广播、电视的生产流程来决定。背景的提供可以回到网上的无限空间里，利用超级文本链接到一系列文本、机构和解释，可以是内部档案，也可以是外部门户站点。

再接下来便是分析。通过收集在博客上的即时反馈，或是从消息灵通人士和有影响力的人那里得到意见，新闻报道者反思整个经历，并对新闻的意义有所阐述。

互动的出现要求投资和准备，但可以用其他媒体无法做到的方式吸引用户，为他们提供信息。同时，还能提供"长尾"资源从而在较长时间范围内产生反复的访问。例如，论坛是向人们提供聚集并分享经历和信息的地方，维基也可以做到这点，但论坛效果更好。在线聊天可以让用户直接接近新闻生产者、记者和专家。

定制阶段就应该是自动的了，依赖于用户按需定制的能力。最基础的就是订阅关于某一特定新闻的邮件、短信或是 RSS 源。更先进的服务也许包括社会化推荐（其他阅读此新闻的读者也读了……），或数据库驱动的新闻，让用户向下钻取信息（那条街发生什么啦？在我这个邮政编码范围有多少案子？这种税对于我这样收入的人来说意味着什么？）这意味着新闻生产过程包含了元标记、可以运行数据库的界面和一种始终用这种可能性来思考问题的文化。

在速度与信源多样性方面，"Twitter 似乎是专门为报道新闻和信息而生的，但由于其信息微观和碎片化特征，它在帮助人们理解新闻事件的来龙去脉和意义方面还有欠缺。因此，很多新闻虽然通过 Twitter 首次爆发，但直到《华尔街日报》《纽约时报》报道之后，人们才明白整个事件的来龙去脉。未来的媒体正在分成两股。一股是由从 Twitter 和手机上蜂拥而来的未经加工的新闻；另一股则是来自传统媒体的新闻。通过社会性媒体发布的新闻是传统媒体的辅助。传统媒体则要关注于提供分析、上下文以及至关重要的——智慧，而且是实时提供"。对于传统主流媒体而言，绝佳的搭配是对社会性媒体的速度与其本身主流媒体的深度能兼得。

在实践中，美国佛罗里达州坦帕市的传媒公司 Media General 就采取了这种速度与深度相结合的迭代新闻生产模式。传统媒体的专业记者通过互联网实时观测社会性媒体的举动，发现有价值的新闻线索，立刻深入采访，综合完善成有深度的新闻稿，反馈到社会性媒体上，使专业新闻生产与社会媒体及消费者循环互动，使新闻兼具深度和多元视角。

四、融合新闻模式

融合新闻（convergence journalism）模式是新旧媒体进行跨平台合作向目标受众进行新闻传播的一种创新性的新闻报道模式。

也有许多人将其等同于多媒体新闻（multimedia journalism），即理解为一种以互联网为平台，融合了文字、图片、视频等多媒体的报道手段的新兴新闻报道方式。例如，2012年《纽约时报》网的专题"雪崩"（snow fall）报道了16名有经验的滑雪者在华盛顿州的卡斯卡德山（cascade mountains）陷入雪崩的惨痛故事。专题融会了文字、图片、视频、动漫和交互式图形，并且是无缝式、连贯的"叙事流"，而不是把这些不同的元素拼接在一起，产生了强劲的传播效果。美国新闻编辑协会（ASNE）称它"为在线报道树立了新标准"。2013年3月，该专题获得斯克里普斯·霍华德奖和新闻编辑协会2012年度最佳新闻奖等奖项。

其实，从更丰富的含义上来说，融合新闻是一个由融合多媒体来表达新闻，到融合各个媒体新闻业务的合作，再到融合各个媒体所有权的由浅入深的过程。

从新闻生产方面讲，融合新闻指不同的新闻媒体可以统一在一个信息平台上，采集、编写和发布信息，相互取长补短，充分发挥各自媒介自身的特点，针对不同的受众，实现有效、广泛的信息传播。融合新闻不是同一内容不同形态方式组合叠加的"大杂烩"，其目的是增加信息量，适用于重大报道而不是一般新闻，是利用各种手段全方位、全过程的报道，能够达到一定的深度和广度。2002年2月21日，中央独家授权新华网在人民大会堂对中美两国元首共同会见记者等重大活动进行多媒体现场直播，新华网的摄像机第一次与CNN和中央电视台的摄像机并排架设，开创了全球真正意义上的网络多媒体现场直播的先河。2006年8月，超强台风"桑美"侵袭浙江省，浙江日报社迅速调派10多名记者，同温州、台州、丽水、宁波等分社的20多名记者一起，投入抗台一线。浙江电台新闻台全台为了使一线防台和救援信息更丰富、报道更全面，前方记者不断变换采访点，挖掘新闻线索，推出12小时不间断直播节目，仅台风登陆当天就有9档直播节目，播出新闻400多条。特别是浙江电视台，充分利用卫星连线、光缆连线、全球眼连线、电话连线等各种电视传播手段，临时增设12档直播节目，累计播出500分钟，创下该台重大突发事件报道时间跨度最长、播报密度最高的纪录。浙江在线新闻网站协同网上更新报道，为政府和群众之间的信息沟通架设了开放的通道。

在报道重大事件时，提供新闻全景并非某家新闻单位轻易能够做到，传统媒体在竞合过程中逐步形成了新的新闻融合呈现形式：报纸、广播、电视、门户网站强强联合，以新闻来源和表达形式多样化满足受众立体、全景感受新闻的需求，而重大事件报道一经结束，记者立即回归原有部门，暂时构建起来的融合媒体平台随之消失。2008年，北京奥运会形成了一个巨大的传播舞台，我国进行了大型融合新闻报道的实践。网络媒体第一次和电视媒体并肩，并且联合手机媒体在奥运赛场上转播奥运会，网络、广播、电视、手机等几大媒体利用数字技术在新闻业务上进行了广泛的合作，做到了内容共享。这不仅在奥运转播史上具有里程碑的意义，同时对网络媒体的发展也产生极大的影响，网络媒体借机上位，大大提高了其在人们心目中的地位。例如，搜狐通过与央视网的奥运战略合作，获得了最全的3800小时奥运视频内容，以直播和点播的方式供网民点击查看，并将INFO2008系统中的数据转化为赛场奥运视频，做到最快的赛场新闻发布。

美国南加州大学安利伯格传播学院教授Larry Pryor认为，融合新闻需要在融合新闻编辑部中产生。新闻工作者能同时为不同的媒体制作和发布新闻，利用互联网全天候更新的优势，在新闻采集上集各传统媒介的长处联合行动，以融合运作之利补各自独立运作之不足，通过生产流程的优化设计，在内部产品上做文章吸引不同受众需求，实现资源共享。

第三节　新闻生产流程再造

从生产组织方式的历史发展来看，产品竞争在本质上往往是生产组织方式的竞争。传统媒体新闻生产的过程是在以传者为中心的传播理念下组织的，严格按照新闻机构的章程与标准进行流水线般的生产，由新闻生产的各级"决定者"——编辑记者、媒体机构、政府层层把关。

如果将传统媒体对新闻事实进行选择、加工和发布的过程对应"福特制"流水线生产的话，新媒体新闻生产个性化、及时性和互动性的特点大约可以对应"后福特制"生产组织方式："持续创新＋敏捷制造"和"专业化＋网络化"。新媒体整合重构了传统媒体的新闻生产方式并逐渐演变成新的新闻流程。

一、传统媒体的新闻生产流程之变

新闻生产构成环节主要有新闻的选择、加工与传播。互联网技术的介入使新闻生产的这一链条和构成发生了重大变化：媒体的作用不再局限在独家新闻的发布上，也不可能垄断全部内容。在这一形势下，传统媒体需要选取丰富的内容，利用多种渠道，通过多媒体形式提供给受众，在对海量信息的整理中体现导向，在对网络优势的利用中满足日益增长的多样化、多层次、多方面需求。

（一）报社、通讯社新闻生产流程之变

以报纸为主的传统纸质媒体的新闻生产流程，其基本环节包括：采集—加工—发布—反馈，是线性结构的，在网络化发展过程中这一结构被打破。

例如，路透社从基本的线性流程发展了树网状分布结构。"为使某地区消息在最短时间内迅速传遍全球，路透社必须在世界范围内设立层次分明的立体传播网。在对这些新闻产品进行分类时，首先根据不同的要求设定不同的分类标准。例如，可以按照语种、终端渠道、媒介载体形态、报道题材等各种标准分类。按照语种分类，路透社的新闻产品可以分为 19 种，其中使用中文语言的就有中文文字报道；按照终端渠道分类，路透社的新闻产品可以发到适合不同用户使用的终端，有整合了所有路透财经资讯、适合市场人士的 R3000 系统，也有适用于媒体用户的路透社接收专线等；根据载体形态，可以将路透社新闻产品分为文字报道、图表、电视、照片、网络多媒体报道。"

作为英国的主流媒体，《每日电讯报》是英国每日电讯媒体集团出版的英国销量最高的报纸之一。该报的新闻编辑平台综合统筹报纸、网站、视频等业务的组织架构和运营模式。如图 4-1 所示。

图 4-1　每日电讯报编辑部新闻生产日常工作流程图

每日电讯报新闻编辑室使用大屏幕分析新闻点击量的排行情况，针对读者的阅读数量即时调整版面安排，部门小组头脑风暴和讨论决定新闻的采用等新闻生产机制的创新性变革。

（二）广播电视新闻生产流程之变

第一次世界大战期间，无线电广播充分发挥及时传播的优势，成为战争中人们接收信息的主要工具，奠定了自身作为继报纸之后又一大众传播新媒体的地位。广播的移动性、伴随性特点在今天依然非常符合移动新媒体发展，最容易利用社交媒体与广播自身结合；广播新闻采写编评与网络语言的语境特点也有相似之处，给广播跨越新媒体平台提供天然优势。例如，美国之音广播充分利用信息资源，把可以上网的文字、语音、声像节目全都搬上了网站，从而大大扩展了广播内容传播的距离和广度。另一方面，美国之音网站又大力推动网民去收听收看美国之音的广播电视。英文网设置的 Broadcasts、Programs 栏，中文网设置的"现场直播"栏，都起到这样的作用，而且还提供详细的节目时刻表，提供具体的接收指导。在中文网的"最新节目预告"栏里，有关于接收 VOA 卫星电视节目细致周到的服务内容。

而电视新闻生产流程在互联网环境下也发生了巨大变化。传统电视新闻制作的流程呈线性结构，如图 4-2 所示。

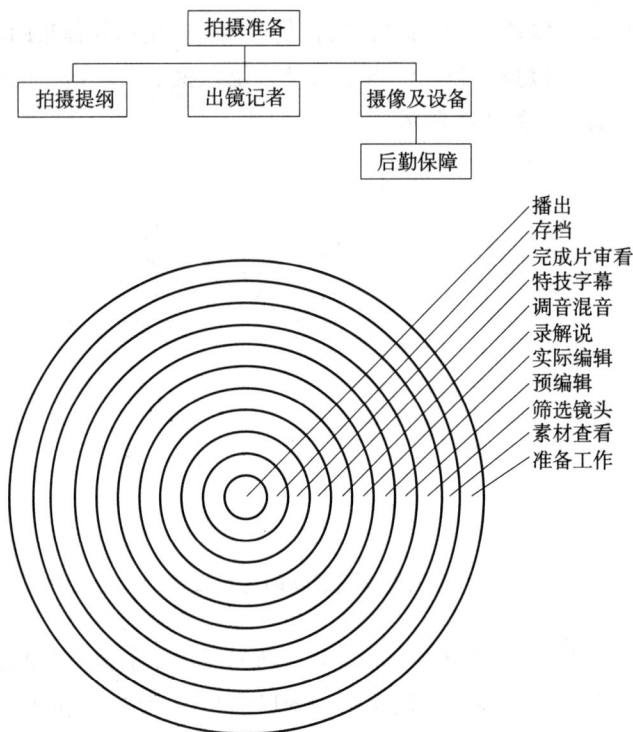

图 4-2　传统电视新闻前期、后期拍摄制作工作流程图

20 世纪 80 年代以后，摄像机的更新换代突飞猛进，开始向轻便化、一体化、数字化发展，设备和技术不但革新了日常报道新闻的方法，也使新闻外景制作发生了重大改变，数字化非线性编辑大大方便了新闻的剪辑。电视新闻的流程之变，使新闻工作者将资讯、传播、出版、通信和电视融为一体，呈扁平化特点，其与图 4-1 展示的每日电讯报编辑部新闻生产日常工作流程有异曲同工之处。特别是与自媒体的互动，是新闻生产流程再造的重点。

CNN 的 iReport 新闻制作实验充分说明了这一点。CNN.com 的编辑们设置了 Assignments（采写任务组），根据当日的新闻热点以及用户们的个人兴趣所在选择话题，在首页用醒目的版面显示出来，用户一旦打开 iReport，能够抓住"眼球"的话题立马得到关注，CNN 鼓励对话题感兴趣或是刚好处在新闻事件的现场的用户立刻上传自己制作的新闻报道。编辑们会在报道之后，利用博文对新闻点进行总结，引导受众关注当日的重大新闻事件。

这样，通过对新闻与信息的高效整合和用户自制的新闻，传统媒体也完善了自己的报道。比如，CNN 在关于飓风"艾琳"的电视新闻报道中，很大一部分影像资料都是身处飓风灾害区的广大用户拍摄并上传的。网站页面上有对用户的安全提醒，以人性化沟通的方式拉近用户距离，也保证了其源源不断的新闻现场影像。

二、新闻生产流程再造的关键点与具体步骤

新的新闻生产模式基本是对传统新闻采编流程的整合与重构，将传统媒体新闻采集与制作的线性流程逐渐演变成为在一个信息操作平台上，集中多种媒体、资源共享并采纳自媒体内容，按需制作成不同的新闻产品，根据用户特点传播的非线性、立体化的新闻生产流程。

在新流程再造过程中的两个关键点是：新闻传播主体的演变和新闻源的综合开发。前者是指职业新闻从业者从一家独大转变为与用户合作共享，后者是指新闻信息源渠道多元与新闻信息资源的优化配置。

新闻生产流程的再造主要从以下三点着手。

（一）观念更新与流程再造

新闻生产流程再造是传统媒体以最低成本获取最高效度的自我更新之道，流程再造过程强调承续性、兼容性、创新性。我们先看美国一个电视剧的例子。

《发展受阻》（*Arrested Development*）2003 年 11 月开播第 1 季，收视情况喜人。第 2 季、第 3 季时收视逐渐下降，被 Fox 分别从 22 集减为 18 集和 13 集。2013 年

5月，Netflix 重拾第 4 季，收视率惊人。新一季《发展受阻》的时长、角度、故事连贯节奏都和传统剧集不同，观众需要通过分析将一幕幕情节内容串联。而这种分线叙事、多线的结构模式打破了传统的广播电视剧集模式。Netflix 新创作的内容方式为消费者打造出一个全新的网络流媒体世界。

这种分线叙事、多线的结构模式是切合互联网媒体的一种创新，符合当今观众观看与互动参与行为，可让观众的感官有全方位的享受。所以，更新思维观念是第一位的。我国中央人民广播电台将理念实践于业务上，其《新闻纵横》栏目的报道就是一个可行的制作流程：事件＋相关信息背景＋评论，从几个大的模块分别去解读新闻事件，从新闻文本的结构上表现出非线性和灵活性的特点。如今，电视新闻能轻而易举地扩展和深化新闻内涵的表达空间，弹性实现新闻在线直播、新闻检索和链接，及时与文字、视音频交换，使报道产生全方位、多层次、立体化的传播效果。因此，不同媒体单位可根据具体实际情况编排合理流程。

流程的合理编排主要表现在优化采编沟通上。各个媒体单位应在采访、编辑版面或安排版块的规律性上进行归纳总结，把共性的部分整理出来。为了清晰展现采、编、播流程，可以整理成流程图或流程手册，从总体上做出阶段性规定，再做实时调整。即便是面临复杂的互联网，也能应对自如。

（二）全员参与与上下沟通

拍电影（动画）是需要高度协作的。一些大片需要大量资金投入以及几十甚至几百人的协同工作。为了使得制作工作顺利进行，这里需要一种交流方法，它使得各部门分别做出各种决定，并协调导演和高层团队的工作。分镜头脚本画面就是团队交流视觉构想时的必要工具。将摄像机运动的角度、人物角色的调度、特技特效的数量按照镜号标示出来，各部门人员就可按部就班各就各位，无论审美上还是拍摄资金控制上都能有效执行。

新闻制作不会像电影一样前期预设计，但其常规的流程也与分镜设计一样需要上下沟通，哪怕遇到重大和突发新闻，也可以分门别类地梳理，遵章办事，有条不紊。互联网技术可以为采编内部沟通提供网络平台，让采编实现同步交流。业务的沟通交流甚至可以越过科层，进行扁平化操作。其处理流程也是有规律可循的，也是可以归纳总结出来的。

（三）机动应对与流程再造

互联网环境下，信息源的丰富充满了开掘新的新闻价值的可能；互动传播改写了用户和编辑之间的对话与沟通的时空界限，移动终端使新闻生产的时间被进一步压缩，新闻报道成了一种进行时……在如此高压的状态下，如何保证新闻的质量和传播效果，也是对媒体现有的新闻生产流程与机制的挑战。媒体机构和媒体人必须改变新闻生产部门管理造成的隔离局面，快速地进行新闻的发现、判断与传播一体化、整合性的完善过程。

新闻生产的流程再造要解决海量新闻素材的选择、新闻价值的判断、内容的生产成本控制、新闻分发渠道建制、新闻产品的用户反馈，特别是用户信息管理等问题。

当今信息技术发展迅速，主流媒体在与新媒体握手言和进行流程再造时，更应注重品牌力量，利用渠道做强内容提供给受众，在海量信息流中体现导向作用，彰显价值。

第四节　全媒体时代的新闻生产者

在全媒体新闻生产过程中，新闻生产的主体是一个核心因素，直接决定着全媒体新闻生产的数量和质量。因此，观察完了生产平台，接下来要就要看一看新闻生产者在新媒体环境下的变化。

人才始终是新闻生产的第一生产力。毋庸讳言，最近几年来，传统媒体对人才的吸引力呈现出明显下降的态势，优秀的人才留不住，优秀的毕业生也不再把到传统媒体工作作为主要的就业方向，传统媒体面临着很大的人才困境。

要把全媒体新闻搞好，第一要务就是要把人才队伍团结好，想走的不要强留；不走的人只要待一天，就要扎扎实实做好一天的工作。媒体单位要舍得投入，特别是在挽留优秀人才的时候要舍得花本钱，同时要敢于裁撤掉那些冗员，用裁撤冗员的钱把好用的人养起来。

具体来说，这里主要讲以下三个方面的问题。

第一，全媒体新闻生产中，报业对人才的需求发生了哪些变化？哪些人才一如既往没有变动？哪些又是新增加的或者要慢慢淘汰的？同时，会探讨如何通过采编职务序列改革等方法调动采编人员的积极性。如果一定要裁员，裁员如何进行？

第二，在新媒体环境下，新闻生产越来越具有了"社会化生产"的特征，如柴静制作的《柴静调查——穹顶之下》（以下简称《穹顶之下》），这些都不是专业新闻机构所生产的产品，但是这样的机构和产品现在却越来越多。怎么解释这个现象？专业新闻生产者和社会化新闻生产者之间是一种什么关系？

第三，以2015年4月发生的尼泊尔地震采访为例，探讨在突发新闻来临的时候，记者还要不要到新闻现场？到了新闻现场应该怎样展开采访？而这样的问题，在"前全媒体新闻生产时代"根本就无须讨论。

一、新闻从业者的变化

（一）媒体机构用人需求的变化

从学校教育来讲，新闻学院是传媒人才最大的一个供给方，媒体机构是传媒人才的一个主要需求方，在这个供求关系中，这些年双方都在变。相对来说，需求方变化更大，更剧烈，因为需求方的需求发生了很大变化。与此同时，需求的变化也会缓慢地影响到供给。

在新媒体时代，媒体机构对专业人才的渴求程度大大提高，这种渴求主要不是数量上的，而是质量上的。媒体用人的数量或许减少了，但是对复合型、高素质人才的需求却明显加大了。

以前常听人说"新闻无学"，去媒体工作的毕业生不一定是要学新闻的，也就是说新闻工作的门槛比较低，到了现在更有人说"人人都是记者"，学新闻的学生，就业前景不好。

但是，这样的状况很快就会改变，在新媒体环境下，进入新闻行业的门槛不是降低了，而是提高了。要把新闻做好，既要懂全媒体的采编技术，还要懂经营懂产业懂技术，这样的复合型素质，如果不在新闻院系专门学习的话，是不可能掌握的，甚至只学4年远远不够，要像医学院那样连学5年或者7年。当然，新闻院校的培养方式要改革，课程要跟上时代的需要。

不过，新闻学院毕业生不一定要进专业新闻机构工作。如今处于新媒体时代，大众化媒体的时代基本结束了，专业新闻机构，像广州日报报业集团、中央电视台这样的专业生产新闻的机构不会再一家独大，新闻生产越来越社会化甚至是个体化。比如，2014年以来，中纪委的网站就是一个很好的媒体终端，中纪委不是一个专业的新闻机构，但是它每周都在生产和发布高素质的新闻，而原来这些新闻的发布一般要通过新华社，现在中纪委自己就完成了。

所以，新闻院系的毕业生会有更多的选择机会，不一定要去专业媒体机构就职，各个政府机关、商业机构都需要大量的媒体人才。

总之，在网络环境下，新闻学院的毕业生就业前景是非常光明的。

（二）由生产者发展为经营者

全媒体发展背景下，整个媒介环境发生翻天覆地的变化，对处于这一领域的新闻工作者产生重大影响。职业素养所包含的内容呈现多样化的特征，严格性更加突出，需要新闻工作者立足全媒体发展背景，结合自身实际，进行有目的性的调整和改变。要立足全媒体时代的特征，全面实行职业素养的提升。

在全媒体影响下，媒介融合深度加强，促使媒体竞争异常激烈。立足统一的发展环境中，媒介界限呈现不清晰的状态，促使媒体工作者职业界限被混淆，极具模糊特征。这在根本上促使传统媒体作业方式被改变，在根本上决定了全媒体时代作业模式的创新与改变。借助不断发展的信息技术，实现多种媒介采编作业的融合，强化资源的高度共享，在集中处理模式中，形成不同形式的信息产品，体现在各自不同的传播平台，呈现给大众。立足经济学进行研究，针对同一新闻主题，不同媒介所需要支付的采访成本存在差异，主要受到采访环境以及采访技巧等因素的影响。因此，如果在全媒体的应用下，将不同形态的媒体进行整合，强化协同效应的实现，对同一新闻信息进行包装处理之后，用于不同媒体平台的传播，在很大程度上实现成本的节约，经济性较为突出。

立足实效，全媒体形成与新媒体形式出现成为发展的必然。立足这一发展环境，受众也发生变化。从传播学角度进行探讨，受众突破自身地位的限制，不再是传播过程中固有的接收端，形成独立的链条。新媒体突出的特征就是自主性较强，能够进行更加广泛的选择，不再拘泥于使用与满足。在媒介的作用下，有利于品牌观念的加强，对以信息生产和传播为职业的新闻工作者而言，生存状况面临挑战。

二、新闻生产的社会化

（一）从中纪委网站看新闻生产的社会化

2014年12月17日晚间，在由中纪委宣传部和央视联合摄制的电视专题片《作风建设永远在路上——落实中共中央八项规定精神正风肃纪纪实》第三集《狠抓节点》中，中纪委"周五打老虎、周一拍苍蝇"时间规律首次有了官方解释。

《作风建设永远在路上——落实中共中央八项规定精神正风肃纪纪实》是由中纪委宣传部、央视联合摄制。该电视专题片共四集，第一集《承诺与期盼》，第二集《正风肃纪》，第三集《狠抓节点》，第四集《党风正民风淳》。

中纪委网站这种"自媒体"的形成是2014年、2015年中国传播学界的一个热点现象，代表了未来新闻生产"社会化"和"分散化"的发展趋势。在这种趋势下，报纸、电视、电台这些"专业新闻生产机构"未来如何发展，值得思考和关注。

1."周五打老虎、周一拍苍蝇"

据悉，第十八届中共中央政治局常委王岐山2012年11月提出，要打造中纪委新的网站，把原先的监察部网站、国家预防腐败局网站等"五网合一"。2013年9月2日，中纪委监察部网站正式开通，王岐山出席开通仪式并按下了网站启动按钮。

网站开通后，因之前多由新华社发布的官员落马的消息（周永康、徐才厚等除外）几乎全部由该网首发等诸多因素，中纪委官网"成为一个被公众高度关注、频繁点击的网站，成为党风廉政建设的舆论高地，成为监督执纪的有效平台"。例如，广东省被打掉的"老虎"之一朱明国就是中纪委在2014年11月28日（周五）对外宣布的，中纪委监察部网站当天15时20分发布消息："广东省政协主席朱明国涉嫌严重违纪违法，目前正接受组织调查。"随后，这一消息迅速被各大媒体转发。

中纪委监察部网站开通后，外界通过追踪观察，了解到该网首发或转发官员落马的消息有着明显的时间规律，即"周五打老虎、周一拍苍蝇"。

2.运用传播规律，形成"点击期待"

中央电视台2014年12月17日晚间黄金时段播放的《狠抓节点》首次披露了这种规律的内情，即中纪委监察部网站"巧妙地运用传播规律"：他们坚持在一段时期里相对较多地在每周五公布最新案情。几周下来，敏感的公共媒体和网民们就发现了这个规律，并且开始定时守候。这种"点击期待"也迅速地成为一个公共话题，进一步扩大了中纪委网站的影响力。

3."政府自媒体""商业自媒体"快速发展

站在新闻传播学的角度来看，中纪委网站这种官方办的"政府自媒体"和苹果公司、广之旅公司这类商业机构办的"企业自媒体"是2014年、2015年中国新闻传播学界的一件大事。

从广告经营的角度去看这个问题，很多广告客户对传统媒体的依赖和需求在下降，如地产公司既会在《广州日报》上做广告，同时又会在自己的网站上做广告，发布新产品的途径增多。

最显著的就是广之旅和南湖国旅，他们历来都是广州日报的旅游大客户，现在依然还是。但是，如果我们浏览一下这两家旅行社的网站，会发现各种旅游产品的信息已经非常周全。以至人们会怀疑，旅游公司在报纸上做广告是不是专门给还不习惯上网的老年人看的？

2014年以来，中纪委网站异军突起，最高人民法院也在积极改善自己网站的运营，这些掌握大量新闻线索的政府或者商业机构，稍微一发力，就会对传统的新闻生产方式带来巨大冲击和变化。

4. 新闻生产的社会化和分散化

实际上，这种自媒体的发展在微博时代就已经开始了，新浪微博上的各种"大V"也是"自媒体"，有广泛的影响力，但是各个"大V"毕竟还是个人，掌握的新闻素材有限，在评论和个人生活方式上有发挥的余地，但在"硬新闻"的生产上还是差了很多。

到了如今，无论是中纪委还是最高人民法院都有了"硬新闻"的生产能力，苹果手机公司、旅游公司在服务方面也已经做得非常到位。这些事情远不是一两个作为个人的"大V"所能做的。因此，现在的这种生产方式真正是一种分散化的、社会化的生产方式。

5. 新闻生产"社会化"与"开放化"的关系

那么，新闻生产的"社会化"和新闻生产的"开放化"是什么关系？简单来讲，新闻生产"社会化"是相对于新闻生产"专业化"而言的，而新闻生产"开放化"是相对于新闻生产"闭合化"而言的。互联网尤其是移动互联网之前的新闻生产基本是报纸、电视台、电台这些专业机构完成的，社会各方向这里输送原材料，经过这些专业机构的加工，再向社会发布。如今的新闻生产，则是在一个个类似中纪委网站这样的社会化机构内完成的，完成后独自发布。

"开放"和"闭合"说的则是专业新闻生产机构内部的变化，在互联网的冲击下，专业新闻生产机构内部的流程发生了重大变化，表现出从"闭合"到不断"开放"的特征。

6. 新闻生产"社会化"带来的变化

新闻生产社会化带来的变化是全方位的，也是革命性的，会引发一连串的反应，这里只能讨论以下几点。

（1）新闻教育怎么办？毫无疑问，新闻教育一定要改革，不能再专门或者重点面向专业新闻机构去培养人才。将来新闻系的毕业生会越来越多地进入政府和商业机构的新闻生产部门去工作，而不是进入专业新闻生产机构去就业，我们的毕业生有没有掌握这样的生产本领？

（2）政府或者企业的自媒体如何发展？虽说自媒体的发展潜力巨大，但能不能做好也是一个问题，中纪委网站说自己掌握了一定的传播规律，是指发布时间上的，其实传播的规律有好多内容，要掌握的还有很多。接下来的这几年，或许会有各类机构向传统媒体"挖人"的小高潮。另外，以前，新闻系毕业生在这类机构里做的经常是"公共关系"的工作，以后，这批人更主要的工作是建设好自己的新闻发布平台。

（3）专业新闻生产机构怎么办？在这种趋势面前，专业新闻机构怎么去应对，这是一个大问题，专业机构依然有前景，问题是怎么去调适，怎么提高自己的生产能力，怎么处理好与各类自媒体的关系。

（二）从《穹顶之下》看新闻生产的社会化

2015 年 2 月 28 日，这一天，相信中国绝大多数网民都在观看和讨论同一部纪录片，就是《穹顶之下》。

从实用传播学的视角，可总结为以下几点。

第一，准确把握报道尺度，是一切传播的基础。

在我国现在这个阶段，任何要传播的内容都会有一个尺度，不能想说什么就说什么。柴静这个 103 分钟的纪录片依然保留了她做新闻调查时的犀利，批评色彩是很明显的，特别是在前 80 分钟，对雾霾现状和管理体制的批判力度很大。

但是到了最后一集，内容回到了"每个公民可以为雾霾减少做点什么"的问题上，雾霾的产生和很多东西有关，餐馆油烟、工地扬尘、加油站雾气，每个公民都可以去尽自己的一点减排义务。看到这里，这个纪录片就安全了。因为这样一个指向所有人而不单单是政府的结局，减弱了对体制的批评力度。

无论在传统媒体平台上还是新媒体平台上，要把自己制作的内容顺利地传播出去，就一定要符合有关部门的要求，否则就只能在"地下"传播。在这一点上，这部纪录片找到了批判和安全传播的结合点，也可以说是一部"可以容忍"的纪录片。

第二，内容制作专业精良，是良好传播的核心。

就一部影像片来说，《穹顶之下》达 100 多分钟，算是很长的了，要把观众的眼光留住，一定要有很好的内容支撑，否则几眼就过去了。恰恰在这一点上，《穹顶之下》是一部严肃认真的作品，内容扎实，制作精良。

从片中可以看到，柴静走访了多个污染现场寻找雾霾根源，并赴多国实地拍摄治污经验。这次关于雾霾的调查，被认为"非机构、非记者所做的信源最权威、信息最立体、视野最开阔、手段最丰富、最有行动感的雾霾调查"。在与观众交流的现场，柴静综合运用演讲、现场演示、视频展示和网络传播这四大手段，剖析了给中国带来严重大气污染的燃煤和燃油存在的四大问题。

在如今的新媒体时代，每天可看的内容有很多，但大多是粗制滥造的东西，像柴静这般用心用时用钱去打造这么一部纪录片的做法还是很少见的，看看纪录片最后那一长串制作团队名单，你就知道它的投入有多大了。笔者认为，内容的充实有料正是这部纪录片得以在短时间内迅速传播的核心因素。

第三，名人效应和女儿病情，是迅速传播的助推器。

优质内容非常重要，但是只有优质内容也不行，一个作品要获得好的传播效果，还需要其他要素的配合。

具体到柴静这部纪录片在当天的迅速传播，柴静本人的名人效应是很重要的，如果不是名人制作，同样的作品很可能火不起来；即使火起来，也需要一个比较漫长的发酵过程。同时，名人就是名人，在这部纪录片中，柴静发挥了相当大的作用，衣着得体就不说了，旁白很棒，表达流利更有"文艺范"。

此外，纪录片透露的她女儿未出生就患上了肿瘤，也是传播中的一个"新闻点"，成为传播中的一个有力助推器。关于这一点，大家看看网络上的新闻标题就知道了，标题中基本都少不了"女儿患病"这个新闻点。看后来南方周末记者写的关于此事的稿子，柴静当初在要不要透露女儿病情上犹豫了很久，最后还是透露了，这固然有叙事的需求，但肯定也有传播上的考虑。

第四，新媒体时代，传播渠道和平台"公共化"，信息传播显威力。

柴静制作的这篇雾霾报道，按照互联网术语，是典型的UGC，虽然这个用户不是一个个体用户，而是一个庞大的专业团队。只要内容好，传播平台和渠道已经不再是问题，因为已经有了大量的公众平台为这类纪录片提供刊发阵地。

这样一种情况，在前网络时代是不可思议的，那个时候，刊发平台就是那么有限的几个，或者报纸，或者电视，或者广播电台，除此以外，别无他家。所有的内容要想传播出去，只能从这几个渠道里面选择一种。前网络时代是一个"渠道为王"的时代，而如今则是一个"内容为王"的时代，平台和渠道则早已"公共化"，新闻生产也因此极大地"社会化"。

从具体的传播路径来看，微信朋友圈的传播越来越彰显威力。一个事件、一条新闻只要能够在朋友圈里转发开来，这个事件、这条新闻的传播效果就能够得到保证。因为，现在大部分网友的生活和工作已经离不开微信，微信成为网友获取信息甚至是生活的第一入口。

第五，科普新闻大有可为，科普传播的规律值得研究总结。

对于当下的中国人来说，"雾霾"是一个家喻户晓的名词了，媒体上关于雾霾的报道非常多，本以为对雾霾知道得很多了，直到当天看了柴静的这个纪录片，才知道原来对雾霾知之甚少——为什么会这样？笔者认为，这与当下中国媒体对科普新闻不够重视有一定的关系。

雾霾是一个自然现象，从大的范畴来说，新闻媒体上关于雾霾的报道属于科普新闻，这类新闻不能太专业，否则读者和观众看不明白；但又不能太随意，否则会违背科学原理。这样的报道不好写，需要高手去操作，同时也需要媒体机构的领导高度重视，舍得拿出版面和时段去刊发这样的报道。但是，事实上，在中国绝大多数媒体上，这样的报道是非常稀少的。

拿雾霾来说，2007 年以后（据说那一年是中国的雾霾元年），中国的媒体做了那么多的报道，但是像柴静这样既有科学原理又有人文思考的作品还是太少了，要不然柴静的这个纪录片也不会一日爆红。

中国传统媒体的读者在流失，但是高端读者一直很稳定，报纸要继续有影响力，就一定要转变采编思路，"艺术化"地去进行新闻生产，有目的地去满足这批高端读者的阅读需求，不能再主打"鸡飞狗跳的社会新闻"，而科普新闻就是很有发展潜力的一类新闻。

（三）专业新闻机构向《穹顶之下》学习什么

《穹顶之下》是一个"现象级"产品，但不具有可复制性。这是因为，抛开雾霾的治理不说，在传媒领域，柴静的这部《穹顶之下》的确是新媒体时代的一个"现象级"事物，值得去认真研究和分析，那天订阅号文章中就不乏这样的标题：《柴静〈穹顶之下〉可能会、应该会改写的新闻学》《柴静雾霾调查对新闻业的颠覆意义》《〈穹顶之下〉点击破 3100 万——官媒与自媒体的一次分水岭》等。

这些文章写得都不错，它们的作者很敏感，对柴静的这么一部心血之作、也可能是旷世之作可能给传媒圈带来的改变做了各自的分析和预测。但是，这些文章都过分估计了《穹顶之下》的意义，特别是那几篇用"颠覆""分水岭""改写"等"大词"所写的文章。

原因很简单，就是这样的新闻作品产生于体制之外，柴静已经不是一名记者，更不是中央电视台的记者，她现在的身份是一个"公民"，一个普通公民是没有采访和发表新闻作品资格的。这在我国有明确规定，采访要有记者证，而记者证如何得来有一套严格的规范。

在这个意义上，笔者认为《穹顶之下》注定是一部"昙花一现"的作品，不可能开拓一个"独立调查记者"的时代，更不可能"改写"新闻史，这部作品充其量是钻了现有网络新闻管理的一个漏洞。如果有漏洞的话，这个漏洞很快就会被堵上。从新闻管理的角度来说，这是不用避讳的，任何国家和地区都会这么做，新闻的采写发布一定要有规则，记者证就是明确的规则之一。

这么说，并不代表降低了对柴静这部作品的敬意，抛开上面说的体制性问题，对这部作品充满敬意。不只是有敬意，而且会驱动行动。比如，本来是想开车的，一想到柴静在《穹顶之下》最后的教诲，笔者就果断放弃了开车，步行5000米回了单位。

选题的问题不说，平台的问题也不说，名人效应也不说，单从作品的采写与呈现技术上来说，这部纪录片也非常值得新闻机构的采编人员好好学习。而这些都是这部纪录片"一日爆红"的重要原因，这里面可借鉴的东西有很多，不能一一列举，只列举下面这三点。

第一，清晰的逻辑结构。

柴静这部103分钟的纪录片，逻辑非常清晰。比如，纪录片的前6分钟讲的是"为什么会做这个调查"；第6～12分钟讲的是"什么是雾霾"；第12～60分钟讲的是"雾霾从哪里来"，包括煤和油两大部分；第60～90分钟讲的是体制性问题，经济发展方式导致雾的产生；第90～103分钟讲的是"公众可以为雾霾减少做点什么"。

逻辑是一种很强大的力量，特别是对于长篇深度报道来讲，更是这样。

第二，多媒体的呈现方式。

在一个讲堂里，如果只是柴静一个人从头说到尾，103分钟，口才再好，估计都不行。但是配合上多媒体的展示，在演讲中不时插上一段采访录像或者是数据表格，效果马上就不一样了。

在雾霾这个问题上，财新传媒之前做过很多篇报道，如果单就专业性和深度来讲，丝毫不亚于《穹顶之下》，但是为什么没有给大家留下深刻的印象？笔者认为原因很多，但呈现方式肯定是一个重要原因。这么严肃的话题，具有这么强的科学性，又牵涉到那么多公共管理的问题，如果只是用文字表达，最多配上几张照片，这样的呈现方式在这个新媒体的环境下，肯定是不够的。

对于报纸的新闻生产来说，这部纪录片的借鉴意义就更大。新媒体时代到来之前，报纸上只能发表文字和照片，如今报纸搞媒体融合，都有了新媒体平台，完全可以把原来一个纯粹的文字报道操作成一个多媒体报道，然后在自己的新媒体平台上刊发。在这个领域，报纸的发展空间非常广阔，所需的就是新的采编机制和技术人才。

第三，有趣的"插科打诨"，调节叙事气氛。

这么严肃的题材，这么长的纪录片，如果从头到尾一本正经地去说，估计观众也受不了，也很难一口气看完，看过的都知道，这部纪录片在严肃之余也不断给观众带来会心的一笑，缓解过度紧张的情绪，提升了观看的效果。

这主要有赖于两方面的插科打诨。一是柴静坦露的一些感受，如山西和河北，哪一个烧煤更多？二是一些来自一线的采访画面，如汽车制造厂家负责人的支支吾吾、浙江老板的嗅觉不敏锐等。毫无疑问，这些真实的感受和采访画面调节了这个纪录片的气氛，大大增强了纪录片的可视性。

三、新媒介下的新闻采写

（一）媒体环境改变对传统媒体的影响

第一，媒体环境彻底改变了，移动互联网的快速发展改变了传统的媒体环境和操作理念。

众所周知，2010 年前后，伴随着 3G 网络和苹果手机的广泛使用，移动互联网开始迅猛发展，微博、微信崭露头角，中国人获取信息的渠道发生了很大改变，手机成了很多人获取信息的主渠道。在这之前，互联网基本还是 PC 互联网的时代，PC 只能在家中或者办公室使用，这样的一个物理特性决定了它不能成为大众随处可用的信息终端。移动互联网彻底改变了这个局面。

在这样一个信息快速传播的时代，虽说专业新闻机构的专业记者仍然大有可为，但是事实上，在很多时候，"自媒体"记者已经冲在了前面，留给专业记者的空间在不断缩小，在动态新闻的发布上更是如此。

第二，2010 年以后，传统报业经营形势日渐严峻，用以支持跨国采访的采编费用不断下降。

上海报业集团的情况在全国报业中应该具有非常强的代表性，事实上，广告收入下滑不只是 2015 年的事，而是从 2010 年开始一直在持续，时间上与移动互联网的崛起是同步的。报业的营收困难了，用以采编的费用随之下降，特别是跨国采访。

第三，有实力的媒体不能放弃做"一手新闻"的追求，现场采访一方面可以做出好新闻，另一方面也有很好的品牌价值。

如今人人都可以做新闻，但是并非人人都可以做出优质的新闻，真正优质的新闻还是要靠专业记者去完成。把新闻做好，对报社来说，除了给读者提供优质的新闻产品，可以更好地展现报社的综合实力，是一个很好的品牌营销活动。

第四，从理论上讲，重大突发新闻是深度报道的一类重要选题，深度报道的下滑注定了突发新闻采访的下滑。

中国新闻深度报道在 2000—2010 年出现了一个辉煌时期，是一个小的"黄金年代"，2010 年以后，深度报道则进入了快速的下滑期。重大突发新闻，无论是国内的还是国外的，都是深度报道的一类重要选题，也可以说是最重要的深度报道选题，深度报道进入了下滑期，说明重大突发新闻遇到了下滑期。

（二）在媒体环境改变下对待报纸差错要和蔼

对待报纸差错要和蔼，但也不能无原则地去谅解。

2015 年 11 月 13 日，某报 5 版发生了一则差错，将市委书记在会上"致辞"错写为"辞职"，"众创"写成"重创"。随后，该报发了致歉声明。

针对这样的差错，有读者认为，"大多数情况下不过是编辑人员偶尔的失误，单位可以惩罚，受众应该监督，只是没必要小题大做。也有读者认为，"不建议做过多解读，因为大家的扩散，可能会加重对编辑的处罚。对内质量把控很重要，对外理解他人不容易"。

差错都能以"无心之错"的理由谅解吗？不能一概而论，还是要具体分析，区别对待。下面几点，供大家参考。

第一，差错不能超过行业能够容许的范围。

把"致辞"写成"辞职"，不能被外界和同行理解和谅解。因为这样的差错不只是打错字的问题，而是整个词组打错或者用错了，换句话说，采编或检校太过粗心大意，超出了行业容许的范围。

把"众创"写成"重创"在一定意义上还可以理解，因为毕竟是很容易在拼音输入过程中出现的问题，但是把"致辞"写成"辞职"就不是一般的输入错误了。搞文字工作的人应该清楚，这两个错误之间有着原则性的差别，不能等同视之。

第二，人员流动频繁新常态下，差错率上升。

长期在媒体单位工作，差错是难以完全避免的，但是，连续出现这么多起比较严重的差错，如此密集，如此集中，还是要引起同行们的高度注意。

这些差错的出现除了和具体的当事人有关之外，也和当前的报业大环境有一定的关联。报业营收能力下降，身在报业之中的人收入没有增长，周边不断有同事离开或者酝酿离开。在如此氛围之下，一部分人就没有原来那么淡定和专注了，投入到写稿和验校中的注意力下降了，差错发生的概率自然就加大了。

还有一些从业人员边看手机边打字，注意力被微信和 QQ 占去不少。俗话说"一心不可二用"，现在却是一心几用，导致有些差错看不出来，流入了下一个环节。

从报社的角度来说，要正视"人心思变"的客观现实，报业这个行业整体上对人才的吸引力不再像以前那么大，人员流动频繁已经是一个新常态，在此过程中，差错出现的概率比以往要大得多，要有针对性地完善采编流程，要对员工的思想状态有深入的了解。

四、高校全媒体记者建设

（一）美国高校新闻全媒体人才培养分析

国外全媒体人才培养领域中，美国高校一直处于领先行列，其中最为著名的一是由普利策创办，同时也是普利策新闻奖的依托单位——哥伦比亚大学新闻学院；二是拥有悠久的历史和高质量的新闻教育，以及以"密苏里方法"而在国际上享有盛誉的密苏里新闻学院。

（1）人才培养目标。对新闻专业的人才，美国高校十分明确地强调，就是培养记者，能够使他们写好新闻，学会写好新闻的能力。因此，学校很重视培养学生们的新闻职业精神和新闻实际业务的能力，而传播学教育相对来说偏重于培养理论研究方面的人才。

美国新闻教育的目标明确，就是训练学生掌握一名记者的基本技能：采访、写作、编辑及评论等基本业务，感觉、搜寻、提取新闻的积极性，同时又要重视新闻职业精神的培养和社会科学理论的学习。这种训练使毕业生既具有较强的业务能力，适应社会传媒业的需要，同时又具备一定的理论修养和研究能力，得到社会的欢迎和认可。

美国新闻院校对学生的培养目标各有特色，具体的新闻教育院校定位有：以哥伦比亚大学为代表的强调新闻专业主义精神，培养实践型人才；以密苏里大学为代表的新闻传播型人才路线，培养能掌握多种传媒技术的能手，各新闻专业的教育虽然各有特点，但都体现出强化新闻专业的理论与技能教育，培养学生公正、平衡、精确的新闻专业理念与精神。

（2）人才培养层次。新闻专业方面的人才培养，主要是在本科和硕士研究生这个层次，较少培养新闻学博士，博士生层次主要是作为高校的新闻教师和科研人员，而且一般都是在传播学专业。

（3）教学内容与培养模式。

① 新闻学专业在教学内容上，主要侧重一些实际业务方面的课程和专业精神方面的课程，不开很多理论方面的课程，如哥伦比亚大学新闻学院就明确表示不培养新闻理论人才。从本科生的非专业课程和专业课程设置可以看出，美国高校新闻学院构建了 T 型课程体系，不仅重视与新闻工作相关的各类人文社会科学的

教育，增加学生知识储备的广度，它相当于字母 T 的一横，也重视新闻学的教育，即增加学生本学科的专业深度，它相当于字母 T 的一竖。相对于研究经验而言，实践经验更有助于新闻专业的教学和科研。从业经验丰富的教师能够更有效地讲授新闻业务知识，指导学生课堂实践和专业实践，并且根据自己多年的从业经验，进行更加深入的科学研究。

② 美国新闻教育内容相当广泛，其核心内容包括三个方面：一是专业和综合的课程；二是训练实践技能；三是专业性道德教育。美国新闻专业的课程设置以新闻传播业务课程为中心，注重学生实践技能的锻炼，课程划分细致、专业化程度高。

③ 无论本科生，还是硕士研究生，美国的传媒教育一般都是小班授课，上课人数控制在 20 人以内。其授课方式以研讨居多，教师讲授比较少。一些实践性强的课程，如新闻写作、影视创作等，教师要求学生结合作品来阐述自己的理解，学生之间要进行充分讨论，教师再进行点评和引导。一些理论性强的课程，如传播理论、电影批评等课程，学生要下功夫去查阅资料，课外阅读量很大，衡量教学效果的标准是看学生的独立研究能力和创造新知识能力是否得到提高。所以，这种以学生为主体的教学方式，学生虽然比较辛苦，但能使每一名学生得到关注、锻炼和成长。

④ 控制规模，新闻学与传播学同步发展，师资倚重业界资深人才，国际化程度高，教材无固定化，图书馆资料丰富，注重通识教育、精讲多练、师生互动等，这些都是美国新闻传播教育的现状和特色。

（4）实践课程。美国高校实践体系完备，大多设有实践基地，如电视台、报社等，与我国的学校电视台、报社运作方式不同，美国高校实践基地十分重视与社会的接轨。密苏里新闻学院拥有的是"真正的"报社、电台、电视台，学院主办的电视台是美国国家广播电视台 NBC 的一个分支机构，也是全世界唯一的一家由学生担任记者、制片人和电视录像制作人的商业电视台，每天有 3 个小时的新闻直播节目。据了解，该电视台 2004 年的经营额超过 1000 万美元，纯利润达 400 多万美元。

（5）师资。美国新闻院系普遍强调任课教师要具备新闻实践背景，和有些学校对高校教师的学术成果要求不同，美国哥伦比亚大学新闻学院对教师的考核，不包括学术研究要求，而代以发表新闻作品的要求：要出版长篇的新闻报道书籍、在报刊发表作品、在电视台播出作品等。

（6）毕业论文。哥伦比亚大学新闻学院的硕士研究生可以写一篇 6000 字以上的深度新闻报道，或者制作 30 分钟长度的电视深度报道节目，并不要求必须发表或播出过，导师评价合格就行，对导师的专业水平给予了高度的信任。密苏里大学新闻学院的硕士论文可以写新闻作品，也可以写理论性的文章，本科生则不要求写毕业论文。该学院认为，在本科学习过程中，其他的课程对学生写作能力的锻炼已经能达到本科生的培养目标了，所以不再要求专门写毕业论文。

（二）国内全媒体人才培养现状

事实上，中国高校对于媒介融合背景下新闻教育以及全媒体人才培养的讨论从未停止。近年来，各类学术论坛都会或多或少地涉及新闻教育和全媒体人才培养所面临的挑战与困局。在 2008 年 9 月 8 日举行的密苏里大学新闻学院一百周年庆典暨中美新闻教育与传媒领袖论坛上，中国人民大学新闻学院和复旦大学新闻学院的学者不约而同地提交探讨媒介融合与新闻教育改革的论文，这种默契也恰恰体现媒介融合背景下全媒体人才培养和新闻教育改革的问题已引起了学界的高度重视，关于媒介融合境况下的新闻传播教育，理念、目标和对策仍有巨大的探讨空间。

1. 国内对全媒体人才的要求

媒介融合对新闻传播人才有了新的要求，近年来，媒介融合的结果，使新闻信息源结构与新闻传播主体、新闻媒介组织结构与工作流程、新闻载体与新闻传播方式均发生变化，这些变化已经和正在引发新闻传播业所处的环境发生剧变，国内学者认为，媒介融合要求的全媒体人才应有以下特点。

（1）具备跨学科知识的人才。媒介融合环境下，要求新闻工作者能够综合运用多学科知识来解决新闻传播过程中的传播管理、受众分析、效果评估等一系列问题，单一学科的知识已经远远不能满足新闻业对人才的需求。这就要求新闻传播人才具备跨学科知识，即在掌握必要的人文、社会科学和自然科学知识基础上，精通本专业核心知识，并通过不同学科知识之间的相互取长补短而实现各学科知识的融合。

（2）具备跨媒体技能的人才。在媒介融合的趋势下，专业技能的界限被打破，具备跨媒体技能的"多面手"成为新闻传播业的首选。例如，美国的报摊公司，利用自己的技术，与全球 200 多家报刊形成了合作关系，共同制作并通过网络发行新型电子报纸，其中包括《纽约时报》《今日美国》等。

2006 年 10 月，羊城晚报报业集团和南方广播影视传媒集团联手，实现跨媒体合作，共同打造新闻信息合作、广告经营合作、大型文化传播项目合作、经营管理模式交流以及人才培养交流等平台。在这种情况下，要求新闻工作者既要为报纸提供文字报道，又要为广播电视提供音频和视频报道，还要为网站提供网络报道。目前，我国能够胜任这种多媒体报道工作的全能型新闻人才还十分匮乏，新闻院校也只停留在单一技能新闻人才的培养上，因此需要对现有的新闻从业人员或在读的新闻传播专业学生进行跨媒体技能的培训。

（3）具备跨文化思维的人才。在全球化浪潮的现实情境下，媒介技术的进步，将加速来自不同文化背景的个体、群体或组织之间的信息交流与沟通，跨文化传播将成为未来新闻传播的主要方式之一。传播者在负责搜集、整理、选择、加工与传播信息时，不但要充分了解自己国家和他国的文化背景，还要在这些差异中找到不同文化之间的共同点；不但要了解各国受众的共性，还要了解各国受众的个性，以及不同受众群体之间的差异，然后才能在充分尊重多元文化的基础上，实现传播效果的最大化。

2. 中国人民大学新闻学院的改革

（1）学科组织架构调整。2005 年，中国人民大学新闻学院（以下简称"人大新闻学院"）对学科组织构架进行了调整，形成了 10 个教研室，包括新闻传播史教研室、新闻传播理论教研室、新闻采写教研室、新闻编辑教研室、广播电视教研室、新闻摄影教研室、媒介经济教研室、广告公关教研室、新媒体教研室、出版教研室。学院以这 10 个教研室为专业学科发展的基础组织单元，建造起各个教研室相互配合为本科各个专业方向的人才培养提供配套支持的组织框架。与此同时，学院注重将各个教研室与学院的系列研究机构相互连接，以形成科研带动教学，教学依托科研的联动机制。

人大新闻学院淡化了专业系别建制，是要将教研室作为学科架构的基础单元，根据不同专业培养目标的教学需要，将基础单元进行灵活组合，让 10 个教研室对各个专业方向的人才培养实行全程支持。这种学科架构的设定目标基于 3 个方面的企望：

一是提高专业学科自身发展的自由度。将专业学科放置在具有高度自主性的结构空间中，使其能够从学科发展的整体环境、专业教育的系统目标这些宏观角度设定其自身的位置和任务，从而建造起不断完善自身功能的良性运行机制。

二是提高课程更新和课程组合的灵活度。以保证整个专业学科系统能够针对业界对人才的需求变化，及时有效地调整教学的内容和方法。

三是提高各个专业学科之间的交融性。针对业界对复合型人才需求的日益加强，保证整个学科系统实现更大程度的资源共享，促进学科专业知识的交融。

（2）课程改革。2007 年，人大新闻学院开始在新闻学专业中，新增了一个专业方向"数字新闻传播",作为传统新闻学专业人才培养模式改革的"实验田"。该专业立足于新媒体与传统媒体融合发展的客观变化,整合全院的教育资源重新规划设计,其主要目标就是造就一批适应新媒体以及实现数字转型的传统媒体需要的新型新闻人才。

课程改革是人大新闻学院交出的第一份答卷,其中一大重要举措,便是新设一门跨媒体传播实验的专业课程,它将课堂教学与学生媒体建设相结合,探索一种新的实验教学模式。除此之外,人大新闻学院还对全院的通用课程进行改造,为所有专业学生开设两门业务性专业课程,即音频视频内容制作和数字传播技术应用,使学生得以学习广播电视新闻传播业务和新媒体传播业务,掌握不同媒介所需技能,从而更好地适应媒介融合发展的需要。

(3)培养实践基地。从 2006 年开始,在人大新闻学院学生自主创办的《新闻周刊》基础上,该学院又创办了学生网络电视台、网络电台和网站,从而形成"接力传媒"集团,吸纳全院本科生阶段性地到学生媒体中进行实践学习。新闻学院新开设的专业课程"跨媒体传播实验"是对学生媒体实验进行指导管理,指派专业教师具体承担教学和指导工作,并将每一名学生媒体的业务成果纳入课堂教学的点评指导范围,这一改革获得了中国人民大学的本科教改立项,2007 年得到北京市教改立项。

3. 重庆大学全媒体人才培养现状

重庆大学文学与新闻传媒学院(以下简称"重大文新学院")是应国家文化创意产业大发展的时代需要,于 2007 年 1 月正式成立的新型学院,拥有新闻传播学一级学科硕士学位授权点,以及文化传媒方向的工程硕士,以培养具有国际视野、媒介素养和职业水准的国际新闻与传播领域的专门人才为目标。

(1)课程设置偏重理论。在课程设置上,重大文新学院采用了传统偏重理论研究的学术型课程设置,课程大多以新闻、传播基础理论为主,写作课程也亦是注重写作理论的学习,较少涉及写作技巧、新闻写作实践(如表 4-1、表 4-2)。新闻学实践性很强的专业,目前的课程设置显然不能适应全媒体人才培养的要求,在理论学习基础上增加新闻实践课程是课程改革的重点。

表 4-1　重大文新学院本科教育核心课程

新闻学概论	传播学概论	新闻采访与写作
新闻编辑	新闻品论	新闻摄影

中国新闻史	世界新闻史	电视摄像与编辑
电视节目现场制作	视听语言	电视编导学
传媒应用摄影	电视栏目策划与编排	广告学

表4-2　重大文新学院硕士教育必修课程

基础英语	创业英语	科技文献检索与利用
文化社会学	媒介文化研究	新闻传播史论
社会科学研究方法	全球化与大众传媒	舆情信息研究

（2）建设实践基地。重大文新学院是一个年轻的学院，正在建设技术设备先进、综合功能强大的新媒体传播实验中心，并与新华社重庆分社、重庆广电集团、重庆报业集团、重庆出版集团建立了产、学、研合作平台和学生实习基地。

《新声代》是文学与新闻传媒学院本科生与研究生共同编撰，针对本学院学术动态、学生工作以及学生生活等方面情况，面向重庆大学师生发行的具有实用参考价值的刊物。

此外，在师资队伍方面，该学院在岗教职工36人，其中教授、副教授17人，教师队伍中具有硕士学位者超过80%，但大多数并无新闻从业经验。

（3）加强对外交流。重大文新学院注重国际交流与合作，该学院与加拿大威尔弗里德·劳里埃大学建立了"2+2模式"的双学位合作办学项目，广播电视新闻学、新闻学本科专业的二年级学生可申请赴威尔弗里德·劳里埃大学班福校区新闻传媒专业进行三、四年级的学习，并分别颁发重庆大学和威尔弗里德·劳里埃大学的学士学位证书和毕业证书。

（三）西部全媒体人才培养策略

1. 西部教育发展现状

我国西部地区地域辽阔、资源丰富，同时也是少数民族聚居区，然而由于受经济、地理以及人文等多方面因素的影响，西部地区文化教育相对落后。资料显示，西部占国土面积的56%，但各类专业人才仅占全国人才总量的15.5%，而东部仅占国土面积的14%，却拥有占全国人才总量43.2%的各类专业人才。西部地区每万人中拥有中级以上职称的人员只有92人，仅相当于东部地区的1/10，基础教育更加落后。

我国实施西部大开发战略以来，西部新闻教育发展取得了长足的进步。然而，无论是同东部发达地区相比，还是同西部社会与其经济发展的实际需求相比，西部新闻教育的发展仍然滞后，人才、知识匮乏所造成的负面影响日益凸现，阻碍了西部地区的新闻知识水平和全媒体人力资源质量的提高，甚至阻滞了西部开发战略的推进速度。

（1）西部教育投资不足。西部教育投资相比东部依然严重不足，东西部获得教育资金的比重严重不平衡，东中西部所占总经费的比重分别为55%、16.5%，差距十分巨大。首先，近几年来，西部不少省份的教育投入虽然逐年增长，但由于西部地区的经济基础薄弱，教育的投入远不能满足教育发展的需要。其次，西部新闻人才培养的模式过于简单化、严重脱离了当代传媒的实际需求，不少地方仍然存在片面追求升学率的陈旧人才观，出现了西部教育与西部经济建设脱节的现象。最后，没有一个留住人才、善用人才的环境氛围，导致专业人才流失严重。

（2）数量与质量脱节。20世纪八九十年代后，我国西部高校新闻教学的办学规模不断扩大，招生人数不断上升，学科外延不断扩展。值得肯定的是，目前开办新闻教育的西部院校呈现多元化倾向，新闻专业设置也由单一转向全面发展，课程设置由过去单一的报刊新闻学为主体转向报刊、广播电视、广告、传播等为一体的综合新闻学，形成了多层次，学科门类较为齐全的新闻学专业教育体系，促进了西部新闻教育的发展。

然而，高校新闻教育在重视总量的扩大、过快发展的同时，忽视了新闻教学质量的提高，致使新闻教学不能完全适应新闻事业的需要，出现了"育人"与"用人"脱节的现象。

具体来说，西部高校的新闻教育教学理念相对落后，目标模糊甚至趋同，教学资金投入不足，师资力量相对薄弱，大多缺少媒介背景经历，课程设置不科学，学生不专业，毕业生质量下降等。因此，西部高校的新闻教育急需紧跟时代和新闻实践现状，构建适合自身的发展道路。

2.西部全媒体人才培养途径

我国的新闻院校担负着为新闻媒体培养专业人才的重任，要适应媒介融合发展的趋势培养出新型的新闻传播人才，需要从专业设置、课程改革、师资队伍建设等多方面着手。

（1）以新闻业务为核心的课程体系。全日制的新闻学学生必修课要以新闻业务为核心，核心课程主要包括报道和写作、媒体工作室实践课、新闻理论等，其中报道和写作、实验课程不能低于全部课程学时的三分之二（表4-3）。

表4-3　考试方式以及考核标准

项目	比重 /%
理论测试	10
媒体实践	20
新闻作品	60
课堂出勤	10

其中，新闻作品会以团队合作评价、能否按时完成、创新性、新闻专业性和音视频技术质量等指标进行考核。

（2）"商业化"实践基地。国外高校实践体系完备，多设有实践基地，如电视台、报社等，但和国内的学校电视台、报社存在不同的运作方式，国外高校十分重视与社会的接轨，他们拥有的是真正的商业化运作的报社和电台、电视台。

我国西部正处于社会发展变革剧烈的时期，学校应加强校内与社会的沟通联系，创办或者与社会组织合作承办报社、电视台中的栏目，通过专业的老师带学生的形式，让学生参与到真正的媒体实践中。此外，校内的报纸、电台也应开辟新的运作模式，鼓励商业化运作，与社会接轨。

（3）校内"联合培养"模式。正如哥伦比亚大学新闻学院和密苏里新闻学院一样，很多国外新闻学院都利用校内学院之间合作培养的模式来培养学生技术、知识背多元化，这种校内"联合培养"模式无疑是一种全媒体人才培养的捷径，同时充分利用了学校自身的强势学科资源。

校内学员间的联合培养应当是优势互补，新闻学院学生在计算机学院、信息通信学院等修习相关科目，并作为学分计入毕业成绩，这种跨学科学习背景为学生发展提供了技术理论和实务支撑，在新闻实践中能够迅速适应媒介融合的现实需要。

目前，国内很多高校已经尝试跨学科培养，但跨学科课课程大多只是作为学生个人兴趣选修，与个人毕业无关。将跨学科相关科目列入学生必修课科目，促使其深入学习掌握，是校内"联合培养"的有效实现方式。

（4）校外寻求与业界合作。美国密苏里大学有9家全国性新闻机构总部，为该学院学生提供了大量实践学习机会，而丰富的新闻实践经验使学生能够掌握更多的技巧，也使其更容易找到合适的媒体工作。

在与业界合作方面，学校应积极吸收新闻专业机构进入学校，这些专业结构可以为学生提供实践机会。例如，重庆大学可考虑与《重庆日报》《重庆商报》《重庆晚报》等报业合作培养定向学生，一方面培养合格的学生可以进入定向媒体单位工作，补充现实急需的人才，另一方面媒体对学生学业进行资金支持，也解决了教育资金不足的问题。

（5）师资考核标准。国内很多高校对任课教师要求大多只看重学历、学术作品的发表等，对新闻实践背景没有要求，这样导致新闻教学停留于学术层面，而新闻学理论门槛较低，给学生造成了新闻学无学的假象。在以学术成果作为任课教师衡量标准的同时，应把教师发表新闻作品、在报刊发表作品、在电视台播出作品等纳入考核的标准，对于实践课教师，学院招聘应主要看应聘者的工作经验、业务技能、专业成果及讲课能力，教授专业实践课的教师必须有相关领域的从业经验。

（6）学生毕业资格。国内高校新闻学院本科生、硕士研究生毕业时均需要提交一篇学术论文，而论文评价标准也比较单一，这种单一化影响了学生在新闻实业方面的创造性。在哥伦比亚大学新闻学院，硕士研究生可以写一篇6000字以上的深度报道，或30分钟以上长度的电视深度报道节目，并不要求必须发表或播出过，导师评价合格就行，对导师的专业水平给予高度的信任。在密苏里大学新闻学院，硕士论文可以写新闻作品，也可以写理论性文章，本科生则根本不要求写毕业论文，因为他们认为，在本科学习过程中，其他课程对学生写作能力的锻炼已经达到目标，不再要求专门写毕业论文。

因此，对于学生毕业资格的标准审核应该多样化，在坚持学术标准的同时，鼓励学生以新闻作品的形式，如深度报道、电视节目报道等获得毕业资格，从而达到多元化的培养目标。

当前，国家西部正处于大开发的战略时期，对于新闻人才有着特殊的要求，培养具有"全媒体"业务技能、复合型知识结构的全媒体人才是高校新闻教育发展的必然趋势。我们在教育结构、专业设置、课程内容、实践教学等方面总结吸收国外先进的人才培养模式和经验显得十分重要。但同时应看到，国内新闻教育特别是西部地区有其自身的特点，不能盲目仿照发达地区而严重脱离当地生产和生活实际，要避免片面追求升学率，重视满足经济发展对人才的需求。

造成西部地区新闻教育落后的原因是多方面的，如学校硬件条件差、师资力量薄弱、信息渠道不畅等，但是最根本的症结还是在于教育观念的落后。硬件不足可以通过加大教育投入来解决，但观念的落后是任何投入都改变不了的，努力培育重视教育的环境才是最重要的。同时，要将国家对西部新闻教育投入的大量人力、物力和财力由粗放发展向内含式、集约型发展转变，充分挖掘新闻教育内部的潜力，提高教育资源的利用效率，做到人尽其才，物尽其用，财尽其效，少花钱、多办事、办好事。合理调整学校布局和专业设置，改革用人制度，加强人才管理，尽可能地提高管理水平和教育质量。

此外，雄厚的经济实力是西部地区新闻教育发展的基础，要保障中央财政支出中西部教育经费所占的比例，多途径筹措西部地区教育专款。同时，要促进各类教育协调发展，形成社会化开放的教育网络，建立多层次、多形式的教育结构体系，以适应经济和社会发展对各级各类人才的需要。

总之，以多媒体和数字化发展为核心的媒介融合时代已经到来，知识背景多元、能力全面、有多元意识的全媒体人才是媒介融合时代人才战略的焦点。国内，特别是西部地区高校在学习国外先进的人才培养经验过程中，应注重理论向实践成果的转化，不断挖掘和探索全媒体人才的培养方法。

第五章　全媒体时代的新闻传播

　　从 1978 年中央批准《人民日报》等 7 家首都媒体试行"企业化管理"的报告，到 2008 年批准成立 60 多家传媒集团，其中数十家以各种方式成功上市；从 1979 年 1 月 28 日《解放日报》登出改革开放后中国内地媒体的第一则广告，到 2008 年中国内地媒体全年广告营业收入近 2000 亿元人民币；从新闻有无商品性的争论，到"媒介产业""文化产业"频频出现在党和政府的各种正式文件中。中国传媒的市场化之路尽管并不平坦，但是一路走来并呈宽广之势。

　　媒体走向市场都并非我们的初衷，而是中国共产党本着实事求是的精神，所做出的与时俱进的选择。根据陈力丹的研究，列宁的社会主义自由理想是"四个摆脱"，即摆脱警察、摆脱资本、摆脱名利主义、摆脱资产阶级无政府主义的个人主义，其中最重要的就是要摆脱资本。第一次新闻改革的重要目的就是在于"希望由不完全的党报变成完全的党报"。所谓完全的党报，就是完全服务于党的报纸。中共中央宣传部 1942 年 3 月 16 日发出的《为改造党报的通知》中指出："报纸的主要任务就是要宣传党的政策，贯彻党的政策，反映党的工作，反映群众的生活，要这样做，才是名副其实的党报。"早在中国共产党成立后出版的第一份周刊——《劳动周刊》——的发刊词中，就明确表示："我们的周刊不是营业的性质，是专门本着中国劳动组合部的宗旨，为劳动者说话，并鼓吹劳动组合主义"。可见，从中国共产党成立到中华人民共和国成立后的 30 多年里，对于中国共产党领导下的媒体来说，市场之路是一条受到排斥的道路，因此，也是一条完全陌生的道路。

　　然而，市场有市场的逻辑，而全媒体时代的新闻传播就是在这种市场逻辑之下运行发展的。

　　市场改变了中国媒体的总体格局，市场动摇了中国新闻传播的传统观念，市场激活了中国媒体的内部机制，市场改造了传统的新闻生产关系和新闻生产方式，市场影响了整个媒介产品的内容和形式，市场开启了中国媒体的财富之门。本章将以马克思关于人类三大社会形态的论述为指导，对传媒市场化进行社会学分析的基础上，进一步剖析市场逻辑与新闻生产的关系，看一看全媒体时代的新闻传播。

第一节　社会学视角的传媒市场化

中国传媒市场化是随着中国市场经济改革逐步展开的。1949 年 12 月，召开的全国第一次报纸经理会议上就提出过报纸企业化经营的方针，要求"条件好的公营报纸争取自给""多刊登有益广告"，中宣部随后发出《关于报纸实行企业化经营情况通报》，对此表示认可。当时显然是为减轻国家财政负担而采取的权宜之策，因为企业化经营既不符合党对报纸的一贯主张，也与当时实行的高度集中的计划经济体制格格不入。中共十一届三中全会后，从扩大企业自主权开始的中国经济改革不断深入。1978 年，《人民日报》等 7 家首都新闻单位要求"事业单位，企业化管理"的报告获批准，1980 年全国媒体广告营业额发展到 1 亿多元。1984 年 10 月，中共十二届三中全会通过的《中共中央关于经济体制改革的决定》明确提出"发展社会主义商品经济"。1992 年 10 月，党的十四大正式确立建设社会主义市场经济的改革目标。中国传媒市场化之路几乎与此同步。1985 年，《洛阳日报》首先实行自办发行，之后全国报纸纷纷效仿。自办发行意味着报社对其生产商品的营销渠道和营销方式做出的自主选择，是向市场化迈出的关键性一步。1992 年之后，一些市场化程度较高的媒体在掌握终审权的前提下，把部分版面或节目时段包给广告公司等单位，这种新的经营获利方式并未受到官方禁止，因而很快发展起来。1993 年 6 月，中共中央和国务院发布《关于加快发展第三产业的决定》，正式将报刊经营纳入第三产业。1994 年，大多数过去吃"皇粮"的机关报社都开始自负盈亏，有些还成为创利大户。1996 年年初，中国第一家报业集团广州日报报业集团挂牌成立，传媒市场化步入新的阶段。2003 年，中共中央先后出台的两个关于文化体制改革的文件，进一步推动了传媒市场化的进程。2018 年，我国传媒业由量变进入质变，互联网媒体实质上已经主导传统传媒用户和广告市场。

对于传媒走向市场，中国学界从经济学、文化学、传播学等角度已有大量论述，从总体上来看是喜忧参半。本节将根据马克思揭示出的人类三大社会形态的历史演进规律，选择社会学角度进行论述。

被视为《资本论》三大手稿之一的《1857—1858 年经济学手稿》，既是马克思最重要的经济学著作，也是最重要的哲学著作，同时还是一部难得的社会学著作。为揭开资本的秘密，马克思从商品和货币入手，并通过对后者历史功能的分析，揭示出人类社会历史最重要的三大社会形态历史发展规律。第一，马克思指出：人的依赖关系（起初完全是自然发生的），是最初的社会形态，在这种形态下，人的生产能力只是在狭窄的范围内和孤立的地点上发展着。第二，以物的依赖性为基础的人的独立性，在这种形态下，才形成普遍的社会物质交换，全面的关系，多方面需求以及全面能力的体系。第三，建立在个人全面发展和他们共同的社会生产能力成为他们的社会财富这一基础上的自由个性。因此，家长制的，古代的以及封建的状态随着商业、奢侈、货币、交换价值的发展而没落下去，现代社会则随着这些东西一道发展起来。

马克思关于人类三大历史形态演进规律的论述，对于我们深刻认识传媒市场化具有重要的指导意义。过去我们更多是从所有制、生产方式的角度，而没有从更大范围、更深层面去理解历史进程，尤其是没有从交往方式、人的关系和人的全面发展方面来理解。这种对历史发展规律理解的片面性，也影响到其他社会科学（包括新闻传播学）的理论和实践。

马克思所说的第一种社会形态，相当于"前现代"或"前工业化"社会，包括原始社会、东方的所谓亚细亚社会、西方的古希腊——罗马社会和欧洲的中世纪。如此貌似不同的社会形态，马克思为什么会把他们归入一类。早在写《德意志意识形态》时，马克思和恩格斯就站在历史唯物主义立场，深刻地揭示了"生产力与交往形式"之间的关系，指出正是两者之间的矛盾和运动推动着社会形态的变化与发展。他们把"生产力"看作"人与自然界的感性关系之历史凝结，这种历史凝结在每一代人的运用中保持其生命力并继续向前发展（引起新的需要），这构成了人类生存的历史连续性的真正基础"。作为人与自然感性关系的"生产力"又是通过人与人之间的关系实现的，人与人之间的"交往关系"既受生产力制约，同时又制约生产力。他们在分析人类早期社会"生活"或"实践"的基础上指出："生命的生产，无论是通过劳动而达到的自己生命的生产，或是通过生育而达到的他人生命的生产，表现为双重关系：一方面是自然关系，另一方面是社会关系"，"生产本身又是以个人之间的交往为前提的，这种交往的形式又是由生产决定的"。马克思之所以把貌似不同的社会归入同一形态，是因为所有这些社会的生产力都比较低下，人对自然还处于"臣服"阶段，而远未达到"征服"阶段，社会基本生产资料主要还是以土地为代表的不动产，交换价值，即货币的功能还没有充分发挥作用。每个社会成员都依赖并服从于他们所生活的共同体，缺乏独立性，"他们只是作为具有某种（社会）规定性的个人而相互交往，如封建主和臣仆、地主和农奴等，或作为种姓成员等，或属于某个等级等"。人的关系表现出对共同体及其首领的依赖。马克思对此总结说交换手段拥有的社会力量越小，交换手段同直接的劳动产品的性质之间以及同交换者的直接需求之间的联系越密切，把个人互相联结起来的共同体的力量就必定越大——家长制的关系，古代共同体，封建制度和行会制度。从这种共同的"生命的生产"与社会关系或"交往形态"出发，马克思把资本主义社会诞生之前的社会关系概括为"人的依赖关系"。

对于前资本主义社会的社会关系特征，不少作家有过类似的论述。德国社会学家费迪南德·滕尼斯曾以"礼俗社会"对其进行过描述。在他看来，礼俗社会"由较小的封闭的村庄里主要建立在血缘关系和直接面对面接触基础之上的密集的人际关系网组成。规范大都是不成文的，个人被捆绑在相互依赖、触及生活的网络之中""集体的成员把这个团体视为超自然意志带来的自然的馈赠"。与此相对的，是大型城市工业社会里以法律和其他正式规章为框架的"法理社会"。法国社会学家埃米尔·涂尔干则用机器的隐喻来解释这种社会关系和秩序特征，认为生活在这种社会的人们就像机器上的齿轮和螺丝，他们的作用就是服务于集体这架机器。尽管机器秩序井然，经久耐用，但人只能在集体舆论的压迫下扮演传统社会要求扮演的角色，人与人之间的关系就像机器的零部件那样固定，这就是所谓机械团结。与之相对的是以专业化、劳动分工和彼此相互依赖为特征的"有机团结"。此外，埃里希·弗洛姆在《逃避自由》中也认为，在工业化社会诞生之前，"真正的个人"是不存在的，"人一呱呱坠地，在社会中便有了一个明确的、不可改变的和无可怀疑的位置，所以他生根于一个有机的整体之中，从而使他的生活确有保障。一个人与他在社会中所充当的角色是一致的。他是一个农民、一个工匠、一个武士，并不是一个碰巧才有了这样或那样职业的个人"。但所有这些论述还只是停留在一般描述上，而不是像马克思那样，将其视为社会形态变迁动力机制的重要组成部分。

在分析西方社会的同时，马克思还专门论述了"亚细亚的所有制形式"，并指出了亚细亚社会关系的特点。与西方社会不同，在亚洲不存在真正的土地私有制，"普天之下莫非王土"。恩格斯认为，"不存在土地私有制，的确是了解整个东方的一把钥匙"。马克思指出了亚洲土地公有制的两种基本形式：一是土地归公社所有；二是土地属于更高的统一体。所以，"在大多数亚细亚的基本形式中，凌驾于所有这一切小的共同体之上的总和的统一体表现为更高的所有者或唯一的所有者，实际的公社却只不过表现为世袭的占有者"。皇帝在这个社会掌握着经济、政治、文化等各个领域至高无上的权力，被尊为全国的君父，其下属臣僚则是君父派往各地区执行自己意志的代表,是国家机器各部分间的唯一精神联系。中国古代中央朝廷与地方官员包括封疆大臣的关系,以及延续数百年的《邸报》几乎就是以上描述的缩影。所以,马克思指出:对于专制统治来说,几个世纪以来,中国提供了一种"完善的报刊"范本。

资本主义社会与前资本主义社会最大的区别之一,是价格越来越由生产费用所决定,交换越来越渗透到一切社会关系之中,进而支配着全部的生产关系和交往关系。所谓物的依赖性指的是对体现在"一般产品"交换中的交换价值,即对货币(资本的一般表现形式)的依赖。马克思说的第二种社会形态,是指15世纪末地理大发现以后,特别是建立在以"工业革命"及市场交换或市场经济为基础的社会上,如果把市场经济视为社会资源有效配置的一种经济手段,"以物的依赖性为基础"的社会就不仅包括资本主义社会,也包括社会主义社会,至少包括"社会主义初级阶段"。

与第一种社会形态相比,第二种社会形态有以下重要特点。

第一,以"人的独立性"为标志的人的解放。根据马克思的分析,由于交换范围的不断扩大,交换手段日益成为一种社会控制力量,把个人联结在一起的共同体力量也逐步减小,家长制的统治关系也会随之解体。所以,"在货币关系中,在发达的交换制度中(而这种表面现象使民主主义者受到迷惑),人的依赖纽带、血统差别、教育差别等事实上都被打破了,被粉碎了(一切人身纽带至少都表现为人的关系);每个人看起来似乎独立地(这种独立一般只不过是幻想,确切些说,在彼此关系冷漠的意义上—彼此漠不关心)自由地互相接触并在这种自由中互相交换"。可见,由市场交换价值体现的"以物的依赖性为基础"的社会形态,较之先前以"人的依赖关系为基础"的社会形态,是一次巨大的历史进步。

第二,"人的独立性"同时也伴随着人的平等和自由意识的提高。因为,市场经济建立在"毫不相干的个人之间"的商品交换基础上,这种交换价值又是以个别商品的一般等价物——货币来体现,所以在交换价值即货币面前的平等,在个人需要以及生产、交换中的自由,就成了市场经济的必然要求。马克思是这样分析的:在市场经济中,"毫不相干的个人之间的互相的和全面的依赖,构成他们的社会联系。这种社会联系表现在交换价值上,只有在交换价值上每个人的活动或产品对他来说才成为活动和产品;他必须生产一般产品——交换价值,或孤立化和个人化的交换价值,即货币。每个个体行使支配别人的活动或支配社会财富的权力,在于他是交换价值或货币的所有者。他在衣袋里装着自己的社会权力和自己同社会的联系"。这样建立在契约(法律)基础上的自由和平等就成了市场经济实现的前提条件。

第三，马克思把市场的开拓与人们对信息需求的扩大联系起来，从而间接阐述了市场经济对新闻传播的积极推动作用。在《共产党宣言》中，马克思指出："不断扩大产品销路的需要，驱使资产阶级奔走于全球各地。他们必须到处落户，到处开发，到处建立联系。"因此，市场的扩大第一次形成了人对普遍交往和全面联系的需要。"虽然每个人的需求和供给都与一切其他人无关，但每个人总是力求了解普遍的供求情况；而这种了解又对供求关系产生实际影响。"社会对于信息的普遍需求正是新闻传播发展的内在动力。除了对市场的开拓，资本还"要求生产出新的消费"，以满足其追求更多利润的本性。对新的消费需要的生产本身就是一种新的生产，同时新的消费需要还将进一步刺激这种生产。所以，资本"摧毁一切阻碍发展生产力、扩大需要、使生产多样化、利用和交换自然力量与精神力量的限制"，极大地推动了包括新闻生产在内的一切社会生产。大众传播在工业化社会的迅速崛起，以及媒体在市场化条件下的快速发展无不证明了这一点。

如上所述，关于前资本主义与资本主义两种不同社会形态及其关系特点，滕尼斯、涂尔干以及西美尔（见《货币哲学》）等都有论述，但这些论述大多是流于表面的两分法，其间流露的是对于上述"物的依赖关系的永恒性的信念"，是"对于封建时代等的'纯粹人的关系'的幻想"。马克思的伟大在于以历史唯物主义的洞察力，深刻揭示出包含在第二种社会形态中的内在矛盾，并为第三种人类社会形态的建立提供了理论依据。

一方面，以交换价值和货币为媒介的交换关系极大地解放了生产力，为人类普遍交往创造了条件。另一方面，这种新的关系"又以生产者的私人利益完全隔离和社会分工为前提"。因此，生产资料的私人占有和控制、建立在财产基础上的交往权力，又严重阻碍着普遍交往的真正实现。正如马克思所指出的那样，"一切劳动产品、能力和活动进行私人交换，既同以个人之间的统治和服从关系（自然发生的或政治性的）为基础的分配相对立……又同在共同占有和共同控制生产资料的基础上联合起来的个人所进行的自由交换相对立"。也就是说，人们在摆脱旧的控制"对人的依赖"的同时又给自己带上了新的枷锁——"对物的依赖"。这就是"异化"。

传媒市场化表现的正是这种"异化"。众所周知，传统新闻体制建立在与集中计划经济高度一致的集权政治统治之下，媒体对政府的高度依赖和服从是这种体制的特征。传媒市场化（尽管还很有限）在很大程度上改变了这种"交往形态"。与此同时，社会对媒体的批评和指责之声也不绝于耳。有关部门曾将这些批评和指责归纳为四个方面：虚假报道，有偿新闻，低俗之风，不良广告。稍做分析便会发现，上述被视为"四大公害"的媒体行为都与市场有着千丝万缕甚至根深蒂固的联系。有偿新闻、低俗之风、不良广告自不用说。这些年出现的虚假报道绝大多数也是"眼球经济"的产物，只要查阅一下《新闻记者》（上海）连续几年披露的每年中国媒体十大假新闻，对上述结论就不会有任何怀疑了。如何看待这种"异化"，马克思的分析为我们提供了这方面指导。

全面发展的个人——他们的社会关系作为他们自己共同的关系，也是服从于他们自己的共同的控制的——不是自然的产物，而是历史的产物。要使这种个性成为可能，能力的发展就要达到一定的程度及全面性，这是以建立在交换价值基础上的生产为前提的，这种生产在生产出个体同自己和同别人的普遍异化的同时，也产生出个人关系和个人能力的普遍性及全面性。在发展的早期阶段，单个人显得比较全面，那正是因为他还没有形成自己的丰富的关系，并且还没有使这种关系作为独立于他自身之外的社会权力和社会关系同自己相对立。留恋那种原始的丰富是可笑的，必须停留在那种完全空虚之中，也是可笑的。资产阶级的观点从来没有超出同这种浪漫主义的对立。因此，这种浪漫主义观点将作为合理的对立面伴随资产阶级观点一同升入天堂。

根据马克思的观点，在传媒市场化过程中，"异化"和"异化"的扬弃实际上走着同一条道路。看不到这一点，很容易造成对传媒市场化的简单肯定或否定。从马克思的社会发展观来看，传媒市场化当然不可能是万古长存的新闻传播机制或新闻生产关系，正是在这种关系中埋藏着炸毁它自身的地雷；但是，"如果我们在现在这样的社会中没有发现隐蔽地存在着无阶级社会所必要的物质生产条件和与之相适应的交往关系，那么一切炸毁的尝试都是堂吉诃德的荒唐行为"。因此，对传媒市场化做简单肯定或否定都难免有失偏颇。传媒的历史是整个社会历史的有机组成部分，从社会发展规律来看，市场化或许是传媒发展史必须经历的一个阶段，积极利用它来发展现代新闻生产力，改造传统新闻生产关系，努力限制其"异化"程度和范围，以达到最终超越它的目的，恐怕这才是正确的观点和态度。

马克思理想中的第三种社会形态既摆脱了对"人的依赖"，又摆脱了对"物的依赖"。只有到了这种社会，"建立在个人全面发展和他们共同的社会生产能力成为他们的社会财富这一基础上的自由个性"才能够得以充分发展。有关这一理想社会的"交往形态"，陈力丹在《马克思主义新闻观思想体系》一书中已经有了比较详细的阐述。

在马克思看来，对"物的依赖"主要是对生产资料私有制的依赖，要摆脱对"物的依赖"，必须消灭私有制。那么，如何看待私有制与传媒市场化的关系？笔者对此提出四点原则性想法：① 在马克思那里，私有制的消灭是建立在物质产品的极大丰富和人的素质全面发展与提高基础上的，用马克思的话说，"它以物质和精神条件的发展为前提"。发展这个前提可能需要一个长期的历史过程，人为地强行扭转这一历史进程无异于拔苗助长，过去我国经济建设领域的实践已经证明了这一点。② 现代经济理论认为，市场经济所要求的是明确的产权界限，产权主要是法律形式上的对生产资料的拥有权、支配权和管理权，不一定是实质上的所有权。因此，市场经济对生产资料的占有形式（公有还是私有）并没有必然要求。③ 公有制并不等于国有制，而是可以有多种实现形式，如各种形式的基金和基金会，各种形式的合作组织、社区所有制、股份制等。党的十五大报告中就提出了"努力寻找能够极大促进生产力发展的公有制形式"的要求。④ 将国有制作为社会主义经济基础的观念来自列宁和斯大林，而不是马克思和恩格斯。相反，恩格斯则指出："国家再好也不过是在争取阶级统治的斗争中获胜的无产阶级所继承下来的一个祸害。胜利了的无产阶级也将同（巴黎）公社一样，不得不立即尽量除去这个祸害的最坏方面，直到在新的自由的社会条件下成长起来的一代有能力把全部国家废物抛掉。"吴敬琏认为："马克思和恩格斯所设想的社会主义社会，是一个'自由人的联合体'。这个'自由人的联合体'通过'对全部生产力总和的占有'，使人们得以'用公共的生产资料进行劳动'，形成一个'以共同占有生产资料为基础的社会'，而从来没有把它说成是一个由国家组织和管理的大工厂，或者把'国家所有制'当成社会主义的经济基础。"

第二节　来自资本的动力

与西方流行经济学不同，马克思主义经济学不仅把资本理解为一种生产要素，更把资本理解为一种社会关系。这种理解具体表现在以下三个方面：① 资本是以预付方式投入再生产过程中以实现价值增值为目标的剩余价值，必须通过市场交易才能得以实现或得以形成；② 资本表现为货币、生产资料、劳动力、技术和尚未向消费者出清的产品等具体形态，但资本的这些具体形态并非资本本身，资本是存在于这些物质形态背后的、被纳入特殊社会关系之中，从而能够实现增值意志的劳动价值；③ 也是最重要的，资本是一定社会历史形态中能够使人的劳动实现价值增值的生产关系。马克思指出："资本不是物，而是一定的、社会的、属于一定历史社会形态的生产关系，它体现在一个物上，并赋予这个物以特有的社会性质。"因此，马克思理解的资本不只是一个纯粹的经济学概念，还是一个政治学及社会学的概念。正如列宁所说的："凡是资产阶级经济学家看到物与物关系的地方（商品交换商品），马克思都揭示了人与人之间的关系"。体现在资本身上的这种人与人之间的关系——生产关系正是本节关注的重点。

中国新闻业发生的巨大变化已经成为不争的事实。这些变化可以从各方面进行概括和总结。罗以澄将这些变化概括为"三个方面的转型",即市场化转型、民本化转型、数字化转型。李良荣在《中国新闻改革 30 年》一书中,通过 6 个图表形象、直观地描绘出"中国传媒业 30 年图景"。那么,推动整个新闻业发展变化的动力是什么,仅以"思想解放"来回答这个问题,不但显得过于笼统,而且会让人产生"意识决定存在"之嫌。

我们知道,观念并非凭空产生的东西,而是社会实践的产物。所以,要分析上述报道观念变化的原因,用马克思的话说,就是只有把他们"当作人的感性活动,当作实践去理解"。

先说"受众观念"。有人认为,作为我国传统新闻工作路线的"群众路线"就包含"受众观念"。事实上,在传统新闻理论中,联系群众是为了更好地宣传党的方针政策,反映群众的呼声是为了党更好地制定方针政策。终其目的,还是更好地服务于党和政府的各项工作。因此党和政府的"喉舌"才是最准确的概括。

当媒体的主要经济来源由政府转向市场,情况立刻发生了根本性变化。媒体不但要自己开辟收回生产成本的渠道,而且要不断拓宽这条渠道,以便实现价值增值。对于他们来说,此时的"密切联系人民群众",已经不再仅是执政党倡导的在新闻工作中走"群众路线"的问题,而是关涉自身生存和发展的根本性问题;此时的发行量、收听收视率,已经不再仅是向上级汇报、向外界炫耀的一般指标,而是在广告客户面前讨价还价的重要资本;此时的"受众兴趣"已经不再是一种理论上争来争去的新闻观,而是成为从内容到形式引导新闻生产的一个基本信号。汶川地震报道中表现出的迅速及时、公开全面、"人文关怀"等受众观念,究其根源,同样是这种变化的结果。事实上,这些年来中国传媒通过各种方式全面服务于受众、服务于社会的根源也在于此。

再看"责任意识"。第一,过去我们所说的责任主要是对党和政府负责,当然在此基础上也衍生出对人民负责、对历史负责。而汶川地震报道中表现更多的是一种社会责任意识——对整个社会负责。如今社会各界和媒体及其从业者谈论的责任也多属这种责任。为什么?因为与国家权力统治下"自给自足"的新闻生产不同,媒介资源被资本化后便获得了社会性,需要在市场流通中实现价值增值,其使用权(甚至将来的所有权)属于整个社会,"从长远来看,越趋近社会利益,避免急功近利,越能获得市场利益。因为社会的利益就是读者的利益,保证了社会的利益就保证了读者的利益,而读者又是媒体的最终消费者"。第二,责任与自由如影随形,人们常说"独立负责",也就是说,只有"独立"才能"负责"。

我们在对传媒市场化的分析中，已经讨论过资本与自由、独立之间的关系。西美尔在《货币哲学》一书中指出："货币义务是与最大限度的自由协调一致的形式"，"财产分配到各自独立的部分，产权固定、个人权力之实现需要货币才得以成为可能"。因此，它是"个体自由的载体"。独立的市场主体是市场经济的必要前提。与过去相比，中国媒体总体上独立性在提高、自由度在增加，中国媒体及其从业者的社会责任意识相应也会得到加强。其实这不是由人的主观意志所决定的，而是客观市场逻辑演绎的结果。

罗以澄在总结中国传媒变化中的"民本化转型"时说："民本化转型主要表现在：第一，尽管现在我们的传媒依然接受执政党（政府）的新闻宣传思想指导，但同时也强调'以受众为本位'的新闻报道理念。第二，媒介的总体结构是由党的媒介、市场化媒介、公共媒介等不同类型的媒介共同构成，媒介开始成为一种重要的公共力量，一种能够影响社会的'软权力'。第三，新闻传播的运作，开始注重社会公众的知情权的满足。尤其是近几年来，新闻传媒对广州孙志刚事件、沈阳黑社会头目'刘涌'事件、重庆'最牛钉子户'事件、江苏太湖'蓝藻'事件、陕西'黑砖窑'事件以及四川汶川大地震、河北'三鹿'奶粉问题、哈尔滨警察伤害大学生案件等新闻事件所做的透明化报道，就是新闻专业主义开始张扬的结果，同时也显示了中国新闻传媒宏观政策的价值重心正在逐步地向满足民众的信息知情权、最大限度地保障民众在社会生活中的意见表达权实现的方向转移。第四，新闻报道的'平民化'倾向，传媒的'亲民'形象日趋浓烈。在今天的传媒上，可以发现：'小众'化、'窄播'化的趋势越来越明显，'民生'新闻成了众多传媒的'主打'产品，把新闻做'软'。凸显新闻的人情味和情节性、趣味性成了不少传媒的'看家'法宝，用个性、特色'约会'受众，更成了许多传媒的一大流行特色。"

在研究中还发现，媒体的市场化程度与其对传统社会权力的依赖程度成反比。在研究"宣传通知"时，分别对三家报业集团的主报和子报执行通知的情况做过内容分析。

恩格斯在《在马克思墓前的讲话》中指出："正像达尔文发现有机体的发展规律一样，马克思发现了人类历史的发展规律，即历来为繁茂芜杂的意识形态所掩盖的一个简单事实：人们须吃、喝、住、穿，然后才从事政治、科学、艺术、宗教等。"可见，物质利益的满足是人的"第一需要"，其他需要以此为基础。然而，光有欲望还不行，人们还必须寻找满足这种欲望的客观条件。离开了后者，作为本能的原始利益欲望只能是个人内心的一种躁动和空想。客观条件既为主体欲望提供可能，又对主体欲望设置限制。于是，最大限度地发展客观条件为主体欲望实现所提供的可能性及克服其限制性就成了问题的关键。到目前为止，人类所发现此问题的解决之道，就是建立一种合适的社会生产关系，以便将主体追求利益的主观欲望"对象化"为一种外在的客观机制。市场经济正是这种客观机制的结构形式，而资本则是它的集中体现。

马克思和恩格斯对市场与资本在生成现代社会、创造各种事物的现代性，尤其在发展社会生产力方面的巨大作用给予充分肯定。

资产阶级在不到100年的阶级统治中所创造的生产力，比过去一切时代创造的全部生产力还要多，还要大。自然力的征服，机器的采用，化学在工业和农业中的应用，轮船的行驶，铁路的通行，电报的使用，整个大陆的开垦，河川的通航以及大量人口——过去哪一个年代能够料想到在社会劳动里蕴藏有这样的生产力呢？

应该看到，虽然作为一种新的社会力量，资本已经打破传统社会权力"君临天下"的格局，通过自身的逻辑演绎着新的社会结构和社会关系，在新闻生产领域发挥出越来越重要的作用。目前，中国传媒市场化程度还十分有限，在传统体制和观念束缚下，资本的能量还未得到充分释放，在很多情况下，还需要借助一些传统观念的"包装"，甚至通过传统社会权力的"寻租"来实现自身的价值。当下中国新闻界，一些矛盾的现象随处可见，有学者对此做了很有价值的研究。所以，在目前的新闻生产领域，资本的力量与传统社会的权力之间，呈现的是一种错综复杂的博弈关系，而不是决定与被决定的关系。"政治利益主体"的一元化与"经济利益主体"的多元化是当下中国媒体面临的主要矛盾。

不仅如此，资本自身就包含着矛盾，在打破旧的限制的同时又在不断地生产出一些新的限制。正如马克思指出的那样，一方面资本是现代物质文明和新型社会关系的创造者，是现代社会生产力的根源；另一方面又是社会一切"匮乏和穷困、愚昧和罪恶的根源"。"资本不可遏止地追求的普遍性，在资本本身的性质上遇到了界限，这些界限在资本发展到一定阶段时，会使人们认识到资本本身就是这种趋势的最大限制，因而驱使人们利用资本本身来消灭资本。"

第三节　新闻娱乐化

"新闻娱乐化"泛指这样一种现象，媒体为了吸引受众，将各种娱乐元素作为新闻报道的"卖点"，把新闻原本传播信息的告知功能"化"为娱乐功能。具体表现为煽情、媚俗、猎奇甚至失实，以及为了吸引受众的眼球对报道形式所做的各种喧宾夺主的渲染、包装等；在媒体的整体报道中则表现为软新闻比例的上升、硬新闻比例的下降。

西方调查显示，英国 ITV 名牌新闻节目《十点钟新闻》在 20 世纪末 90 年代初改版后，国际新闻的比例从 1990 年的 43% 下降到 1995 年的 15%，而娱乐新闻和体育新闻的比例从 8.5% 上升到 17%。美国三大新闻网（ABC、CBS、NBC）1990 年一年花在娱乐性新闻上的时间比前两年多出一倍。另有调查显示，美国一些主流纸质媒体在 1977—1997 年的 20 年间，硬新闻的比例从 60% 下降到 30%，软新闻从 8% 上升到 25%。

迈克尔·舒德森在回顾新闻生产研究时，已经注意到发生在世界许多地方的这种变化，"和以前相比，现在的新闻变得更加非正式，更加私人化，更富有批判性，同时又有一种六儒主义的疏淡和冷漠"。并认为，已有的理论研究取向还不能解释这些变化。

对于国内新闻娱乐化的成因，不少学者做过分析。这些分析从各自角度出发，而且几乎所有分析都谈到了"市场因素"。但市场因素究竟是一种怎样的因素？在各种因素中占据何种地位？究竟如何推动新闻娱乐化发展的？要回答这些问题，还得深入市场经济的内部。

众所周知，市场经济最大的好处在于能使有限的社会资源得到有效配置。市场何以能有效配置社会资源，原因在于各种社会资源的资本化。因为，"资源"一旦变成"资本"便被赋予人格力量，"理性经济人"就会对它精打细算，发挥其最大效益。因此，资本是市场经济的发动机。

"理性经济人"原先是两种流行经济学中的一个概念。其基本含义表现在个人层面上，每个自然人或企业法人都是"理性经济人"，会对自己各种行为的得失进行仔细盘算，做出效益最大化的选择。在社会层面上，由于每个人的精打细算、相互间的讨价还价，最终会使人们的利益出现均衡格局，使社会资源得到有效配置。后来这个概念被广泛用于对社会各领域的分析，从而在事实上成为一种关于现代社会的理论。例如，加里·贝克尔以这个概念为基础，分析犯罪、家庭、社会歧视等现象，也因此将微观经济学分析扩展到更大领域，如各种各样的人类行为和交往，甚至非市场行为。其曾获得诺贝尔经济学奖，并被聘为芝加哥大学社会学教授。再如，布坎南也将"理性经济人"推广到政治生活领域，来解释投票、选举、决策等政治行为。

所谓市场的力量就是资本的力量，市场的逻辑就是资本的逻辑。在许多现象和变化面前缺乏解释力，运用马克思对资本运行过程所做的历史唯物主义分析，不仅有利于深入揭示新闻娱乐化产生的原因，还有利于解释新闻生产中的其他一些现象和变化。

资本在给人类社会带来巨大历史进步的同时也带来了空前的灾难。

资产阶级在已经取得统治的地方，把一切封建的、宗法的和田园诗般的关系都破坏了。无情地斩断了把人们束缚于天然尊长的形形色色的封建羁绊，使人和人之间除了赤裸裸的利害关系，除了冷酷无情的"现金交易"，再也没有任何别的联系了。把宗教虔诚、骑士热忱、小市民伤感这些情感的神圣发作，淹没在利己主义的冰水之中。把人的尊严变成了交换价值，用一种没有良心的贸易自由代替了无数特许的和自己挣得的自由。总而言之，用公开的、无耻的、直接的、露骨的剥削代替了由宗教幻想和政治幻想掩盖着的剥削……资产阶级抹去了一切向来受人尊崇和令人敬畏的职业的神圣光环……撕下了罩在家庭关系上的温情脉脉的面纱，把这种关系变成了纯粹的金钱关系。

所有这些都是由资本在实现其扩张本性的过程中的内在矛盾引起的。未进入市场经济之前，全部新闻生产资源和其他社会资源一样，基本上处于被垄断的封闭状态，即封闭在"自给自足"的"自然经济"状态中，没有收回成本和实现价值增殖的渠道。那时的新闻生产，其目的在于实现资源主体的使用价值，所以只能充当手段和工具——发挥"喉舌"功能。即使在中华人民共和国成立初期推行"报纸企业化经营"中出现的买卖关系，也不是"为卖而买"的对资源价值增殖的追求，而是"为买而卖的过程的重复或更新，与这一过程本身一样，以达到这一过程以外的目的"。

市场经济部分打破了上述垄断。从我国现在的情况来看，在新闻生产要素资源中，除刊号、频率（频道）资源外，其他资源（如报道资源、人力资源、技术资源等）已基本走向市场，开始了"为卖而买"的资本化运作。于是他们进入生产过程的目的发生了根本性变化。由过去直接为了消费，满足于使用价值的实现，转变成了自身的增殖，满足交换价值的实现。正是这种转变极大地解放了新闻生产力，也引发出许多问题。

从作为客观事实的报道资源来看，在未被资本化之前，理论上会有两种情况。一是满足于全体社会成员对信息的基本需求（包括从这些信息中获得各种精神享受）；二是作为政治权力意志的载体，满足专制者的统治需要。报道资源一旦被资本化只能出现一种情况，那就是作为经济利益意志的载体，满足生产剩余价值即赚钱的需要。此时，报道资源的价值完全摆脱了使用价值的束缚，像一匹脱缰的野马，在市场交换中拼命追逐着利润。当然，在实际中，我国报道资源的市场化还受到体制、观念、传统等因素的制约，从而影响了对他们的开发和利用，特别是在硬新闻上，报道资源还难以自由地开发利用。媒体毕竟已经走向市场，于是在有限的资源中，只能选择那些限制较少、容易开采的资源。因此，这类报道资源成为首先被资本化的资源，即市场化程度最高的资源。于是，在这类资源的利用上，发生了下列几种情况。

第一，新的报道资源被源源不断地开采。资本扩张的过程就是把本来储藏的资源不断开发出来，并吸收到体系的内部，成为生产剩余价值的载体，继而形成劳动产品，在市场交换中实现增值。从客观社会效果来看，对新资源开采的作用自然是双重的，一方面可能有效利用这些资源服务于受众，另一方面也可能因为"家长里短"而弱化社会服务功能，甚至还可能因不合理开采或过度开采造成对社会精神环境的危害。

第二，报道资源中的各种"附价值"得到充分利用。物质生产中对生产资源附价值的开发利用是值得提倡的，但精神生产的情况要复杂得多。以报道资源论，新近发生事实中可能包含多种成分和功能，开发哪一种需要工具理性和价值观共同来决定。但资本只关涉工具理性，不关涉价值观。于是，报道资源中最能刺激人们接受欲望的所有因素都在利用之列，不管是白的黑的、素的荤的、美的丑的、善的恶的，更不管是否具有"守望环境"的告知功能，只要有人愿意看、愿意听、愿意买，进而能赚取利润就成。新闻娱乐化的根源在于根据资本逻辑（不可遏止的扩张欲），对报道资源"附价值"的开发利用，虽然在这种开发利用中也可能包含着一些积极因素，如展示社会的丰富多彩、拉近媒体与生活的距离、调节人们的心情等，但从根本上看，弊大于利。因为，精神产品生产中最宝贵的价值判断在其中是缺位的，"精神最大的好处是对物化的否定"对报道资源"附价值"的开发利用却走着完全相反的道路。现在学界之所以对新闻娱乐化的利弊、得失还争论不休，原因可能在于还没有抓住这一问题的根本。

第三，各种旧的报道资源甚至非报道资源也反复被用于新闻生产。类似于物质产品生产，在市场经济还不完善的时候，一些厂商偷工减料、以次充好，用一些假冒伪劣产品来坑害消费者，赚取黑心钱。表现在新闻生产中，一个时期盛行于报刊的"大特写"，不少是"旧闻+传闻"，少数是编造的。如今媒体上那些令人眼花缭乱的明星绯闻、凶杀案件、浪漫爱情、离奇故事等，不少也是如此。根据传说捕风捉影生产的虚假新闻也不在少数。资本就是如此，只要能赚钱就可以不择手段。但这种情况随着市场经济的完善，各种社会监督机制（包括行业内部监督）的建立，是能够逐步得到遏制的。因为，那样做不仅会受到社会道德的普遍谴责，而且在损害消费者利益的同时，损害了自身（乃至整个行业）的整体利益和长远利益。因此，本质上与资本扩张所遵循的工具理性是相悖的。

1. 对报道形式进行形形色色的包装

对消费品做各色包装既能刺激消费者的欲望，又能创造出一种全新的"符合价值"，进而产生出新的消费欲望。不少"后现代"理论家对此都有过描述。例如，鲍德里亚曾借用麦克卢汉的"内爆"（implosion）概念，来说明消费社会中"类象"（simulations）取代真实的情形。有论者进一步阐释在后现代的媒体场景（mediascape）中，信息与娱乐、影像与政治之间的界限也均告内爆。正如，许多评论者指出的那样，电视新闻和纪实节目越来越多地采用了娱乐的形式，用戏剧或传奇剧（melodramatic）符码来组编他们的故事。哥伦比亚广播电台的新闻杂志节目《第五十七街》片头就是一幅由众多新闻记者的肖像拼结而成的图画，好像这些记者是电视系列剧中的角色。而MTV、《今夜娱乐》以及各种脱口秀则采用了标准的新闻评论式样，将文化工业铺天盖地的宣传掩饰在"事实"和"信息"的幌子之下。其结果出现了一种被称为"娱讯"（infotainment）的东西，在这种娱讯中，信息与消遣娱乐之间的界限消失了。产生这些现象的原因是什么？在我们看来，对报道形式的精心包装根本上是同类产品生产过剩的缘故。资本的扩张必然带来消费品的迅速增长，而且这种增长的速度也必然超过消费的增长速度，由此引起生产过剩。要加快剩余产品的循环，在内容一致（"同质化"）的前提下只能在形式上求新求异。由于我国特殊的"语境"，软新闻的生产过剩尤为突出，所以这类新闻的包装更加五花八门。

2. 再从人力资源来看

"人力"即劳动力，人力资源与自然资源对称，也是生产力的基本要素。在市场经济条件下，人力资源也被资本"化"为自己增殖的工具，成为这部疯狂扩张机器的一个有机组成部分。具体到劳动者，"他们一进入劳动过程，便并入资本。作为协作的人，作为一个工作机体的肢体，他们本身只不过是资本的一种特殊存在方式。因此，工人作为社会分工所发挥的生产力，是资本的生产力"。所以，上述对"自然资源"（报道资源）的开发利用几乎在人的身上得到重演：

突破各种传统限制，一批又一批地广泛招募新人；高薪从其他新闻单位"挖人"；聘请各种社会"名人"；高价买稿、买新闻线人。

法定的休息时间被大量占用；加班加点甚至通宵达旦地工作成为家常便饭；各种各样与报酬直接挂钩的考评制度、指标任务压得人喘不上气。

与对自然资源的全面占有和剥夺不同的是，资本对人的剥夺是双重的，他在推动生产力极大发展的同时，又全面剥夺了人的幸福感、成就感，摧残劳动者的身心健康，从而造成他们"人格的贫困化"（马尔库赛说的"单向度的人"）。想想那些风餐露宿、苦苦蹲点守候在明星门前的"娱记"，再看一些都市报记者疲惫的面容，这个问题就非常清楚了。这也许可以部分解释相当数量的从业者想离开新闻岗位的原因。浙江大学的调查报告中说："由于对新闻职业'社会责任'丧失的不安和由此带来的工作幸福感指数的下降，新闻从业者中选择离开新闻岗位的人数在增多。"一项对上海新闻从业者的调查中也发现，较年轻（30 岁以下）和较年长（50 岁以上）的从业者是职业忠诚度相对较低的群体，他们当中有三分之一以上不愿意继续从事新闻工作。笔者在对浙江省媒体从业者的访谈中也发现了类似的情况。某电视台新闻二部在半年的时间里，分别有 4 位毕业于新闻院系的研究生或本科生主动选择离开，其中 3 位的离开理由分别为"整天累得要死，不知干些什么""我做的大多数节目，同学和家人都不叫好，渐渐我自己也不喜欢了""待在那儿不舒服，身心都觉得很累"。这种"人格的贫困化"是舒德森指出的，表现在新闻中的那种"犬儒主义的疏淡和冷漠"。

最后，还有必要对上述浙江大学的调查结果和研究结论再展开一些讨论。该调查结果显示：大部分新闻工作者对新闻娱乐化持反感态度；甚至有 80% 的人不能肯定新闻娱乐化是否真的能满足受众接触媒体的需求。然而，"媒体存在普遍的娱乐化现象与媒体从业者有直接的关系，新闻娱乐化毕竟是经由他们制作的"。如何解释这个问题，报告给出的研究结论是：操盘手不止一个，而是多种力量。这些力量具体被归纳为四个方面。①"用文化产业之说取代新闻事业"；②"滥用'三贴近'，低格调地'讨好'受众"；③"误读'受众'满意度"；④"媒介管理阶层新闻职业化教育的缺失"。报告中说，从调查和实际接触来看，"媒介的社会责任感、传播内容的格调与主要负责人有直接关系"。因此，报告中提出，"新闻娱乐化主要是来自媒体自身的压力，媒体的高层管理者一味追求收视率（阅读率等）使然"。据此，笔者有理由把上述四个方面的原则进一步归纳为两个方面：① 市场化的原因；② 媒体高层管理者的原因。因为，在研究者看来，"滥用'三贴近'"、"'讨好'受众"和"误读'受众'满意度"主要还是媒体的高层管理者。所以，最后一点对"媒介管理阶层新闻职业化教育的缺失"可以涵盖前两点。

首先，在资本这部巨大的扩张机器面前，具体参与新闻生产的每个人都被卷入其中，"媒体管理阶层"也不能例外。假设他们能"身在其中而出乎其外"是没有根据的。自己生产的产品与自己相对立，这种"劳动异化"是马克思早已论述过的。新闻从业者既对新闻娱乐化不满，又不得不加入其中，实在没有什么奇怪。其实如果对媒体管理者做更广泛深入的调查（这正是这项调查做得不够的地方），他们的感觉可能和从业者是一样的，说不定更强烈，因为事实上他们也同样是

"资本的一种特殊存在方式"。把新闻娱乐化的成功归结到他们身上，似乎是他们逼着具体从业者的，恐怕不大公正。

其次，媒体管理者既要对"导向"负责又要对创收负责是不争的事实。一位报业集团的主要负责人曾说："上千号人要吃饭，集团要发展，不挣钱怎么行，现在我做梦都想着挣钱。"该负责人还有句"名言"："白纸黑字，一句话也不能错；黄金白银，每分钱都要赚。"但这样的双重压力与"职业化教育"究竟有多少联系，却不得而知。

最后，"媒介管理阶层新闻职业化教育的缺失"仅是研究推论，而非调查结论。笔者仔细看过研究报告，没有发现证明这一推论的数据，更没有一般从业者与管理者职业化教育情况的比较数据。从经验出发，若论所受教育（含职业化教育）的情况，"媒体管理阶层"一点也不少于一般从业者，他们大多数受过高等教育，不少还是科班出身，而且常参加宣传管理部的组织的学习培训。事实上，面对资本的魔力，"职业化教育"充其量只是一种辅助力量。实际情况是，4年的"职业化教育"不如几个月的实习效果。复旦大学新闻学院一名学生实习时总结的标题是《实习中我听到理想破碎的声音》，另一名学生实习结束后则在任课老师的办公室痛哭流涕，反复追问老师一句话："我该怎么办？"

因此，问题不是出在"媒体管理阶层"，而是出在机制上。所以，笔者基本赞成调查报告的第一种归因，说得更具体一点，新闻娱乐化的根本原因在于资本所建立起来的那套机制。但不赞同报告提出的"把媒体产业化与新闻事业的发展剥离开"的解决路径，具体理由在前面对传媒市场化的分析中已经有过陈述。进一步概括地说，"产业"与"事业"并非水火不容、非此即彼。这些年在理论和实践界都存在一种值得注意的倾向，社会生活某个领域在市场经济中一发生问题，首先想到的不是如何在该经济体制内来解决它，而是将这个领域从市场"剥离"出去。如果继续这样"剥离"下去，就只能回到过去集中计划经济的老路上去了。承认精神生产的特殊性，但并不足以成为他必须脱离市场经济的理由。事实上，对照马克思主义的观点，报告所依据的霍克海姆和阿多诺对"文化产业"的批判理论存在较大的片面性。另外，报告对一些基本事实的判断也有些武断，如"新闻一旦进入文化产业的系统必然遭遇到毁灭性冲击""文化产业不可能促进新闻事业的进步与发展"等。

在市场经济条件下新闻生产中出现的一些问题，有些需要社会其他力量来解决，有些则需要该经济体制本身的进一步完善来解决。

第六章　全媒体时代新闻生产的保障

在全球化的全媒体生态环境下，传统媒体与新兴媒体的融合发展，已成为时代赋予新闻传媒界的历史使命，也是国家为巩固宣传思想文化阵地、壮大主流思想舆论、占领信息传播制高点乃至国家安全等，对新闻媒体提出的要求。然而，在媒体融合进程中，的确遇到诸多前所未有的困境。比如，以办传统媒体的思路去做新兴媒体，媒体融合难见事半功倍的效果。在现实中，仍存在媒体正常的监督权得不到充分保障。另外，新闻记者在网络舆论中迷失方向、虚假新闻、低俗内容等时有发生，监督媒体的机制显得薄弱。新闻采编人员的"双轨制"问题、媒体经营与新闻生产的关系等，困扰着当下媒体融合的快速推进。此外，伴随着媒体融合的不断演进，未来仍然会不断出现很多新的问题。面对这些问题，也结合本书的研究成果，本章将从建设和完善媒体规制、变革和创新体制与机制、处理好媒体经营与新闻生产的关系及强化新闻媒体自律和职业伦理等方面，提出相关的对策建议。

第一节　健全媒体规则

媒体融合的大潮势不可当地向前推进。在这一浪潮中，传统媒体在与新兴媒体的融合不可避免地出现了一些问题，而其中的一些问题需要从规制建设方面予以破解。

一、充分保障媒体正常的监督权

新闻媒体的正常监督权是新闻媒体的重要社会职能之一。社会公众意见通过新闻媒体的发布，使社会上不良现象和不当行为得以正当披露。这弘扬了社会正能量，对国家法制建设、民主建设、精神文明建设等都起到了积极的促进作用。但现实中，也有新闻记者实地采访遭遇干扰、围攻，甚至受到人身自由限制的现象。比如，2010 年 8 月，经济观察网刊登了一篇题为《新闻出版总署：保护记者正常合法的舆论监督权》的文章，文章讲述了这样一个事实：《经济观察报》某记者因报道某公司关联交易内幕而遭到某县公安局网上通缉。由于新闻出版总署的密切关注和积极回应，当地省新闻出版局及时联系有关部门，公安机关组织有关专家连夜审核办案程序，最终撤销了对某记者的刑事拘留决定，并向记者本人和其所在的《经济观察报》道歉。事实上，由于新兴媒体的发展导致舆论生态的变迁，国家新闻出版总署从 2007 年，开始陆续颁布或修订了有关保障新闻记者合法采访权、加强新闻采编活动保障工作等相关通知，记者站、记者证管理的办法等文件。毫无疑问，这些文件对新闻媒体、记者及其合法权益的保护，都起到了积极作用。但它们只是新闻部门自己制定的文件，而不是新闻部门之外的其他社会权威部门对全社会行之有效的规制。如何从全社会视角保障媒体正常的监督权，是一个有待研究破解的问题。

二、健全监管媒体的规制

前述是一个媒体正常监督权的保障问题，而谁又来监管媒体的行为，保障其行使正当、合理的监督权呢？在现实中，也存在新闻媒体监督权过度行使的现象。比如，对案件带有倾向性、煽动性的报道，在某种程度上会导致某些案件得不到公正审理。再如侵害了公民的权利，尤其是侵害公民名誉权的案例屡见不鲜。例如，曾经发生的张冠李戴的"有照为证"之"路边挂烤鸭太不卫生"的报道，引起法律诉讼，导致报社赔偿；用真实姓名、照片报道父母因艾滋病去世的孤独小女孩，使孩子的生活陷入痛苦之中。这些都给当事人人格利益造成了损害。在现实社会生活中，新闻媒体正确行使舆论监督权极为重要，但滥用权力会导致新闻官司的出现，也会使权力行使主体无所适从。这些现象不得不让我们深思一个问题：健全完善对新闻媒体的监管规制，才能提升新闻的社会运转效率，最大限度地发挥新闻的社会正能量。

三、健全网络信息监管规制

新兴媒体的快速发展给信息传播带来极大的便利，其影响覆盖从意识形态到产业发展等各个层面。由于新兴媒体意见主体隐匿性和自由性强，分布较为分散，加之新兴媒体传播渠道更为便捷、多元，所产生的内容海量但信息质量良莠不齐。前文中也列举过利用互联网媒体传播信息造成的社会负面影响的事例。事实已经证明，社会需要的是正能量，而弘扬网络信息传播的正能量，健全完善网络信息监管规制是其重要手段。过去管理传统媒体的一些规则，对新兴媒体已不太合适，这就需要管理机构转变思路，来研究和破解这一问题，加强对网络信息监管规制的建设，因为其直接影响到媒体融合的成效问题。

诚然，我国的媒体融合之路才刚刚开始，规制建设也需要一个探索过程。无论是媒介还是管理机构，都希望能通过规制建设的过程探索，积累经验，并尽快缩短从规制建设到包含国家法系中的新闻法的出台历程，使媒体融合过程中出现的问题能有法可依地进行纠偏和调整，保证媒体融合发展的正确方向。

第二节　变革与创新体制和机制

这里提到的体制主要指目前广播电视台、报业等新闻机构，用人机制设置上新闻采编人员的"双轨制"问题。"双轨制"用人机制的突出问题是，大量编制外的新闻采编人员做着和编制内人员同样的工作，但却无法获得真正的身份，成为新闻机构里真正的主人。在全媒体这样一个大时代背景下，媒体融合涉及传统媒体的组织重构（如电视台与广播电台的"两台合并"），新闻生产的流程再造等一系列问题。这些都是与以往新闻媒体运作不同的新事物。环境复杂了，新闻采编工作的内容和任务艰巨了。而大量只能以"新闻民工"身份存在于老体制内的优秀新闻采编人员，如何能以主人翁的姿态撑起新闻这片天空，这对媒体融合无疑是一个重大障碍。"并轨"，已经是一个迫在眉睫的问题了。

一、尽快出台解决"双轨制"问题的相关政策

相关政策可以考虑从过渡性逐渐到完全并轨。新闻机构采编人员的"双轨制"问题是一个社会普遍存在的历史问题，一蹴而就的并轨可能会给新闻机构乃至社会带来不小的震荡，过渡性逐渐并轨或许是媒体融合变革中的最优选择。

和社会其他用人机构一样，新闻采编人员的"双轨制"起源于 20 世纪 90 年代初，是当时新闻机构发展的权宜之计。当时各新闻机构都处在大发展时期，但作为事业单位的新闻机构，在编制和用工方面受到人事和上级行政部门的严格控制。另外，广告作为一种新生事物出现在电视、广播和报刊中，使得新闻机构获得了不小的经济收入。这笔收入支撑了各新闻机构纷纷采用聘用制的方法，来解决大发展时期采编人员不足的问题。人员问题解决了，电视台十几个频道每天近百小时自制节目的生产能力问题解决了，可随着改革发展的不断深化，"双轨制"

带来的一系列问题却没有得到解决，并且愈演愈烈成为今天的"定制"。"双轨制"体制下，编制外的新闻采编人员难以实现和编制内人员的"同工同酬"，尤其是在向上发展方面存在巨大差异，这种现象被业界称为"新闻民工"现象。当前在某些大城市的新闻机构中，这种"新闻民工"的人数已超过了正式在编人员的数量，成了事实上的当今中国媒界新闻采编的主力军。

"双轨制"发展到今天近乎成"定制"，扭曲了新闻改革的初衷，增加了新闻改革的成本。而今天的传统新闻媒体机构面临着媒体融合过程中前所未有的巨大冲击和挑战，解决"双轨制"问题不仅迫在眉睫，更是一个棘手的问题。笔者认为，"飞跃式"的变革可能会引致一些社会问题，而采取过渡式或者快速过渡不失为一种目前环境下较为稳妥的方法。应尽快出台解决"双轨制"问题的具体路径、方式等相关政策，以使新闻体制能在短时间内得到更深层次的创新，使新闻媒体更好地发挥其当前全球化背景下应有的作用。

二、新闻机构需创新用人机制，为并轨做好准备

新闻机构长期以来定位上的"双轨制"，导致了用人机制上的"双轨制"。"双轨制"极大地挫伤了新闻采编人员的积极性。不可否认，很多新闻机构已经意识到了这种问题的严重性，解决了编制外采编人员的部分或全部社会福利问题，但这些编外采编人员的提升和任用问题仍无法得到解决，仍有不少新闻机构的采编人员同岗同责而不能同酬。当年实行"双轨制"之初的很多年轻人已经步入中年，他们满怀着对新闻事业的美好憧憬进入了新闻媒体机构，他们在实践中积累了丰富的经验，他们已经成为当下媒体融合大潮中的主力军，但他们也已承担起了家庭的重担。给他们希望和激励的最好方式，莫过于改变他们"新闻民工"的地位，让他们真正成为新闻机构的主人，以坚定的职业操守和职业理想，在全球化的媒体融合中发挥他们的重要作用。在全球化、全媒体的媒体融合时代，"双轨制"体制下的用人机制改革与创新已是毋庸置疑。笔者认为，新闻机构应从实际出发，尽力并快速创新"双轨制"体制下的用人机制，为即将到来的并轨做好准备。这也是全媒体时代媒体融合大势下新闻媒体机构应该努力做好的事。

第三节　市场经营与新闻生产的合理把控

全媒体时代、全球化的媒体融合所形成的大时代背景，正在打破以往传统新闻媒体的经营模式。新闻媒体机构一方面要追逐经济利益，另一方面必须要履行

新闻媒体应有的社会职能。毋庸置疑，在新闻媒体经营和新闻产品的生产方面，矛盾是显而易见的。现实中的有偿新闻、有偿不闻、虚假报道、低俗内容等时有发生。对这种现象追根溯源，可以说成是对经济利益的追逐干扰了对新闻产品的生产所致。而杜绝这种现象，必须致力于处理好媒体经营与新闻生产的关系。诚然，这对新闻传媒界是一道难解的综合题。

一、做好守住"阵地"的新闻

对广电报主流媒体而言，无论是正在进行中的"两台合并"还是未来的广电报媒体集团，"新闻立台"历来都是永恒的宗旨，完成主流媒体的新闻宣传任务永远都是第一位的。原因很简单，主流媒体的首要任务就是做好新闻。只有做好了新闻，才能坚守好阵地，才能获得媒体融合大舞台上的"经营许可证"，否则"一切都有可能被推倒从来"。当然，这对新闻传媒界而言的确是一道难解的综合题。因为，媒体融合目前在全球范围内似乎都没有成熟的解决方案可以借鉴。目前，我国大部分传统媒体还没有实现采编业务、组织机构和资本方面的全面融合，传统媒体业务和新兴媒体业务还是"两张皮"。我们还没有融合发展的路径，没有清晰的盈利模式。但这恰恰也给了我们极大的激励，那就是全球的传统媒体基本上都处在同一起跑线上。这对中国主流媒体而言，是挑战，但更是机遇。所以，笔者认为，传统主流媒体应先做好能守住"阵地"的新闻业务，获取媒体融合大舞台的"经营许可证"，然后根据自身在大舞台的定位，来确立自己的盈利模式。这是媒体经营的重要基础和前提。本书中述及的美国以电视新闻为主导的新闻媒体市场多足鼎立、和谐共生的格局，正是由于各媒体在新闻大市场上的不同定位形成了互补，才能够和谐共生，既做好了各具特色的新闻，也获得了丰厚的盈利。当然，对我国新闻媒体而言，需要运用互联网思维和大胆创新的胆略。

二、先"改存量"再"做增量"

对于新闻媒体机构而言，"存量"是不适应媒体融合的东西。最为突出的是媒体融合所涉及的采编流程再造和组织构架调整。事实上，在媒体融合实践中，传统主流媒体都已经认识到媒体融合是必需的，但媒体融合发展表现出来的不仅是传播渠道和形态的变化，更涉及资源整合、新闻内容的生产融合、终端和渠道融合、组织和管理融合、新闻媒体和用户的深度融合等问题。要"改存量"，这些融合必须首先打通。把居住在"大杂院"里的传统媒体和新兴媒体的小灶改成大厨房，大家欢聚一堂，统一新闻采集，按各媒体特色分类加工，再由大厨房中心集中分发。这也是媒体融合发展模式的核心思想。事实上，一些西方国家的新闻媒体在这方面已经有一些局部经验可供借鉴，如做好了"存量"，新老媒体互融了，效率更高了，才是做"增量"。做"增量"是一种探索，如搭建国际交流平台，探索互利双赢的发展模式，如节目合作、节目交换、国际大型事件联合采访等；探索与国外新闻媒体的资本合作等。

第四节　加强媒体自律与伦理规范

全媒体的大众传播时代，新闻传播的链条可以概括为两种：① 社会公众个体—新兴媒体—新闻媒体人（对事件的质证）—新闻媒体—社会受众；② 新闻媒体—新闻媒体人—事件（包括当事人及可能涉及的中介机构）—社会公众。第一种传播链是一个循环过程，直到社会受众满意，传播即结束。第二种传播链中，如果社会公众不接受新闻报道的结果，将会进入第一种传播链中，直到社会公众满意为止。无论哪一种传播链，其中都离不开新闻媒体和媒体人。现实中一些实例警示我们，必须强化新闻媒体的自律和新闻人的职业伦理。

一、强化新闻媒体的自律

新闻媒体自律，一是指新闻媒体机构对新闻媒体人的自律培育。新闻媒体的自律最终还是以全体新闻工作者为依托，一支高素质的新闻队伍是构筑媒体诚信度和公信力的关键。所以，在重视新闻媒体人的业务和技术培养的同时，也应加大对新闻媒体人专业理念和新闻伦理的教育。二是指新闻机构在发起新闻报道时应加强自律。例如，2013 年年底由传统媒体发起的两个新闻事件，来窥视新闻媒体自律的社会影响。事件一是《新快报》及其记者陈永州事件。由于记者陈永州的虚假报道引起诉讼，长沙警方跨省将其抓获。而《新快报》则引用了曾国藩的对联，连发了两个头版要求"请放人"和"再请放人"。这一事件立刻在网上引起巨大喧哗，一时间，公众舆论一致性地倒向了《新快报》。随即央视做了包括有陈永州痛心疾首镜头的质证报道，《新快报》也在头版刊文致歉，此时，公众舆论也有了一致性的转向。事件二是央视发起的"星巴克咖啡中国市场高价"的记者调查。报道一经播出，就遭遇了舆论的一致批评使得这则央视报道在尴尬中结束。这两则新闻报道说明了什么，其一，进入全媒体时代至今，人民的理性素质已经提升。其二，充分的质证过程，一定能形成统一的社会舆论。其三，新闻媒体在自律意识下审慎发起新闻报道，可以避免、至少可以减少不必要的舆论震荡。

强化新闻媒体的自律不言而喻。

二、强化新闻媒体人的职业伦理

职业伦理广义上指职业活动领域中的一切道德关系和道德现象，狭义上指行业道德规范和准则。在新闻领域的道德规范和准则首先是坚守新闻的真实性。真实，是新闻的第一生命。无论是社会还是新闻传媒界，新闻敲诈和假新闻是背离职业道德的，是让人深恶痛绝的。不仅让新闻媒体的公信力受到严重侵害，也严重挫伤了社会的公序良俗。新闻媒体人的职业伦理有几点是最基本的，需要新闻媒体人自觉恪守。其一是自觉遵守国家法律法规，时刻检视自身的行为，杜绝受利益的裹挟而无视法律。其二是珍惜新闻媒体的话语权。在社会上，媒体被誉为"第四权力"，记者被称为"无冕之王"。这既体现了公众对新闻媒体的信任，也凸显了新闻媒体在舆论监督方面的重要作用，同时也寄予媒体真实报道、依法监督的责任。所以，新闻媒体人要珍惜话语权，而不滥用，这是社会公众对新闻媒体的希冀。其三是坚守新闻专业主义，在大是大非面前与党中央保持高度一致。我们提倡新闻专业主义，并不意味着新闻媒体就拥有绝对的言论自由。新闻媒体是为社会大众服务的，而社会大众的利益与国家意志紧密攸关。因此，在大是大非的问题上新闻媒体必须与党中央保持高度一致，为全党和全国的工作大局服务，正确把握舆论导向，传播先进文化，倡导科学精神，弘扬社会正气。

全媒体时代，信息是海量的，而受众的分众化、个性化需求对信息内容的广度及深度要求更高。新闻媒体人一方面要不断提高自身专业素养，着力把自己培养成一名全能型记者，另一方面在实际工作中一定要遵守起码的法律和道德准则。坚持新闻的真实性、客观性、公正性、全面性原则，不为流量、关注而发布未经核实的信息，不漏报新闻，更不能报虚假新闻。不能一味追求时效性，而以信息失真为代价。

第七章　高校"中央厨房"建设

随着网络、通信技术的不断增强，两微一端等新媒体发展的日新月异以及受众主体阅读习惯的改变，集文字、图片、音视频等于一体的融媒体表现方式成为当下新闻发布与传播的主流。以习近平同志为核心的党中央高度重视媒体融合发展，党的十八届三中全会提出了推动媒体融合发展的重大任务。2014年8月18日，中央全面深化改革领导小组第四次会议审议通过的《关于推动传统媒体和新兴媒体融合发展的指导意见》中指出："推动传统媒体和新兴媒体融合发展，要遵循新闻传播规律和新兴媒体发展规律，强化互联网思维，坚持传统媒体和新兴媒体优势互补、一体发展，坚持先进技术为支撑、内容建设为根本，推动传统媒体和新兴媒体在内容、渠道、平台、经营、管理等方面的深度融合，着力打造一批形态多样、手段先进、具有竞争力的新型主流媒体。"以上重要论述和文件的出台，为媒体融合发展提供了理论保障和实践指导。

为推动媒体深度融合、快速发展，近年来，以人民日报社、光明日报社、新华社等主流媒体为代表的媒体单位积极转型，探索建立"中央厨房"式的宣传报道平台，推动媒体深度融合，引领媒体发展进入一个新阶段。2016年2月19日，习近平在人民日报社调研时，充分肯定了"中央厨房"的做法。2017年1月5日，中宣部部长刘奇葆在推进媒体深度融合工作座谈会上强调要抓好"中央厨房"建设这个龙头工程，他说："'中央厨房'就是融媒体中心。推进媒体深度融合，'中央厨房'是标配、是龙头工程，一定要建好用好。"

笔者认为，融媒体环境下，"中央厨房"应具备以下几个特征：一是在办公空间、媒体素材、技术保障、人才使用等方面实行一个平台、扁平化管理；二是强调在顶层设计下的一个作品、多媒体表述；三是打破制度壁垒，强调媒体融合和资源共享。

新闻中心作为高校的宣传平台，在引领思想方向、报道校园动态、展示师生风采、塑造学校形象等方面发挥着重要作用。高校新闻中心一般包括新闻网、微博、微信、电视台、广播台、校报等多种媒体，在一定程度上具备了"中央厨房"的平台功能，但在新闻宣传中大多数还处于分别报道、各自为政的状态。在融媒体蓬勃发展的今天，推动高校新闻中心"中央厨房"建设既有其必要性，更是适应媒体发展形势、提高新闻中心影响力和关注度的迫切之举。

第一节 建设高校新闻中心"中央厨房"的必要性与必然性

一、全媒体时代的机遇与挑战

何谓全媒体？笔者认为，全媒体重在"全"，是通过融合传统媒体与新兴媒体等传播手段，实现新闻各种表现形式及内容（如图片、声音、文字、影像等）的融合呈现，达到全方位立体覆盖受众的传播效果的一种开放的、兼容的传播形态。全媒体时代，新兴媒体对传统媒体进行着空前的冲击，传统媒体不得不寻求与新兴媒体之间的融合发展。全媒体的融合发展，给高校宣传工作带来严峻挑战的同时，带来了难得的机遇。

（一）校园媒体存在的问题给高校宣传工作带来挑战

1. 校园媒体自身影响力下降

全媒体时代信息载体和传播渠道的剧增，使信息"碎片化"和新闻传播的"去中心化"成为必然，受众的注意力越来越分散。与日渐丰富的新闻内容和便捷的"随时获取"的传播方式相比，高校媒体宣传内容单一、同质化、滞后性严重，新媒体建设落后，与受众的互动性差，使得校园媒体自身的吸引力和影响力下降，高校师生被五花八门的社会媒体吸引，各种良莠不齐的价值观念、思想意识不断涌向"三观"正在形成、辨识力有待提高的大学生，学校的宣传思想工作显得任重道远。

2. 缺乏顺应全媒体时代发展的机制保障和专业人员

近年来，大部分高校皆在党委宣传部的基础上成立了"新闻中心"，以统筹管理校园媒体、整合宣传资源，但事实上，高校新闻中心或是与党委宣传部两个牌子一套人员，或是设立于党委宣传部管理之下，并没有增加人力和物力，使得宣传工作本就有限的力量捉襟见肘。高校虽拥有众多宣传媒体，但各媒体定位不清、各自为政，缺乏有效整合，新闻中心设立的初衷难以实现，高校的媒体融合缺乏有效的运行机制保障。另外，高校的宣传工作大多由非新闻专业的行政人员管理，对全媒体时代的新闻宣传规律难以把握，无法实现高校宣传工作应有的效能。

（二）师生对新闻融合的需求给高校宣传工作带来机遇

新闻发布与传播方式越来越多样化，人们对新闻的期望也发生着变化，希望新闻更加丰富多元、细致有趣。高校宣传工作的受众是师生，其中以 19 ~ 40 岁的中青年居多，他们对手机、网络等新兴媒体的使用更为热衷，对形式多样、内容多元且更具个性化和互动性的融合新闻有更多的期待。单一媒体，尤其是传统媒体已经不能满足师生对新闻信息的需求，因此进一步把握全媒体时代学校宣传工作的新规律，建立起行之有效的全媒体时代高校宣传工作新模式已势在必行。

二、推动高校新闻中心"中央厨房"建设的必要性

（一）适应媒体深度融合的形势，巩固宣传思想文化阵地的需要

高校师生的知识水平较高，在接受新事物、适应新形势方面具有先天的优势。近年来，随着移动终端的普遍使用，微博、微信、APP 等新闻浏览方式逐渐成为师生们的首选，高校校报阅读量、网站新闻点击量呈明显的下降趋势。虽然高校新闻中心也推出了微信、微博等新媒体平台，但由于各种媒体平台各自为政，信息发布分散化、碎片化，对师生的吸引力不足，使宣传效果大打折扣，新闻中心宣传思想文化阵地的功能面临严峻挑战。在这种情况下，强化新闻中心"中央厨房"功能，迎合高校师生的阅读体验，使各种媒体在新闻宣传方面形成合力，促进新闻报道的全媒化、多样化，才能适应媒体发展形势，巩固新闻中心宣传思想文化阵地的地位和作用。

（二）新闻中心自身转型升级的需要

目前，各高校的新闻中心正处于传统媒体与新兴媒体融合发展的探索期，普遍存在融媒体融合度不够、各个媒体各自为政、官方网站融媒体建设不成熟、业务人员角色与技术单一等问题，拖慢了新闻中心推进融媒体发展的步伐。在融媒体快速发展的大环境下，谁先实现了由传统媒体向融媒体的成功转型，谁就能抢先掌握宣传工作的主动权。高校新闻中心要实现自身的转型升级，就必须顺应形势，强化新闻中心的"中央厨房"功能，在管理模式、技术手段、队伍建设等方

面实现创新，调控、指挥各媒体融合文、图、音视频等内容，实现全媒体新闻稿件的策划、采集和编发等工作。

（三）节约成本、实现资源优化配置的现实需要

目前，高校新闻中心下辖的校报、网站、微信、微博、电视台、广播电台等媒体平台一般都有一套各自的稿件报送、素材采集、稿件编发系统。对各新闻线索报送单位来说，一方面，一条新闻线索或投稿稿件报送多个媒体平台浪费时间和精力；另一方面，在对同一事件进行采访的过程中，各媒体的重复采访既是对人力、财力的浪费，也会对被采访对象造成困扰。因此，强化新闻中心的"中央厨房"功能，可以实现新闻线索的一次报送、多媒体采用；新闻报道的多媒体共同策划、统一采访、素材共用可以实现新闻资源的最优配置，节省人力、财力、时间、精力等各项成本。

第二节　高校全媒体"中央厨房"的建设

一、高校全媒体"中央厨房"的建设现状

习近平总书记在全国高校思想政治工作会议上强调："要运用新媒体新技术使工作活起来，推动思想政治工作传统优势同信息技术高度融合，增强时代感和吸引力。"在现代大学生的学习生活中，网络新媒体技术及其承载传播的信息发挥着越来越重要的作用。一方面，互联网为大学生思想政治教育工作提供了良好的环境和条件，它极高程度地更新了教育理念、教育内容和教育手段，有利于提升高校宣传思想工作的覆盖面和影响力；另一方面，部分大学生沉迷网络不能自拔，大量的信息垃圾、信息毒品也同步而至，导致不少大学生身心受到损害。因此，不断加强和巩固网络宣传思想阵地，通过创新推动宣传思想工作传统优势与网络信息技术高度融合，成为高校宣传思想工作战线的共识。

经过这些年的努力，高校网络宣传思想工作面临的问题和挑战发生了很大变化。前几年，大家公认的问题主要是认识不足、本领不强、阵地不多等。经过这些年的努力，这种情况得到了较大改善。目前的基本状况：认识程度普遍提高，也主动建立了不少网络宣传阵地，如山西省太原理工大学的"清泽心雨"、中北大学的"红色太行"、山西大学的"君宇网"、中医学院的"杏林网"、山西省教育厅主办的"心理健康教育网"等都成为在全国有一定影响的主题教育网站；各

高校微信、微博普遍建立，学生工作者建立的微信公众号如雨后春笋般涌现。但是，其中出现不少问题，主要有以下几方面。

（一）缺乏体制和制度上的改革创新

目前，高校媒体主要由学校宣传部牵头主管，也有部分校园媒体归属学工处和团委，导致各类校园媒体的运行和工作容易产生分隔和隔阂。虽然许多学校名义上建立了高校"全媒体中心"，但实际上各部门具体如何合作并没有明确的规定，导致"全媒体中心"会议成为各部门对当下校园热点的讨论会，并没有拿出实质性的任务分工和整体运作的计划方案，从而无法有效整合信息资源，进行人力分工，让"全媒体中心"空有其壳，各部门依然各自为政。

（二）媒体形式多样，内容同质化

高校媒体的形式丰富多样，几乎涵盖了各类传统媒体和新媒体的主要形式，包括校园广播、校园 LED 屏幕、校园网站、校园杂志、校园报纸、校园微博微信等。但由于各类校园媒体分属的部门不同，无论是日常宣传策划，还是校园热点策划，都易产生内容同质化现象。例如，毕业季来临，各类校园媒体都策划采访学校毕业生学霸，容易造成学生记者或者员工采访同一名毕业生，报道出来的内容大同小异。

（三）媒体间联动不足，对内对外影响力小

受部门限制，学校宣传部和团委具有独立的对外宣传策划和目标，导致各部门各时期只有"孤军奋战"地与外界媒体沟通，相互之间没有打好"配合战"，导致某一个对外宣传热点只在某个部门联系的媒体中传播，没有形成对外宣传中传统媒体和新媒体的互通互融。

各校园内传统媒体如广播、LED 屏幕、报纸、电视台等传播范围、阅读快速性、便捷性较微博、微信弱，信息时效性差，加上自身宣传力度不足，极易在校园中成为"媒体孤岛"，学生和教师对传统媒体的关注少，使其无法发挥自身的优势。

针对这些问题，一些学校转变观念，创新开展网络宣传思想工作，"微信矩阵"应运而生，突破原有模式与套路，提出新媒体矩阵发展理念，建立起覆盖各职能部门、院系班级、团学组织、学生社团、教职员工等各层面的微信公众号联盟。当然，创建微信矩阵这一类还只是开始。随着微信矩阵不断发展，会有更多学校参与其中，将整合包括微信矩阵在内的各类网络媒体，与传统校园宣传媒体

深度融合，逐步建立校园"多媒体联盟"，围绕学校重点工作，发挥新媒体矩阵和联盟合力作用，从而形成线上线下互动、传统媒体与新型媒体同步合作的全方位、全媒体宣传格局。

二、高校全媒体"中央厨房"的建构

建立高校宣传工作的"中央厨房"，需要在高校宣传工作现有资源与架构的基础上，结合高校宣传工作实际，充分整合资源，融合创新。要使高校全媒体"中央厨房"真正发挥作用，首要的任务是结合各学校实际，分析学校现有资源，将各校园媒体重新划分管辖并且整合工作职责和范围，拿出改革的决心和魄力。

（一）打破各媒体行政壁垒，统一管辖

原有的高校全媒体模式，通常是将新行政模式套在原有的行政模式当中，这种"新瓶装旧酒"的模式极易引起原有行政壁垒、原有工作任务和新工作任务发生冲撞，导致"中央厨房"内部执行力不畅。

重新组建全媒体"中央厨房"模式，首先要打破原有的媒体行政壁垒，统一打造校园宣传机构，统一管辖，从而建立全新的全媒体"中央厨房"校园宣传中心，由宣传部牵头，工作部署和工作执行才能产生良好的联动机制。

（二）各成员有效分工，联动学生记者参与

结合学校人力实际，高校的员工可进行如下分工："中央厨房指挥员"，由宣传部门领导担任，负责热点校园新闻的策划指导和推荐；部门员工成为"中央厨房策划员"，接手部门领导的热点由头，通过组织开展"中央厨房讨论会"，确定各自下属校园媒体所需要的文字、图片、视频等材料，集中分配给学生记者，也就是"中央厨房采集员"进行一线采访和搜集；根据搜集回来的一线材料，"中央厨房策划员"继续召开讨论会，划分各校园媒体报道的内容、形式、手段、方法，如微博组报道该热点事件的短平快消息、花絮消息或者图片消息，报纸组报道该事件的主要人物通信，广播组及时改良短平快消息材料进行早间和午间播报等；然后各类媒体的学生编辑，也就是中央厨房编辑员进行新闻任务执行工作，最后将成品按时间顺序发布。

（三）各媒体加强时空互补联动，形成对内对外的宣传声势

由于各媒体在时间和空间上、内容和形式上的优劣势各不相同，这就要求媒体优势互补，取长补短。

在时间方面，微博组或者校园网组第一时间发布热点事件一二百字的短平快消息，而报纸组和微信组可以暂缓发布时间，从而做好进一步编辑加工的深度报道或者网页设计。但"慢一步"的媒体一定要在关注度有效期之内，紧跟"快一步"的微信网站的步伐，做到"热点及时跟，关注不停歇"。

空间方面，快消类媒体，如微博、微信和网站注重图像化、视觉化资料的处理，形式可丰富多样，如 H5 制作、表情包处理、GIF 动图等，充分结合学生和教师的媒体浏览习惯，而报纸组、杂志组等注重文字深度报道、资料丰富、逻辑清晰等处理，形成同一内容的宣传声势，文字、图像等多形式合一。

此外，各媒体更要加强互补联动。报纸组的人物或者事件通信出炉后，微博组、网站组和微信组也可及时转载，广播组和电视组的事件播报、人物采访也可以通过新媒体发布和传播。报纸组还可以通过开展"微博专栏"的形式登载事件或人物花絮，电视组的反馈也可通过微博组的话题营造、评论收集等形式进一步打开话题的热门度，做到各家媒体"海陆空"的强大宣传阵势。

推动高校新闻中心"中央厨房"建设是一项系统工程，只要高校高度重视，大力支持，统筹实施，持续发力，新闻中心一定会在融媒体大潮中站稳脚跟，继续掌握高校新闻宣传主导权，开创高校新闻宣传事业新局面。

三、利用"中央厨房"培养传媒应用型人才

新闻学是一门实践性较强的学科，实践类学科的课程设置是随着社会和行业的发展而变化的。我国高校新闻传播类专业人才培养的目标旨在培养新闻应用型人才。因此，如何利用"中央厨房"的新闻制作模式培养传媒应用型人才是摆在传媒教育学家们面前的一道难题。

国外的新闻类高校教学要求教师必须有媒体工作经历，因为缺少媒体工作经历和新闻实践经验的积累，很难现身说法把新闻课程讲得生动、形象、深入人心，很难在操作层面给学生起到示范示教作用。但是，国内各高校新闻教育的现状不容乐观，大部分新闻传播类高校教师并不具备媒体工作经验，课堂教学仍然以传统"僵化"的"灌输式"教学为主，学生学习兴趣不高。

结合《人民日报》"中央厨房"模式，我国高校新闻传播课堂教学可以从如下方面进行思路创新。

（一）培养学生从关注"新闻作品"转向关注"新闻产品"，实现传播者与受众的深度融合

全媒体"中央厨房"是一个从新闻作品向新闻产品转换的过程，作品化导向

与产品化导向下生产的内容产品有着本质区别，后者强调以用户为本位，在服务用户的同时实现产品的社会价值和经济价值。

体现在课程改革上，就是要转变学生的学习思路，扩大他们的创作视野，从关注微观的"新闻作品"创作到关注宏观的"新闻产品"制作；从关注新闻后端的"作品生成阶段"，到关注前端的"产品策划阶段"。当然，针对新闻"中央厨房"这一理念，不同的课程可以进行不同的创新，如新闻写作类课程，针对记者的采写编评技能的训练方面，可以就"中央厨房"记者部门的职能设置课堂，课程的培养目标尽量接近"全媒体记者"的目标。同样，新闻编辑类课程着重培养新闻编辑的基本技能，可以向"中央厨房"的编辑职能部门学习。在设置课程时，位于课程前端的"编辑策划"等知识，可以类似"中央厨房"的"新闻中心编务会"职能，重点就其进行课程学习安排。而对于后端的编辑加工、制作等技能的学习，可以借鉴"中央厨房"的"各终端道"的责任编辑的职能划分进行相关训练的课堂设计。

需要说明的是，这一部分的思路需要借助市场营销学、广告学的相关知识，这就需要授课教师有其他专业或学科的知识积累，能触类旁通，引导学生进行市场行为的分析和受众模式的思考，进行大量的案例分析和解读，启发学生思考。

（二）成立融媒体工作室，模拟真实媒体企业的运作模式，训练学生的实践动手能力

在互联网之前的传统媒体发展模式中，各媒体载体处于各自为政的局面。但是，在当前的媒体发展中，新闻"中央厨房"模式可以有效发挥核心枢纽的作用，实现对"媒体矩阵"的科学指挥。在这种新模式的推动下，能够满足协同作业的需求，实现对全媒体产品的采集、制作以及传播。

当然，如何整合传统媒体的内容资源优势和新媒体及时性、互动性强的特点，一直是媒体融合发展需要面对和解决的问题。《人民日报》的融媒体工作室思维给我们带来了思考。在新闻"中央厨房"模式下，人民日报社新媒体中心在2016年创建了融媒体工作室，融媒体工作室以参与人员的兴趣为导向，呈现一种"融合高"的特点。在内部，融媒体工作室采取主动申报的形式，每个团队3~5人，由1~2名媒体人牵头，招募其他有兴趣的同事自愿参加。

"中央厨房"作为融媒体工作室的孵化器，为人民日报社体系内编辑记者的内容创新提供推广运营、技术实现以及基础的资金支持。所以，在笔者进行的新闻类专业课堂设计中，模拟人民日报社新媒体中心融媒体工作室的设计理念，将全班学生按照报道内容的不同划分为若干"融媒体工作室"，在此基础上进行新闻

产品设计，训练学生进行真实的选题策划，指导学生创作新闻作品。在考核方面，按照业界新闻产品的考核标准进行课程项目的多元化考核，从作品质量、用户体验、数据反馈等各方面进行考核，比较真实地进行课程教学效果评价。

新闻"中央厨房"的优势不言而喻，在全媒体时代的融媒体大背景下有其特殊的存在意义，这一传播模式似乎就是为这个时代而生的。

"中央厨房"是媒体立足新环境不断发展的必要模式，与时代发展相适应，值得业界学习和借鉴。当然，其不足之处也应引起我们警惕，需要我们反思。作为高校新闻传播教育者，笔者期望可以不断从业界的发展中得到启迪和思考，进而改进和创新我们的教育教学模式，从实践中来，到实践中去，培养出符合时代需求的高素质应用型人才，为我们的新闻传媒事业贡献出自己的力量。

（三）构建全媒体运营中心，打造新型主流媒体，提高对外传播能力

随着信息通信技术的发展，高校新闻舆论宣传工作面临着全媒体这一全新媒介形态带来的诸多挑战和机遇，要强化互联网思维和一体化发展理念，着力推进传统媒体和新兴媒体深度融合。一是坚持"围绕中心、服务大局"的方针，组建"一报一台一网一站双微一矩阵一站群"为依托的"全媒体"新闻舆论宣传阵地，构建以"报、台、网、站、双微、矩阵、站群"为融合平台，内宣外宣一体，线上线下通联宣传大格局，形成传播力强、公信力高、影响力大、立体多样、手段先进、融合发展、竞争力强的传播新体系，健全共同负责、任务具体、分工明确、职责清晰、工作有序、高效运转的工作新机制。二是积极开拓社交媒体领域，发展用好社交媒体。三是统筹各二级部门网上和网下、内宣和外宣媒体管理，打造舆论主阵地，唱响红色主旋律，讲述师生好故事，传播校园正能量，全面提升新闻宣传质量，增强新闻宣传的吸引力、感染力，提升学校美誉度和影响力。

第八章　全媒体时代与网络舆论

网络舆论是互联网技术在应用和发展中的一个衍生物，是其对社会、政治、文化全面渗透和影响的重要体现。在当下，一个重大事件发生后，公众通过网络发表言论，回帖、跟帖动辄几十万条甚至上百万条，各种意见、各种争论、各种思想在网络上呈现，多元利益群体和社会思潮在网上交汇，使网络舆论逐步成为社会舆论的主要源头和窗口。互联网作为一种新的传播技术和媒介形态，不仅为社会舆论提供了呈现和发布的新渠道，而且影响着舆论的形成、传播和作用方式。伴随着互联网主流技术形态的升级，网络舆论不断发展和演变，其独立性也日趋显著，呈现出与一般社会舆论不同的特点。

第一节　互联网舆论场

一、新的舆论场

伴随着社会转型、社会结构的变动以及社会意识的悄然变化，互联网在中国的发展推动着社会舆论的嬗变及其在网络空间的呈现。

（一）网络舆论的萌芽期（1999—2002 年）

20 世纪 90 年代后期，当互联网逐步走出科研院所，面向社会公众普及之际，全球化进程中国家经济的强势崛起和中国在国际交往中的悲喜交集是网络论坛中的主导性议题。

北京时间 1999 年 5 月 8 日，北约的美国轰炸机轰炸了位于南斯拉夫贝尔格莱德的中国驻南斯拉夫联盟大使馆，造成多名中国公民和工作人员伤亡，大使馆严重被毁。事发后,中国民众群情激愤,民众抗议此起彼伏。5月9日,《人民日报》网络版适时开通了"强烈抗议北约暴行BBS论坛",使激愤的民情有了宣泄的渠道。同年6月19日,抗议论坛正式更名为"强国论坛"并沿用至今,这个出现在特殊时期的国家级网络论坛,首次将中国网民的民意呈现在世人面前,成为中国网络舆论发展历程中的一个里程碑。

由于互联网技术形态和普及程度的限制,当时的网络舆论对社会的渗透程度有限,只有当涉及国家主权的重大事件发生时,网络舆论才会进入社会公众的视野。但是,由千千万万普通民众构成的网民群体正在逐渐成长并不断壮大,他们在网络空间内日益形成影响,不仅是国家意志作用的对象,也是悄然作用于国家意志的力量;不仅是精英推动的对象,也逐渐成为推动精英的力量,网络舆论在网民的不断成长中集聚发展的能量。

(二)网络舆论的成长期(2003—2008年)

2003年是中国接入互联网的第十个年头,这一年的孙志刚事件、哈尔滨宝马撞人事件等在网上引发了巨大民意声浪,在我国网络舆论发展的历史坐标上留下了清晰印记。自2003年出现12起网络舆论事件以来,互联网激发出巨大的社会能量,事件数量逐年增加、爆发力度越来越强(表8-1、图8-1)。2005年,网民总数首次超过1亿人,在全球化和市场化的推动下,普通网民可以与西方发达国家网民近乎同步地分享互联网主流技术升级所创造的最新成果。在中国语境中,公众运用这些技术成果创造出具有中国特色的网络舆论表达。

表8-1 2003—2011年中国网络舆情事件数量

年份	2003	2004	2005	2006	2007	2008	2009	2010	2011
数量/件	12	34	63	85	132	186	248	274	349

注:2003—2008年数据根据网络资料统计,2009—2011年数据根据中国人民大学舆论研究所发布的《中国社会舆情年度报告(2012)》统计。

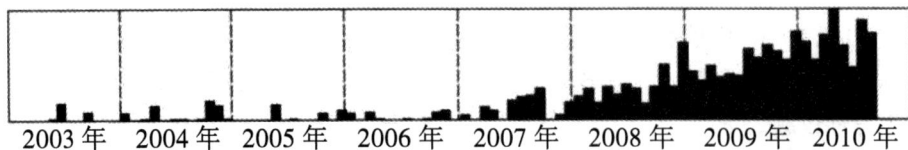

图8-1 2003—2010年中国网络舆情事件数量趋势

2007年，依托 Web 2.0 技术浪潮，新闻跟帖、聚合新闻、聊天室、社区论坛、即时通信等主流技术形态的升级，使互联网逐渐成为社会舆论的主力媒介。各种公权力大、公益性强、公众关注度较高的公共部门和公职人员成为网民关注的焦点，社会民生问题成为网络舆论的主流，以厦门的 PX 项目事件、陕西的"周老虎"事件、重庆"最牛钉子户"事件和山西"黑砖窑"事件等四大事件为标志的公共事件形成强烈的社会舆论，推动了相关社会问题的解决，网络舆论的影响范围也逐步扩大到政治领域，成为社会舆论的重要组成部分。

以这四大事件为标志形成了中国互联网舆论的两个较大特点：一是新老媒体互动是网络舆论真正影响大多数人乃至事件走向的重要因素；二是政府感受到网络舆论的强大力量，在舆论面前承认、纠正错误。2008 年，国家领导人首次对互联网在我国社会、思想和文化领域的地位做出论述时指出："网络新媒体正成为舆论新格局的重要组成部分，成为思想文化信息的集散地和社会舆论的放大器。"

（三）网络舆论的爆发期（2009—2019 年）

随着互联网应用渗透社会各阶层、覆盖各领域，网络舆论表达的形态也日趋丰富。2009 年开始，网络舆论事件数量每年都在 200 个以上，其中包括网民对政府失职渎职行为的问责，对违法乱纪官员的监督鞭挞，对弱势群体的同情声援，对公权力阳光下运行的期盼和对社会道德滑坡的疾呼。根据中国人民大学舆论研究所发布的《中国社会舆情年度报告（2012 年）》显示：2011 年，全年具有社会影响力的网络热点事件总计 349 个，平均每天 0.96 个，中国进入了危机常态化社会，网络成为舆论的主要源头。

尤其是 2009 年微博投入使用后，4A 传播（anyone，anywhere，anytime，anything）带来了"大众麦克风"时代。移动互联网的普及使普通民众通过文字、音频、视频等方式实现对线下事件的同步现场报道，高交换率和强扩散性进一步加速舆论风暴的形成。2010 年，发生在以"我爸是李刚"为标签的撞人事件以及随后的郭美美事件在国内引发舆论啸聚后，这两个事件分别登上了美国《纽约时报》。一人一地之事，在短时间内演变为全球关注的公共事件，凸显了新媒体借助全球化和个人化两大潮流释放的巨大能量。国内国外、网上网下互动成为常态，虚拟的网络政治在多元社会力量和网络化逻辑的推动下，不断趋向实体化，虚拟空间与现实空间的交织互动呈日趋频繁之势。

互联网早期的民意表达，带有较强的知识分子气质，到 2003 年孙志刚收容致死案，引发新民权运动时，精英的主导作用还是显而易见的。但随着互联网的普及，网民的整体知识层次下降，新意见阶层崛起，普通网民在更大范围内自主地问政问责。从重庆"史上最牛钉子户"，到厦门 PX 事件，再到山西黑砖窑等事件，网民在早期精英的带领下，逐渐熟悉了互联网的环境，开始发挥更加主动的作用。但是，我们也要看到，在越来越复杂的互联网环境下，网民面临着更多的资讯、更多的意见选择，意见领袖从这里又获得了新的机会。在这一过程中，草根意见领袖崛起，极具爆发力。

二、网络舆论的成因

互联网不仅为网民发表意见提供了一个平台，它还糅合社会心理、公众言论表达行为以及新传播技术等变量形成了一个崭新的时空环境，它们相互作用并合力塑造出网络舆论得以形成的宏观语境。

（一）权利意识觉醒推动公众表达

网络舆论的形成源于公众借助互联网对特定的议题或事务所表达的意见和态度。公众的表达意愿越是强烈，网络舆论就越是活跃。在我国的历史上，曾有过绵延数千年之久的封闭专制的政治统治，"庶人不议"的戒律造就了政治文化，民众对政治参与和言论表达持被动态度，其在政治生活中信奉的基本原则是服从和沉默。改革开放以来，经济的发展和社会的进步使公众的自主性不断彰显，公众对巩固和维护自身权益有了更加主动的追求。与此同时，互联网推动信息自由流动、意见自由表达和政府公开透明等观念不断向社会渗透，增强了公众的表达意愿和表达能力，推动其对具体问题、事件、政策等发表评论，促进了新的政治文化的形成。

随着改革步入深水区，各种经济和社会问题集中爆发，民众权利意识不断觉醒，维权意识不断增强，一大批独立的、倾向于主动参与和发声的公民在网络空间内发育成长，对公民权利的践行与争取知情权和传播权的努力交织在一起。通过互联网，人们以更低的成本和风险表达利益诉求，越来越多的公众倾向于通过网络发出自己的声音。一项基于全国 12 个城市互联网使用情况的调查报告显示，"71.8% 的网民和 69.1% 的非网民都非常赞成或比较赞成'通过互联网，可以有更多的机会表达观点'；60.8% 的网民和 61.5% 的非网民都非常赞成或比较赞成'通过互联网，可以有更多的机会评论政府的工作'"。因此，互联网成为中国当下最重要的意见表达渠道，通过网络表达意见已成为一种最广泛且最触手可及的政治参与形式。

（二）网络传播催生虚拟表达群体

在任何媒介环境中，舆论的生成都需要以群体的作用为动力，从而使分散的意见表达形成规模效应。与口耳相传的人际传播和报刊、电视等大众传播环境有所不同，网络传播赋予公众更多的能动性，并使公众之间呈现出更为显著的互动特征。正如舍基所言，网络时代"一则新闻可以在刹那间由一个地方扩散到全球，而一个群体也可以轻易而迅速地因合宜的事业而被动员起来"。网络舆论的参与者是普通网民，在特定的舆论过程中，维系彼此关系的是围绕某一议题所建构的共同意义，由此形成了一个基于特定议题的虚拟表达群体，他们的离散聚合决定着网络舆论的生成、演化乃至消退。

网络传播技术的不同形态对虚拟表达群体的形成具有不同的影响。门户网站以信息发布为主，以新闻跟帖、评论作为用户互动的主要机制；知名论坛社区对网站内部使用者的发帖和评论等行为进行组织和管理，论坛的管理人员具有把关人的性质，他们对帖子的置顶、加精、分类等能够直接影响网站内信息的呈现以及议题的显著性，从而使网络舆论以组织化和结构化的方式表现出来；以用户参与为本质的 Web 2.0 应用，以个性化、开放性、互动性等特征使自媒体传播呈现出与 Web 1.0 时代截然不同的特点，使用户能全方位参与到网络内容的提供和信息分享的过程中，信息的自由流动加速群体意见的形成。2009 年以来，微博、微信等社交媒体的应用进一步凸显了网络的聚合力量，改变了舆论的生成、交汇和呈现形式，成为舆论发布的第一载体和热点事件集中呈现的主要场所。社交媒体不仅制造了人们社会生活中争相讨论的热门话题，而且使意趣相投的用户可以在网络空间内找到自己的归属。基于这种聚合机制，一件看似不起眼的小事，经过网民即时传播和情感发酵，能够迅速集合虚拟表达群体，在短时间内掀起舆论风暴，引发举国关注的舆论事件。

（三）社会转型重塑社会心理场

舆论总是在一定的意识环境中产生和传播的，德国心理学家勒温最早提出的社会场论先后被发展为"心理场""舆论场""环境场"等概念，并用于分析舆论所处的宏观社会语境，而其实质是指一种刺激舆论形成的社会共振圈。社会变迁或转型时期是社会非常规变动时期，各种社会问题层出不穷易于引发舆论波动，各种与公众有较高关联度的事件、人物、现象或话题都能激发社会舆论。当前我国经济社会发展正处于一场史无前例的变革之中，社会阶层之间、城乡之间、经济发展与社会建设之间出现诸种不平衡、不协调的现象，各种社会问题和社会矛盾此起彼伏，各种指向政府的议题，各种与公众生活密切相关的领域，如食品、医疗卫生、教育、住房、户籍、社会保障等民生问题频频成为引发网络舆论的争议性话题，足以在具有同质化生活经历和情感体验的大比例人群中激发认同感。

社会转型在推动社会结构分化的同时，加速了社会成员的阶层意识分化。社会意识的碎片化导致社会共识难以形成，尤其是在一个"断裂的社会"中，对社会公平正义的认知和判断在相当程度上决定了公众的态度和情感。在特定的舆论表达过程中，公众在社会心理场的作用下进行"我们"和"他们"的划界，做出强势群体和弱势群体的区分，易于形成阶层间的对峙感和相对剥夺感。弱势身份的体验一旦被焦点性事件激发，就倾向于跨越年龄、职业、经历的区分而形成虚拟表达群体，由于弱势群体的利益诉求在现实社会中缺乏表达渠道，网络就成为汇聚舆论和反映民意的平台，因此，互联网成了折射转型时期社会变迁的舆论镜像。

三、网络舆论的特点

网络传播的技术特性和我国网民群体的结构特征，使网络舆论在形成、传播和发展的各个阶段和环节上呈现出与一般社会舆论不同的特点。把握网络舆论的特点对于认识网络舆论的社会影响，并在此基础上做好引导工作具有十分重要的意义。

（一）网络舆论形成的突发性

网络传播是一种多层面、立体式的传播，融合了人际传播、群体传播、组织传播和大众传播等传播形式，多元传播主体在舆论形成过程中扮演着不同角色，它们交互影响，相互推动，共同决定着舆论的走势。当一个事件和议题产生后，舆论不断发酵、聚合、扩散、裂变，在不同传播形式的综合作用下，其爆发速度、波及范围与影响力度较传统舆论呈现几何级数的增长，舆论形成的速度、广度和强度也随着互联网主流技术形态的演进而增长。

网络舆论的初始信息可由专业记者从网络媒体挖掘并向传统媒体扩散，也可以由网络搬运工由一个地方性的论坛向大型综合论坛传播，还可以依托微博编织的复杂用户网络实现裂变式的分享，相应地，舆论爆发的时间可以由几天缩短至几小时。与人际传播推动舆论由局部向全局扩散的费时费力不同，网络社会，任何一个偏僻角落导入的信息都可以迅速进入全国乃至全球传播网络，最终成为复杂网络中的一个信息节点，从而使一个地方性议题快速升级为全国性议题甚至全球关注的公共事件。以新传播技术作为动力，网络舆论能够在越来越短的时间内实现由小及大、由点及面，由局部向全局蔓延的态势。因此，政府应对网络舆情的黄金时间也由 24 小时缩短到 3 ~ 4 小时。

与此相对应的是网络舆论的易逝。网络舆论的诉求基本上是利益诉求，即维护自身利益不受损害，一旦这样的诉求得到满足，一场舆论就会平息。

（二）网络舆论鲜明的指向性

网络舆论事件最关注的问题是政府官员的执政问题与民生问题。这些问题常牵涉普通百姓的敏感神经，稍有不公，容易引起群情激愤，形成网络暴力。政府管理阶层的贪污腐败、工作作风和生活作风问题成为网民关注的重点。据人民网舆情监测室统计，2012 年反腐倡廉类舆情所占比例最大（28%），其次是社会民生类舆情事件（17%）和公共安全舆情事件（11%），其余较为平均地分散于文化教育、刑事案件、涉外、社会道德、食品卫生、环境保护等舆情事件中。

（三）网络舆论传播的符号化

网络舆论的传播过程是传播场域各传播主体以信息文本为中介进行互动的过程。一则信息要从成千上万的话语生产中脱颖而出，引发网民关注，形成滚雪球式的传播效应，就需要有夺人眼球的信息特征。例如，蹿红网络的"欺实马""范跑跑""楼脆脆""躲猫猫""俯卧撑""打酱油""杯具洗具"等流行语，以及"脑残体""知音体""蜜糖体""丹丹体"等不时翻新的网络语体表明，网络舆论信息的传播有其内在的文本逻辑，短小、精悍、传神、概括力强的词汇和修辞语句能够加速推动舆论信息文本的传播，它们可以被视为网民基于特定的社会语境在网络传播中展开的修辞创造，一般都能成为网络舆论事件的标签。这种符号化传播的特征一方面与网民的从众心理有关，即网络空间群体表达的极化机制会使网络社群所使用的语言表述风格趋于同化；另一方面，符号化的舆论表达在特殊的社会语境中不仅便于受者解码和形成认同，而且使二次传播得以依托特定框架而减少对琐碎细节的依赖，以至不失信息内核的精神实质。在舆论传播的过程中，网民的嬉笑怒骂折射出他们谐谑、悲情、反讽、调侃等情感底色，借助反讽、调侃等网络话语实践，特定的情感在网络社群内可引发极大的共振，构成了一种符号学意义上的情感表达（表 8-2）。

表8-2　部分网络舆论事件中的符号化表达

事件名称	符号化表达
"微笑局长"杨达才	微笑局长，表叔
陕西孕妇引产事件	强制引产
"7·23"动车追尾事故	至于你们信不信，我反正信了
郭美美事件	郭美美，炫富姐
中石化"天价酒单"事件	天价酒
郑州财政官员质问记者	你是不是党员
武汉少年黄艺博走红网络	五道杠少年
河北大学校园撞人案	我爸是李刚
富士康员工跳楼	十三跳
医生玩网络游戏延误五个月婴儿就医致死	徐宝宝
韩峰局长日记	局长日记，香艳日记
云南晋宁看守所李乔明猝死	躲猫猫
上海"钓鱼执法"事件	断指证清白
杭州飙车案	欺实马
河南民工张海超尘肺事件	开胸验肺
周久耕事件	天价烟

　　具有传播标签的网络舆论事件能够形成并激发社会的集体记忆，尤其是在以情感诉求为主要诉求特征的网络集群中，潜伏在社会心理底层的文化积淀极易被唤醒。一些具有符号化表达的舆论事件能够放大网络空间内舆论的强度和烈度，使其呈现出独特的舆论样态。

（四）网络中意见领袖的作用显著

　　网络舆论的形成和演化具有自组织的特性，理论上每一个网民都可以通过有意或无意的传播行为制造舆论热点，掀起舆论风暴，但是网民的结构特征和网络空间内部的权力运行机制使自发的网络舆论呈现出组织化的特征。在我国，规模庞大的网民具有显著的二元特征，即数量较少但影响巨大的意见领袖和经济文化精英占据着左右事态进展和掌控解读框架的主导地位，是放大传播效应的关键群体；而数量可观但影响力较弱的普通网民，他们是响应者、围观者，以人多势众凸显民意汹涌。2011 年 5 月，Yahoo Research 对 Twitter 两个月内的 12 亿条微博调查结果显示，71% 的微博没有任何回复，只有极少数微博成千上万地被转发和讨论，仅占用户总量 0.05% 的精英用户吸引了超过一半以上用户的注意力。

网络舆论的演化可被视作不同网民协同互动的结果，它通常是由一部分网民陈述社会现象，一部分网民展开质疑，更专业的网民对其进行深度分析与讨论。在主流解释框架式微的背景下，处于经济社会体系中高层的意见领袖和关键网民凭借自身的社会资本和个人声望积累起对普通网民的动员能力，可以在瞬间对网络舆论形成有力的牵引。当网民的响应达到一定强度时，他们的意见或情绪就会形成广泛的共鸣，尤其是微博等社会化媒体传播的发布门槛低、频率高、传播速度快，为海量的低收入却有强烈表达欲望的网民提供了参与讨论、交换感受、分享认同和发泄情感的通道。因此，互联网一方面为现有利益格局中原本处于权力远端的边缘群体提供了聚合行动力量的媒介、呈现利益诉求的工具和非制度化参与的可能，另一方面中心化的趋势又导致社会表达系统中新的"中心—边缘"结构的产生。在这样的舆论生态中，转型时期利益关系的错综复杂可能导致围绕着舆论呈现和作用影响的控制、操纵和博弈，网络舆论独立性的增强使网络推手和网络水军的运作出现了新的特征，信息操纵的职业化和专业化水平不断提高，网络传播与传统媒体的互动炒作也对网络舆论的发展产生重要的影响。

（五）网络舆论依托新老媒体互动得以发酵

新传播革命之前，舆论就是来自传统媒体的报道。公众议程想要对政策议程有所影响，必须通过传统媒体的报道。现在，依托互联网的新的话语空间诞生，在虚拟与现实、官方与民间、公民行动和高层决策之间形成了多方互动，构建了一个公众参与公共事务讨论的新舆论中心。与此同时，互联网也成为舆论发端的地方。郭美美事件、甬温线铁路交通事故等都在互联网上生成了舆论，对以往简单、线性的传播机制做出改动。越来越多的重大社会事件发源于网络，或是以互联网为主要的发酵地。传统媒体中以网络发端的事件为报道内容的比例越来越高，讨论热烈的网络事件自然就具有了新闻价值。意见领袖为传统媒体设置议程已经不再罕见。

但是，以报纸、杂志、广播、电视为主的传统媒体依然重要。微博上的公共事务要在社会上获得更大程度的认知，往往需要通过传统媒体。经过传统媒体的审核、放大，一个事件才会最终成为真正的社会事件。网络媒体与传统媒体并不是相互对立的，它们的作用完全可以互补。当某个议题引起网民广泛关注时，传统媒体往往会马上介入，进行采访和深度报道，郭美美事件、"表哥"事件、京沪高铁故障事件都是这样的例子。反过来，某家传统媒体机构对个别事件的报道也可能在网络论坛上引起轩然大波，使它迅速变为公众议程的一部分。在更多情况下，网络媒体与传统媒体交互作用，很难辨别是谁引导谁。

（六）网络舆论的"马太效应"

"先入为主"是舆论传播中的一般规律，网络舆论中也存在着类似效应。一个事件发生后，首先出现的某个或某类观点对后续舆论的发展具有显著影响。通过对国内网络论坛中大量舆论事件的实证分析可以发现，网络空间的舆论存在一种"前十效应"，即对网络上出现的某些新闻或社会现象，前十位网民的意见和评论决定了后续的数十甚至成百上千的意见和评论的内容与态度。根据"沉默的螺旋"等传播学经典理论，网民在发表评论时首先会探察已经存在的"意见气候"，权衡意见发表后的效果，信息传播技术的发展使网民能轻而易举地获取网络空间内的主流意见，前十条评论无形当中成为后续评论的参照，当一致的意见越来越多，新意见所需要突破的心理压力也就越来越大，多数人的附和会逐渐提升优势意见的强度。因此，一旦出现热点信息，随着不同类型网民的集聚，主导性意见就会不断占据上风，这种意见的优势越是明显，参与讨论的网民就越容易受从众心理的影响，主动放弃与主流群体相抵触的意见，而当网民发现有许多人同自己保持相同的观点时，对自己观点所持的立场就会更加坚定。

"马太效应"除了在特定的舆论议题中有所表现，而且在不同的网络舆论平台上也有所显现。比如，网民会选择那些高关注度的网络平台发布信息，从而导致网民注意力越来越集中在少数知名网站上；微博可以通过定制功能选择性地接收符合个性特征的信息，从而逐渐形成一些比较封闭的舆论圈。这种"马太效应"的出现会导致网络舆论中极化现象的产生。美国学者凯斯·桑斯坦早在20世纪末曾对仇恨团等网络分裂和虚拟串联现象进行细致研究，在他看来群体极化过程的突出表现是，团体成员一开始即有某些偏向，在商议后，人们朝偏向方向继续移动，最后形成极端的观点。"马太效应"对舆论样态的直接影响是，网民的舆论表达会呈现出高度类型化的特点。在我国网络舆论生态中，突出表现为舆论的单一性或舆论的对峙性。中国人民大学的舆情研究报告显示，2009年和2010年典型舆论事件中的意见类型个数分别为1.7个和1.8个，2010年有41.9%的舆论事件意见类型个数为1个，而41.1%的舆论事件有两个针锋相对的意见类型。舆论样态的类似特征表明，中国网络空间的舆论质量仍有较大提升空间。

（七）网络舆论的"次生效应"

次生灾害是对自然灾害中一种衍生现象的指称，它是指高等级、大强度自然灾害发生后接连发生的一连串其他灾害，在这一灾害链中最早发生的灾害被称为原生灾害，而由原生灾害所诱导出来的灾害则被称为次生灾害。网络舆论有议题广泛、瞬息万变、热点频出的特点，尤其是在一些针对公权力或公职人员的负面舆论事件中，当事人或当事方的不当或失当应对是推动网络舆论升级和加速传播的重要影响因子。它们会使舆论在发展过程中形成类似次生灾害的"次生事件"。这类事件的发生一般是由于从舆论爆发到发酵，再到形成更大规模舆论风暴的过程中，出现了公众诉求点的转移，在原来的事件之外，出现新的诉求目标，推动事件快速升级。比较典型的发生网络舆论次生事件的有甬温线铁路交通事故和郭美美事件等。在甬温线铁路交通事故中，事故发生后相关部门回应的迟滞导致事件信息的缺失和处置不力，网络舆论中先后出现了公众对相关部门工作效率的指责，对事故中死亡人数以及火车信号灯等事故原因的质疑，不断形成的舆论新焦点在相关部门不当应对的条件下，形成了节外生枝和舆情转向的空间，进而升级了舆论事件的强度和烈度，并推动事件由虚拟空间向现实空间延伸。郭美美事件中更是出现了从讨伐"微博炫富"上升到质疑中国慈善事业的议题转向。网络舆论中的次生效应一方面与相关部门的不当应对有关，另一方面与网民的批判性和情绪性表达有关。在这个意义上，"次生事件"产生的根源与现实社会中的"泄愤事件"有相似的内在机理，即没有直接利益关系的网民借突发事件来表达对社会的不满，以发泄情绪为主，绝大多数的网民都抱着"路见不平"或"借题发挥"的心态，意见领袖则在舆论发展的关键节点转移议题框架，通过迎合网民的利益诉求和偏好，达到吸附大规模网民群体的舆论效应。网络舆论的次生效应表明，舆论环境的不确定性已构成政府执政的一个基本场景，正是网民与网络管理应对体系的互动、网民与社会结构的相互作用导致了网络舆论的形成、发展、演变和消散。

四、网络舆论的社会影响

互联网通过推动信息公开、言论表达和决策监督促进了新的政治文化的形成，网络舆情的主流是积极的，有利于惩恶扬善。网络舆情一定程度上表达了民意，是以最小成本来化解人民内部矛盾，但其负面作用也不可小觑。互联网有时成了转型时期民粹主义的放大器，网络话语碎片化的特点和网民的结构特征导致网络舆论空间存在情绪化的宣泄和非理性的表达，部分网络群体性事件还演化至群体极化，形成网络暴力，甚至发展到社会暴力的阶段。

（一）网络舆论的积极影响

1. 网络舆论推动舆论监督的发展

在我国，舆论监督在很长一段时间内，是指由新闻媒介代表公众对公权力所进行的监督。在这种情形下，舆论监督更多的是传媒展开的批评报道，这样做相当程度上反映的是政府的意志，何时批评、如何批评以及批评的程度都需要服从政府的意志。网络民意的崛起使舆论监督的主体实现了由传媒向公众的部分转移，使舆论监督相对摆脱了传统媒体的束缚。从过去政府给媒体设置议程，媒体再给大众设置议程，到如今公众通过网络给媒体和政府设置议程，一个发帖或者一张图片就能够曝光，网络舆论把问题呈现在公众的面前，形成聚合效应，呈现在政府的面前，产生压力效应。通过网络表达，网民参与政治和影响政策的意愿得到更便捷的实现。互联网把原本分散的公众连接起来，使他们在网络空间中获取政治信息，关注政治事件，感受政治生态，展开政治讨论，进行政治协商，直到参与政治决策，进而引发自下而上的舆论风暴。网络舆情之所指能把相关部门推上风口浪尖，使相关问题成为各级政府和机构必须妥善处理的紧急事务，甚至是压倒一切的紧迫事务。网民的监督推动着立法进程。与传统舆论监督相比，网络舆论使普通公众之间形成了监督的合力，增强了监督的公开性和透明度，自下而上的民意表达使舆论监督的内部性得到了有效突破，在真正意义上构成对政府决策的压力。网上施压者的广泛性能促使有关部门重视相关问题，在总体上加强了舆论监督的密度与力度。与此同时，网民监督与传统媒体的监督之间正在形成一种竞争与合作的复杂关系，民意表达成为传媒监督的合法性来源，网民成了延伸传媒监督边界的力量，使传统媒体在现有制度架构中得以实现局部性的突破，产生更大的作为。自上而下的有组织的舆论监督，与自下而上的去科层化的监督形成合力，使舆论监督日趋显性化和常态化，导致政府以及监督对象必须对民意做出回应，在政府与公众互动的过程中，公众创造出了更具回应性的政治参与渠道。

2. 网络舆论具有社会减压阀的功能

网络舆论的喧嚣折射出转型社会的问题列表，通过网络这个平台，公众表达着自身对个别官员的愤怒讨伐，对一些地方政府政策的鞭挞问责，对腐败恶行的揭露围观，对公民权益的积极维护，无不反映出社会现实中的突出矛盾和社会运行中存在的诸多弊端。这些矛盾和弊端如果不能得以揭示，长时间得不到解决，日积月累，就会导致社会情绪淤积过深，民怨溃堤而出。网络舆论表达中有富于理性和建设性的言论，可以为相关职能部门化解矛盾提供有益的线索，也有充满调侃、嬉笑怒骂乃至恶语相向的情绪性表达，透过这些言论，政府可以洞察网民的内心诉求。在互联网出现之前的中国社会，公众言论表达的途径匮乏，与政府直接互动的渠道受到较多的限制，如今互联网增强了参与的便捷性、时效性和互动性，日趋多元的表达维度和相对自由的表达空间有助于公众畅所欲言，有利于政府问政于民。因此，网络舆论可以以较低的代价、较温和的方式来缓解社会紧张、化解社会矛盾，政府可以以较小的成本了解公众利益诉求，纠正施政偏差。互联网扮演的社会减压阀角色，对创新社会管理，促进社会和谐具有积极的意义，公众通过网络表达和各种自发行动，在微观层面积累着政治参与的实践，在这个过程中，意见表达的各种可能性得到了拓展，各种行为体间的关系在冲突和震荡的过程中不断得以规范，虚拟空间对现实空间不断释放出正向的促进作用，使政府针对不断出现的新问题和新挑战做出反应，调适自身，国家与社会在自下而上的压力与自上而下的应力间形成良性互动的局面。因此，网络舆论的勃兴体现了国家与社会关系的动态调整。

3. 网络舆论促进政府信息公开

互联网经历了从电子邮件到社交媒体这一基于个人用户信息交流的媒介社会化过程。社交网络的兴起为网民开启了信息交流和互动的空间，通过社交网络，网民可以分享信息和讨论问题，通过持续的聚焦和放大，不断生成热门话题和焦点事件。基于虚拟互动社区的网络社群的形成，对公众参与和政治生态产生了渐进的影响。宾伯指出："信息技术影响政治的最重要的表现在于，其使边缘组织克服了资源的限制和其他更重要的障碍从而取得政治权力。"社会网络化使社会信息的生产和沟通以几何级数倍增，信息的生产者不再局限于专业化和组织化的传播机构，每一个可接近传播终端的个体都可能参与到信息的发布和互动中去。基于非对称性信息的社会管控将信息传递建立在科层制的架构上，权力的层级化分配建立在信息的层级化占有基础之上，最上层者对最下层者可进行信息垄断。网络社会的来临对这一信息结构形成了巨大冲击，传统的权力形态面临着失灵的危险，传播的个体化与全球化在公民行动的语境中实现链接。

互联网在今天的中国已渐渐成为政治文化的一部分，网络上的讨论和争论就是中国现实生活的反映，虽然这种反映可能夸张或变形，但与传统的闭塞的表达和参与渠道相比，互联网已给予普通民众一个聚集、讨论、交流以及在公共事务和公共生活中扩大声音分贝的出口。因此，互联网对建立在信息垄断基础上的传统权力结构的重塑，不仅是通过对信息流的再造实现的，也是通过由表及里的文化冲击逐渐形成的。新媒体传播孕育着与其相适应的新型权力关系，而这正是当下中国所需面对的新执政环境的本质所在。尤其是在信息化时代，社会管理和国家治理的公开化和扁平化趋势不可违逆，公民的政治参与成为推动政府管理模式和决策方式不断更新的重要力量，而提高政府现代化执政能力特别是建设一个开放政府和回应政府必将成为国家治理的首要任务。在此进程中，将公众的有序参与纳入国家治理的轨道中来，使其成为一个公共利益的表达和综合过程，不仅有助于塑造开放式的公共决策系统和治理环境，而且有助于增强公众的政治认同。

总体而言，当前我国网络舆论呈现的强度和烈度，是特定时空背景下，公民日益增长的权利意识、表达诉求、政治参与热情与现有体制结构下制度化表达渠道相对不足的矛盾产物。化解这一矛盾，关键在于顺应网络民意崛起之势，弥补特定历史环境下制度化参与渠道的匮乏，创造性拓展公众表达渠道，使自上而下的合法性需求，与自下而上的维权与充权需求交汇于网络舆论表达的空间之内。

（二）网络舆论的消极影响

由于积极网民现在呈现出"三低"的特征，即低学历、低收入、低年龄，缺乏理性思考，爱跟风、起哄，因此当前网络舆论呈现出质量低、群体极化严重等特征，网络暴力就是其中一个非常直接的后果。网络暴力是网络舆论展示社会影响、干预社会现实的一种特殊形态，其主要表现形式是在网上发表具有攻击性、侮辱性和煽动性的言论，从而给当事人造成名誉伤害以及隐私侵犯等消极后果。

网络暴力凸显了网络传播人多势众的特征，体现了虚拟空间对现实空间的影响力。在引发众多网民参与的舆论事件中，网络暴力表现为剧烈的舆论渲染、辛辣的言语攻击和如潮的责难质疑。由于网络水军、网络哄客和形形色色的围观网民等动机不一的网民群体隐去了真实身份，其言论表达更加肆无忌惮，除了在微博、博客、论坛等发帖，还会通过QQ群、手机短信、邮件群发等对当事人进行人身攻击、恶意诽谤，甚至以恐吓、威胁等方式危及其人身安全。

少数网民在实施网络暴力的过程中通常采取道德审判的姿态，以人多势众的围观效应展示力量，以短时间内的众人响应提高舆论声势，吸引更大范围群体的参与，从而形成压力效应。比如，在药家鑫事件中，意见领袖凭借强大的号召力和庞大的"粉丝"群在舆论言辞上质疑、否定、夸大、渲染、鼓动，利用网民们仇视"官二代"和"富二代"的社会心理，将药家鑫塑造成"平时生活奢华，买5000元的手机，花巨资整容，开价值14万元的私家车"的富二代，使其遭受了比司法审判还要严酷的舆论审判。

人肉搜索与停留在语言攻击上的网络暴力行为相比，表现出更多的网上网下互动特征。它建立在网民互动分享和相互链接的传播行为上，是虚拟互动与现实互动合力作用的产物，在舆论层面能掀起巨大波澜，在现实中也能对相关方造成实际干扰，如近年来发生的虐猫事件等网络舆论事件。因此，人肉搜索以其较强的破坏性被视为网络暴力的一种表现形态。集群性是其重要的特征。通常在事件的起始阶段，搜索发起人或早期的参与者与当事人没有直接的利益关系，而是因某些不公待遇或足以激起公愤的行为发起搜索，通过虚拟空间中跨阶层、跨地域、具有不同知识、经历和职业背景的网民相互链接、协作、接力，不断地挖掘相关信息，介入当事人的私人空间，在此过程中将更多与事件并无直接利益关系的行动主体卷入传播过程，互不相识的网民在搜索链条中被一种基本相似的情感和道德认知所鼓舞和激发，从而形成过激言论和群体暴力。人肉搜索不仅通常伴随着对当事人隐私的侵犯，而且导致网络暴力向现实暴力的阶段发展。

同时，网络舆论呈现出一个新的特点，就是跟风严重，一旦某个事件成为网络热点，网络上就会出现一系列相似的案例，而其中很多都是子虚乌有或是刻意杜撰、造谣。例如，在网民揭发了"房姐""房叔"之后，网上立刻出现了一大批对"房爷""房祖宗"的揭露，但细看之下，都没有确凿的证据，只是一味炒作、争夺眼球。

第二节　新意见领袖

互联网时代，新意见领袖（new opinion leader）作为一个群体出现是个值得关注的现象。几乎每个网络热点事件背后都有新意见领袖的推动。他们借助新媒体，把握话语权，依托公众的追捧，掀起一波又一波的舆论风暴，在纷繁复杂的变化中左右着舆论格局，成为一股全新的社会力量。

一、新意见领袖是哪种人

（一）新意见领袖的概念和特征

新意见领袖是相对于旧意见领袖而言的。在20世纪40年代，美国著名的传播学者拉扎斯菲尔德在《人民的选择》中提出了"意见领袖"这一概念。大众传媒的信息并不是直接"流向"一般受众，而是经过意见领袖这一中间环节，即"大众传媒—意见领袖——一般受众"。但在大众传媒不发达的年代，意见领袖也只能在碎片化的人际传播中偶然发挥传播、解读、引导作用。随着大众传媒尤其是电视普及，意见领袖这一中间环节的空间越来越小，影响日渐式微。

而新意见领袖却是叱咤风云的一个新群体。这种叱咤风云的力量是其背后有数以万计的忠实"粉丝"群。技术的发展使其常态化地、在第一时间发表观点成为可能。根据 2012 年 3 月复旦大学"舆情与传播研究实验室"发布的国内第一份《中国微博意见领袖研究报告》数据显示，中国最有影响力的博主是潘石屹，"粉丝"数量是 963 万人。而在当今中国 6000 多种报纸中，日均发行量最高的报纸是《参考消息》，"以 340 多万份独占鳌头，而且超过 300 万份的独此一家。"新意见领袖一开口，对人群的巨大覆盖量，即使是发行量最高的报纸也难以企及。"研究发现，商界意见领袖中的前四位平均'粉丝'数为 277 万人"，学者意见领袖"粉丝"数为 75 万人、作家意见领袖"粉丝"数为 48 万人，媒体人意见领袖"粉丝"数为 55 万人。被称为"青年意见领袖"的韩寒的博客，每一篇博客阅读点击量达几十万，评论量过万，转载量数千。而久居新浪微博人气排行榜的演员姚晨、商界精英李开复的"粉丝"数量在 2013 年都达到 5000 万人以上。这些数据正不断地刷新，每年、每月甚至每天都再创新高，我们统计的数据也难以跟上其更新。

忠实"粉丝"群赋予新意见领袖一呼百应的强大的社会动员力。他们引领新的消费浪潮，倡导公益活动，像"随手拍解救乞讨儿童"、为贫困地区学童提供"免费午餐""拯救南京梧桐树"等，都有数百万、上千万公众踊跃参与。相关研究显示，在市场营销、创新扩散、政治选举、公共决策、政策执行、公共事务、医疗、外交、管理、旅游、时尚等领域中，意见领袖均发挥着影响力，都能看到他们活跃的身影。

（二）新意见领袖的分类

一般来说，互联网上的新意见领袖群体大致可分为三类：第一类是以姚晨等人为代表的文体界明星；第二类是以记者、作家、专家、律师等为主体的公共知识分子，也包括一些人气颇高、敢说真话的地方官员；第三类是草根领袖。

第一类的文体明星。他们不仅在其惯常影响的领域，如娱乐、消费等领域继续发挥着影响力，还在号召公益、评述热点等方面掀起了声势浩大的浪潮。

第二类以公共知识分子为主。公共知识分子在中国因为没有明确的界定，指代范围较为广泛。

传统媒体的记者、编辑、主持人、专栏作家，如闾丘露薇、崔永元、邓飞、张泉灵、李承鹏、黄健翔等。他们利用与自己所在岗位不同的平台，以个人身份发布新闻或评论，较少地受制于体制内框架的约束，在时效性、真实性上都产生了重要的作用。互联网上短平快和无障碍地报道新闻、尖锐评说时事的方式，比他们从业的传统媒体更具活力。

还有一些人具有某领域的学术背景和专业素质，如韩寒、于建嵘、方舟子、钱文忠、张志安、袁裕来等。他们思想敏锐、写作能力强、反应迅速，有独立的思考与审视精神，通常有鲜明的观点和立场。

而企业界的潘石屹、王石、江南春、袁岳、李开复这类商界成功人士，在网络上，他们不吝于发表观点，一方面为自己的企业营销鼓而呼，另一方面大量发表对某些事情的看法和意见，形成巨大的声势。

少数积极接触网络的党政官员也成为意见领袖。体制内意见领袖有利于促进官民沟通，有利于舆论新格局的形成。此外，近年中国政坛形成的部分官员上网、部分官员"网络恐惧"和"雷人雷语"并存的特有现象，值得关注。

第三类是草根领袖。草根网民要想在没有实名认证的情况下，在微博上成为意见领袖相对困难。通常其本身是新闻源，通过发布一些事件进展或表态，从而引起全社会的关注和争议，如药家鑫事件中的受害者家属、甬温线铁路交通事故中幸存的小伊伊的家属等。再比如各地楼市 2011 年在调控后下跌时，不少蒙受损失的老业主中出现了一批积极分子，创办起一个个维护老业主利益的微博，发布维权进展，动员继续抗争。

但草根要想形成气候，大部分还是依托人民网强国论坛、天涯论坛、百度贴吧、西祠胡同 BBS 等著名论坛。他们通过幽默、犀利、富有感染力的语言，对正在传播的信息与事件做出深层次的分析，深度解读信息背后的信息，从而赢得更多的拥护。或者利用 QQ 群、微博群、人人网、微信群等社交网站、网络社交圈，充当各自圈子里活跃的意见领袖。比如，"犀利哥"就是被天涯论坛 ID 为"街头湿人"的网友挖掘出来的。再如网友"屠夫"对邓玉娇案的现实参与。这类草根意见领袖的特点是关心公益，同情弱者，疾恶如仇，勇于表达也不惮在网下付诸行动。

总体看来，草根意见领袖在数量上相对娱乐明星、公共知识分子意见领袖较少，且具有不固定性，通常需要依靠传统媒体或影响力更大的意见领袖的支持才能形成影响力。

二、新意见领袖的影响力

（一）新意见领袖——互联网催生的新权力层

米尔斯在《权力精英》中指出：权力精英对教育和媒介的控制，从而实现了广泛而分散的权力向集中化权力的转移，这正是权力精英崛起在权力结构演变中的实质。但是米尔斯没有充分论证"媒介在这个转变过程中的运作过程"。如果互联网和新媒体的出现乃至普及发生在米尔斯的年代，那他一定不会遗忘掉这个重要的一环。

互联网时代，我们习以为常的传统的社会权力结构正经历着深刻的变化。政府和传统媒体不再是唯一发布新闻的机构，各类精英、群体纷纷利用互联网登台发声，公众也在不断地学习使用这种便捷的技术为自己的各项权利做抗争。在互联网上，人们聚合在一批人的周围，听他们发表观点，在网上发出或支持或反对的声音，甚至延伸到网下，采取相应的行为。这样被包围着的一批人，就是新意见领袖。

（二）舆论风暴——新意见领袖的能量所在

最让新意见领袖群大显身手的领域是网络舆论。

像邓飞在宜黄拆迁事件中发挥作用那样，新意见领袖在网络舆论引发、引导、引爆过程中发挥着不可或缺的影响力。在有些事件中，他们发挥着关键性作用。我们梳理 2009—2010 年 196 个网络群体性事件（也可称为网络舆论事件）发现，有两个因素在每一起网络群体性事件中都发挥作用。一个是传统媒体与新媒体互动，另一个就是意见领袖们的作用。也就是说，意见领袖的影响是构成网络舆论的充分条件。意见领袖们或直接提供信息或转发事件，从而为公众设置议程；或提供真相，揭示事件性质，引导舆论方向。依仗着庞大的"粉丝"群，意见领袖们引爆了一次又一次网络舆论风暴。

如果说宜黄事件是在短时间内、将矛头指向地方政府的舆论风暴的话，颗粒物事件则是一个新意见领袖领导的相对长时间的、向高层建言、协商的舆论引导过程。2011 年 10 月，北京被严重的雾霾笼罩。潘石屹于 10 月 22 日在新浪微博上发布了一张手机软件截图，图上显示：北京的空气质量"有毒害"，颗粒物浓度是 408。此后，潘石屹坚持每天发布美国驻华大使馆关于颗粒物的监测数据，让颗粒物迅速闯进了公众的视野，并且因为其数据与北京市环保局的监测数据有巨大差别，还在网上引发了广泛的讨论。他与其他意见领袖及北京市环保局前副局长杜少中等人在微博上积极互动，向公众普及知识，呼吁政府公布颗粒物数据，还发起了投票。其间几多波折，几个月的抗争有了实质性进展，2012 年 2 月 29 日，国务院总理温家宝主持召开国务院常务会议，同意发布新修订的《环境空气质量标准》。新标准增加了细颗粒物（颗粒物）和臭氧（O_3）8 小时浓度限值监测指标，并且规定 2012 年在京津冀、长三角、珠三角等重点区域以及直辖市和省会城市开展监测。2013 年在 113 个环境保护重点城市和环保模范城市开展监测，2015 年在所有地级以上城市开展监测。2015 年 5 月，潘石屹被中央统战部邀请参加 2012 年全国无党派人士考察调研活动，共同把脉颗粒物的治理。现在，潘石屹仍坚持每天在微博上发布多地的颗粒物的美使馆与地方政府的数值对比图，呼吁治理空气污染。我们可以看到，多年来，一些非政府组织致力于相关的呼吁，但是鲜有成效。虽然有人质疑潘石屹作为地产商，最初动机是不是为了推广他的现代化楼盘采用的"新风系统"，但不可否认的是，潘石屹等人在这次把颗粒物"推入"公众视野乃至政府工作中功不可没。

正因为新意见领袖群体所具有的强大的社会动员力量，因而可以说他们正在构成中国社会一个新的权力层。

三、新意见领袖的产生

新意见领袖现在已构成一个很大的群体。以"粉丝"数量来衡量，早在 2012 年年初，拥有百万以上"粉丝"的意见领袖还是十几名，几十万"粉丝"的上百名。而时至 2013 年 7 月，新浪微博中拥有千万以上"粉丝"的博主已是 137 名。仿佛一夜之间从地下雨后春笋般地冒出来。意见领袖一时间的井喷，是网络"去中心化—再中心化"的必然结果。

（一）去中心化—再中心化

"去中心化—再中心化"，是第五次传播革命的基本特征。社会变动加速，每个个体都有利用互联网来获取特定信息的需要，从而为采取行动提供依据。"去中心化"，就是指互联网技术本质上是以个人为中心的传播技术，具有天然的反中心取向。在传统的媒介环境下，信息传播权掌握在极少数的大众传媒手中，它们垄断了信息的传播以及如何传播，受众缺乏选择性。而互联网技术解构了国家对传播权力的垄断，这部分权力实际在一定程度上下放到了社会，受众拥有更多的自主权，可以按照个人需要和喜好来获取信息，并按照自己的想法来发表意见。

但是，互联网还有一个特点——可以容纳海量的信息，每个人都可以在网上说话，每一秒都有无数人在同时说话，一条信息很快就会淹没在不断新涌现出来的信息里。面对海量信息，听谁的？在愈来愈碎片化的信息面前，怎么听？真的、假的、重要的、次要的，真理、歪理，在海量信息面前的分辨、判断，已大大超过了每个普通网民的能力。他们需要寻找一个可以信赖的委托人以帮助他们筛选信息、研判事实，这就必须产生新一轮的中心建构，网民所寻找的信息处理的委托人，就是新意见领袖。

网民把某个博主视为自己的意见领袖，是自发、自觉的选择。一群人、一大群人自发、自觉地追随某个博主，说明这一群人、一大群人有共同的志趣、共同的偏好。在微博出现之前，潘石屹等人在新浪房产博客的点击率也超过数千万次。而微博出现后，这些"粉丝"也迅速跟随着他们的意见领袖，转战微博圈。

这就构成了一个新群体，形成了一个"蚕茧"效应——把自己捆绑在一个圈内。"当所有的人都从事与你相像的锻炼项目时，你自我意识的东西会减少。……在特别营造的小天地之中得到虚假的保证，仿佛与自己的信念相抵触的事实全都不再存在。"每一个"蚕茧"形成一个中心，从而使互联网形成了多个中心，多元中心。

（二）社会资本——新意见领袖的权力来源

如果说新意见领袖群体的出现是互联网的必然结果，那么，社会上谁能成为新意见领袖却有其偶然性。无论是哪一类，他们成为意见领袖都源于社会资本——以名望、声誉而获得公众的认可。"在大众社会，随着作为传播手段的公共媒体的使用，认可的传播加速了……像货币一样成为社会群体中普遍流通的财产。"只不过，前两类意见领袖的名望是现实社会中获得而自然延伸到虚拟世界；草根领袖则纯粹在互联网上获得。

意见领袖既然是以一定数量的网民的认可为前提，那么，这种"认可"是维系意见领袖的关键所在。一旦网民不再"认可"，那么这个"蚕茧"随之破裂，意见领袖就不复存在。"行动者通过互动获得社会资本。"这种互动就是意见领袖与"粉丝"们的互动。在互动中不断增进相互认同，意见领袖的社会资本不断增加，群体就不断巩固、壮大。而"粉丝"们最大的不认可，是意见领袖的意见不能获得"粉丝"们的赞同。法国学者勒庞评价当时的报业说："它在公众思想的变化中随波逐流。出于竞争的必要，它也只能这样做。因为它害怕失去自己的读者。"而这也适用于新意见领袖的做法。为什么呢？勒庞以广场演讲为例，"个人可以接受矛盾，进行讨论，群体绝对不会这样做。在公众集会上，演说者哪怕做出最轻微的反驳，立刻就会招来怒吼和粗野的叫骂。在一片嘘声和驱逐声中，演说者很快就会败下阵来。"在互联网上，意见领袖和"粉丝"们呈现的关系就是这样微妙。意见领袖们一旦害怕被"粉丝"们抛弃，那么他们只能随声附和"粉丝"，只能在"粉丝"们的变化中随波逐流。这样一来，到底是意见领袖领着"粉丝"前进，还是"粉丝"们推着意见领袖走，那就成了一个"鸡生蛋、蛋生鸡"的难解之题。

四、新意见领袖的动向

目前的趋势是"粉丝"们在与意见领袖们的互动中，越来越握有主动权。原因就在于当前新意见领袖群体出现了一个新动向：一批意见领袖正逐步走向商业化，甚至职业化。

（一）对新意见领袖的争夺

当前，各大商业门户网站，尤其是新浪、腾讯，为争取人气，以其雄厚的资本实力争夺意见领袖群体到自己的旗下。为此，它们给这些意见领袖以科研经费、补助、出国考察，甚至直接按月发薪水等待遇。而广告客户同样加入对意见领袖的争夺，以多种方式资助意见领袖，为其产品做广告。而待遇的高低，基本以意见领袖所拥有的"粉丝"数量和活跃程度为依据。

2013 年中央电视台"3·15"晚会进行中，何润东突然以"#315 在行动#"为标签从 iPhone 发出一条微博，"苹果竟然在售后玩这么多花样？作为'果粉'很受伤。你们这样做对得起乔帮主吗？对得起那些卖了肾的少年吗？果然是店大欺客么。"微博结尾的"8 点 20 分发"立即被网友质疑是为中央电视台"3·15"晚会当"托"。无独有偶，当晚几乎同一时段网络红人"留几手"、作家郑渊洁等名人也纷纷以"#315 在行动#"为标签在微博上发表"攻击"苹果的言论。事发后，何润东立即删除微博并称微博账号被盗，但这缺乏说服力的说辞更加使"托"声四起，"8 点 20 分发"也成为一段时间以来的网络热词，这从侧面证明了，新意见领袖成了网络营销公关争夺的对象。

这就使意见领袖走向市场化、商业化——制造"粉丝"，依附"粉丝"。在目前，有 30 万人左右"粉丝"的意见领袖，网站和广告客户所给予的报酬，基本可以衣食无忧，这使极少数的意见领袖以经营微博、博客为业，开始出现职业意见领袖。由于害怕失去"粉丝"而失去自己的市场地位和商业价值，一批意见领袖不能不追随"粉丝"们的集体意志，不管他们是对是错，是理性表达还是情绪发泄，纵使是网络暴力，他们也只能跟着"粉丝"们一起集体起舞。

（二）新意见领袖的"圈子"

与商业化、职业化同时推进的，还有意见领袖或明或暗的群体化走向——上下左右的协商。新意见领袖，尤其是有较大影响力的新意见领袖，通常是一个相对固定的群体，要想进入这个圈子不容易，要想出来恐怕也常常身不由己。

无论是网下定期或不定期聚会的强联系，还是网上 QQ 群、微信等网络通信工具商谈的弱联系，每当有重大事件发生，或者采取一些有影响的行动时，意见领袖们常常会事先协商。纵向的是大意见领袖征询作为其"粉丝"的小意见领袖们的意见；横向的是各独立的意见领袖交换意见，商讨行动计划；或者纵向横向同时进行。这样做，可以协调一致，造成更大的声浪，但更大目的是以此可以有效压制"粉丝"群里的异见者，维护集体内部的一致。

以电影《致我们终将逝去的青春》为例。这部制作成本仅有 6000 万元，上映 12 天票房就超过 5 亿元的电影，其成功与微博上的一众新意见领袖的推广密不可分。据不完全统计，"几个参与转发的大 V，区区 24 个账号，'粉丝'总数已经接近 3.7 亿人"，这些大 V，主要是导演赵薇的圈内圈外好友，他们纷纷利用自己的微博前来捧场，称赞导演、称赞这部电影，相互转发、评论，在最短的时间内使这部电影的宣传扩散到最广的范围，取得立竿见影的效果。

（三）正确看待新意见领袖

毫无疑问，无论是作为一个新的社会权力层，还是一股新的社会力量，新意见领袖群的崛起对虚拟世界的影响日益强大，对现实世界的作用也日趋明显，这是不争的事实。但新意见领袖毕竟是新生事物，他们的变数很不明确。他们主要代表哪个群体的利益？他们和政府是什么关系？他们对于建设和谐社会有什么积极或消极的影响？他们未来会走向哪里，真的会出现一个职业群体吗？

新意见领袖容易引发群体激化，这值得高度重视。比如，针对药家鑫案件中是否存在网络对审判的影响，2012 年 3 月，陕西省高院副院长黄河接受采访时表示，"网络监督有积极的一面，也存在信息失实误导公众、恶意炒作的情况，某种程度存在'网络审判'，影响司法机关独立公正审判。"有媒体评论认为，"在死刑存废仍存争议的当下，非专业人士对一个 21 岁的生命轻下判词，无论具有多大的正当性，都不应当鼓励。""司法不公、媒体审判，至少还有反思的主体和纠偏的逻辑，但一旦社会审判盛行，谁又能代表社会来进行纠正呢？把社会拉回理性的轨道，比司法改革、媒体自律困难得多。这种趋势不应轻视。"所以一定的合理诉求是值得认可的，但是不应演化成群体激化、网络审判、网络暴力。这就需要意见领袖的理性引导。

新意见领袖本身的是非对错也是值得关注的问题。在 2012 年年初的方舟子和韩寒之争中，"无数名人名流与无名草根义无反顾投入混战"，双方的"粉丝"，甚至一些意见领袖都进入一种群情激愤的态势。而泛滥于网络的各种谣言，也常常因为意见领袖的加入，变得扑朔迷离，真假难辨，极易诱发公众的负面情绪。新意见领袖的态度、立场或是利益所在，使他们常常为自己的诉求或利益摇旗呐喊、分毫不让，这是值得关注的现象。

2013 年 8 月，全国公安机关开展打击网络有组织制造传播谣言专项行动，给网络意见领袖圈带来不小的震动。一些曾经的网络红人相继被捕。媒体揭露，"秦火火""立二拆四"等人通过制造谣言，炒作话题，组织网络水军，煽动网民情绪，恶意诋毁公众人物，引发网民对官员、对政府、对社会等的不满。"'秦火火'承认，2011年以来，他制造并传播的谣言多达3000余条……'秦火火'还和某些'大V'达成了协议，互相帮转微博，还有人提示他近期要关注什么。"这些被编造的谣言经更多意见领袖的转发，负面影响大面积扩散。"网络维权斗士"周禄宝因涉嫌多次敲诈勒索寺庙也被批捕。他敲诈勒索的手段就是发负面帖文，从而索取高额的"封口费"。周禄宝曾经先后参与曝光一系列网络事件而名声大噪，微博的"粉丝"数量最高达110多万人。这些曾经风光的意见领袖往往自诩站在"网络反腐"的前沿，却利用人们的猎奇心理、不满情绪等，靠在网络上散布谣言来提高知名度、聚集人气，以获利为主要目的。根据"立二拆四"的供述，其网络推手公司成立7年来，毛收入达到1000余万元，纯利润有数百万元之多。在获利之外是否还有别的利益诉求，我们不得而知，但这使网络环境变得更加扑朔迷离。

2013年8月，"网络名人社会责任论坛"在北京召开，与会的网络名人就承担社会责任、传播正能量、共守"七条底线"达成共识。这"七条底线"是：法律法规底线、社会主义制度底线、国家利益底线、公民合法权益底线、社会公共秩序底线、道德风尚底线和信息真实性底线。无论未来如何发展，毫无疑问的是，网络环境的造就，需要新意见领袖的以身作则、率先垂范。

结语　新时代，新征程
——历史的省思与未来展望

　　融合是近年来愈来愈炙手可热的一个词，虽然媒介融合的实践还只是初露端倪，关于媒介融合的理论探讨却已经为数不少。但是，人们谈到媒介融合时，更多的是关注"汇聚""集中""整合"等"合"的方面，而对于融合后的"分散""分化""分工"等"分"的方面，还没有进行足够的研究。实际上，从多个角度来看，融合只是一种手段而不是目的，合是为了更好地分，通过融合达到更高层次的多样化，这才是媒介融合的终极目标。

——彭兰

　　人类信息传播的历史充满着无数的飞跃和传奇，也充满着无穷的冲突和希望。马克思对技术进步和技术创新的力量做过激情洋溢的评价：火药、指南针、印刷术——这是预告资产阶级社会到来的三大发明。火药把骑士阶层炸得粉碎，指南针打开了世界市场并建立了殖民地，而印刷术则变成新教的工具，总的来说，变成了科学复兴的手段，变成了对精神发展创造必要前提的最强大的杠杆。

　　进入信息时代之后，信息传播技术的飞速进步，更为人类信息传播活动和信息传播产业的发展开创了新的天地。著名历史学家汤因比认为："从技术变革既是社会变革的结果又是社会变革的原因这个意义出发，每一次技术革命同时也是社会革命。"

　　当前，在世界范围内信息传播领域产业融合势头强劲，大媒体产业形态渐成。由于技术融合所引发的新兴信息传播产业现象及其深广的社会影响不但引人关注，而且发人深省。数年前，有学者预测："无线通信、个人计算机、民用电子、出版、娱乐、游戏等行业相互渗透，形成一个综合体。"而这个"综合体"其实就是不同产业之间相互融合的产业。

　　"大媒体产业"，就是信息传播领域产业融合的历史产物之一，也是全媒体时代的重要特征。从近年来人们对于信息传播领域产业融合的表述来看，不管是从广播电视网、电信网和互联网等网络融合的角度，还是从计算机业（computing）、通信业（communications）和信息内容业（content）等3C融合的角度，都体现了人们对于信息传播领域产业融合现象的认识和对信息传播领域产业融合未来图景的预期。

在世界产业发展的范围内，大媒体产业的形成和发展已经成为一种越来越鲜明的大趋势。人们在对电脑、电话和电视等产业融为一体的前景进行预测的时候，往往容易从企业层面对未来大媒体产业进行简略的描述，但其实大媒体产业的影响并非仅仅是企业层面的，而是对人类整个信息传播活动都具有深远的影响。

如何顺应信息传播领域产业融合的大趋势，做强做大中国大媒体产业，又好又快地发展中国大媒体产业，是当前我国发展大媒体产业需要首先考虑的问题。在这个基础之上，中国的大媒体产业对于中国整个产业结构具有的意义和价值，也是一个需要深入思考的问题。探讨大媒体产业对于我国产业结构的意义问题，其实质就是探讨这个产业的发展对于整个国民经济的价值何在，大媒体产业的发展是否对我国产业结构的调整起到了重大的促进和协调作用。如果大媒体产业能够推动我国合理产业结构的建设和完善，那么其对于我国综合国力和国际竞争力的提高，将起到重要的推动作用。

对于我国的宏观经济工作而言，产业结构的调整已经成为我国当前的核心工作之一。回顾我国近年来产业发展的过程，可以发现："改革开放以来，我们走上了一条通过引进国外先进技术加快产业结构调整和经济发展的捷径，1999 2003年，我国引进国外技术装备总额达到752亿美元，推动了国内产业结构的调整优化，提高了我国经济增长的质量。当前，我国经济进入一个新的成长阶段，产业结构面临整体升级的任务。毫无疑问，我们仍然要更加扩大开放，有效利用国内国外两种资源和两个市场，特别是大量利用全球技术资源，促进产业结构优化升级。在这方面，我们必须坚定不移。但是，我们也应当清醒地认识到，我国在大量利用国外技术资源的同时，国内企业的创新能力并没有相应提高，虽然我国产业结构的总体状况有了很大的改善，但产业的自主创新能力不足也是一个不容忽视的事实。主要表现在：一是对外技术依存度较高；二是引进技术的消化吸收不足；三是在专利技术与国际标准上明显落后；四是基础研究费用不足。"

在产业结构的调整过程中需要注意的问题当然不仅仅是技术的问题。有研究者在论述近年来我国产业结构调整时认为："产业结构调整包括两层含义：一是提升产业技术水平。《中共中央关于制定国民经济和社会发展第十三个五年规划的建议》（以下简称《建议》）指出：要实现产业结构调整，'关键是全面增强自主创新能力，努力掌握核心技术和关键技术，增强科技成果转化能力，提升产业整体技术水平'。二是发展重点行业。《建议》指出：发展先进制造业、提高服务业比重和加强基础产业基础设施建设，是产业结构调整的重要任务。"

不管是提高产业技术水平，还是发展重点产业，这些都是我国大媒体产业发展亟待解决的问题，这些问题都涉及大媒体产业的未来发展趋势和发展定位的认识和确定。不管是电信业还是传媒业，都面临着提高产业技术水平和进一步发展本行业的重大任务，而这也是大媒体产业面对的重要课题。大媒体产业的兴起对于带动相关制造业的发展，提高服务业的比重和进一步完善基础产业基础设施建设的产业发展战略，都有着积极的推动作用。所以，大媒体产业对于产业结构的意义不仅仅是技术层面的，更是战略层面的。

一、以信息传播的视角回溯历史

信息与传播的历史，是与人类的历史共同存在和发展的历史。在不同的历史时期，信息与传播活动呈现着不同的历史形态（见图 J-1）。

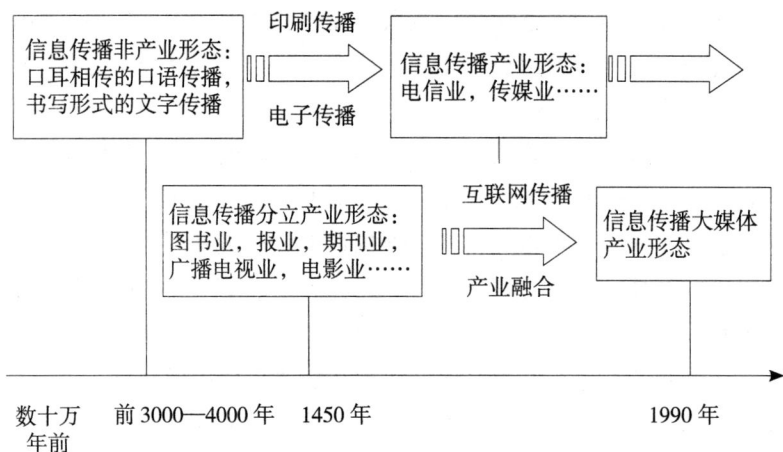

图 J-1　人类信息和传播活动历史发展趋势

从大的历史范围来看，人类的信息传播活动可以分为两个大阶段：一个是信息传播非产业阶段，另一个是信息传播产业阶段。在人类信息传播活动的第一个阶段，信息与传播没有形成一个完整的产业体系。人类的信息传播活动以自发和零散的形式存在于人类的社会生活之中。在人类信息传播活动的第二个阶段，信息与传播形成了比较完整的产业体系，如电信业、图书业、报业、广播电视业等。在信息传播产业阶段，产业发展又经历了产业分立阶段和产业融合阶段。而大媒体产业阶段则属于信息传播业的产业融合阶段。

　　信息传播的产业形态，在信息传播的历史中，"星星之火，可以燎原"。形成产业形态的信息传播活动，对人类社会发展的影响更加深广。从文字的发明到纸张、印刷术的发明，从人工传递邮件的方式到远距离电子信息传播方式，从语音、数据和图像传播的分立到信息传播方式的融合，人类信息传播活动经历了巨大的历史变迁，与之相关的技术、市场、组织、管制等形态都随之发生了重大的历史变化。

　　信息传播活动产业形态的出现，无疑是整个人类发展达到一定技术水平和管理水平之后的产物。产业形态信息传播活动的出现，表明人类信息传播的需求得到了更高程度的满足，并继续产生着无数新的需求。随着人类社会的进步，人类信息传播产业的体系将会愈加完善。

　　融合的趋势是信息传播发展的总趋势。信息传播就在不断的技术创新中迭次相互推进，在技术创新中不断激荡融合。贯穿整个信息传播历史的一种重要的力量就是融合，融合的速度在信息时代显得更加快速，融合的范围显得更加宽广。信息传播活动犹如一条伴随人类发展历史的漫长江河，从无到诞生，从诞生到分立，自分立而融合，自融合而大产业，自大产业而人性化信息传播环境的生成。

　　在信息传播活动历史的长河中，不管是图书业、报业，还是期刊业；不管是电信业、广播电视业，还是互联网业，都是信息传播历史中的一种新的形态。随着各种相关信息传播产业的融合，大媒体产业出现了。大媒体产业是人类信息传播活动的一种新的产业形态。这种新的产业形态将人类信息传播的层次推向更新的高度。从人类信息传播活动的历史来看，传播融合不断推进，产业形态不断变化。而作为信息传播领域产业融合所产生的一种新的产业形态，大媒体产业的最终归宿是什么？笔者认为，大媒体产业的最终归宿是围绕人类对于信息传播的不断变化的潜在需求，而为人类提供的最为人性化的服务体系。而伴随着这个体系的逐渐形成，将会在信息时代海量信息的基础之上，由于媒介和人的共同作用，媒体服务方式将由分立的信息服务提供方式向融合的信息传播服务提供方式转变，并最终向个人媒体信息服务专家的服务方式演进。这个信息传播服务体系的最终确立和高水平发展，则是大媒体产业未来发展的主要方向。

　　各个相互影响的活动范围在这个发展过程中愈来愈扩大，各民族的原始闭关自守状态则由于日益完善的生产方式、交往以及因此自发地发展起来的各民族之间的分工而消灭得愈来愈彻底，历史也就在愈来愈高的程度上成为世界的历史。

　　如今，这种趋势在经济全球化和信息网络化的时代更加明显。对于信息传播历史来说，更是如此。在当今信息传播历史中，也许一个小的变革就意味着一个世界意义的大事件，信息传播的历史在很高程度上也越来越成为世界历史的重要内容和表述形式了。纵观人类信息传播活动的历史过程，对其可以形象地描述为：信息传播技术的突破，为人类信息传播活动点亮了点点"星光"，信息传播产业体系的建立，使人类信息传播活动形成了一个个明亮的"星座"，而大融合的大媒体产业形态的出现，则使人类信息传播产业形成了一个大范围大规模的"星系"。

二、电信业在大媒体产业时代的产业角色

电信业所担负的人类信息传播的历史使命仍旧重大。对于人类信息传播活动来说，电信业的革命一直在延续。随着电报和电话技术的诞生，电信业开启了第一次电信革命的序幕。而互联网技术的广泛商用和大规模推广，则开启了第二轮电信革命的闸门。在大媒体产业时代，要真正发挥电信业的产业价值，扮演好电信业的产业角色，只有通过精准的产业定位，明确电信业当前的历史定位和未来发展趋向，电信业才能够有一个具有相当确定性的发展前景。

美国电信专家约瑟夫·布罗克的《电信大趋势》是一本以电信业的融合为核心主题的著作，作者在著作中阐述了通信超高速公路发展的十二个原则问题，其内容也可扩展作为电信业未来发展的主要趋势来看。这些重要原则主要包括：注重创新用户；以智能应用为目标；必须建立自上而下的商业模式；必须拥有经营支持系统和商业支持系统；使用开放式结构；采用整合的商业模式；具有大产业观点，眼光不局限于电信业之内；关注日益增加的网络需求；最后一公里所带来的新机会；管制者介入市场的时机选择；将用户管理纳入新的服务内容之中；战略联盟将成为重要的工具。从中可以发现，在变革和转型的信息传播领域产业融合时代，开放式的产业结构和创新的商业模式是何其重要。而政府管制和市场需求对于产业发展将同时起到重要的导向作用。产业联盟现象本身，也成为大媒体产业中的典型现象之一。

在信息传播领域产业融合的趋势愈加明显和大媒体产业形态逐渐清晰的时代，电信业的发展从内部到外部都面临着转型的迫切要求。从内部来看，电信业的转型之所以成为必然，是因为如果不根据技术发展的方向和市场需求的走向进行转型，电信业将失去增长的动力引擎而逐渐丧失持续增长的动力。从外部来看，不管是大媒体产业的发展趋势，还是经济全球化的趋势，都要求电信业在新的发展环境中适应这种新的产业环境，在开放和竞争的环境中确立其支柱的产业地位。

对于信息传播产业的发展而言，互联网的诞生是一个标志性的历史事件。互联网具有优越的信息传播领域产业融合特性，正是互联网的诞生，推动了电信业和传媒业的直接融合。从这个意义上看，互联网诞生不仅是技术的一次变革，同

时意味着产业和企业层面的一次重大变革。因为互联网不仅仅是一项技术，对于产业和企业而言，更是一种战略。只有当企业的互联网战略与其整体战略融合为一体时，这项新技术对于竞争优势而言，才能够成为具有推动力量的重要动力。对于电信业的变革来说，也是如此。单纯的技术战略是不完善的，只有当以电信为核心的信息化力量与其他产业融合为一体的情况下，信息产业才能够充分发挥其产业带动作用。

在我国经济的未来发展过程中，电信业既面临着产业发展的问题，也面临着企业发展的问题。"要加快国有大型企业股份制改革，健全现代企业制度。深化垄断行业改革，放宽市场准入，实现投资主体和产权多元化。"而这个论断的内涵对于我国电信业来说是具有明确导向性的战略准则。电信业作为一个从自然垄断逐渐走向有序竞争的重要信息技术产业，其一方面面临着深化垄断行业改革的历史使命，另一方面还面临着在产业内部健全现代企业制度的现实任务。所以，电信业在产业结构中的角色是重要而敏感的，其任务也是多重的，而这则决定了我国电信体制改革的方式和方法。

我国电信业在大媒体产业的结构中，所确定的新的转型方向是做综合的信息服务提供商。这个产业方向的重新定位，对于电信业乃至信息产业来说都是具有重要意义的。在信息社会中，电信传播技术及其基础设施究竟要起到怎样的作用，发挥怎样的价值，这是一个需要电信业回答的问题。大媒体产业的诞生对于电信业的产业结构调整是一种关键因素。电信业的产业结构调整之后，对于进一步发展我国信息产业，并拉动文化产业的发展，都将起到重要的作用。

可见，以电信业为主导内容的信息产业的重要历史使命，就是以信息化建设拉动制造业的发展——以信息化的力量向硬力量方面延伸。而信息产业的另外一个发展方向就是向软力量方面延伸，其主要的方向就是大媒体产业的发展方向。其实，仅仅从传媒业的发展历程来看，其产业范围也是不断扩大的。这种大媒体产业的趋势可以说是以技术为引导、以需求为动力的典型模式。也就是说，从历史的角度来看，不管是电信业还是传媒业，其产业发展空间都在不断变迁和扩大，其中不适应产业发展的部分逐渐被淘汰，而新的信息传播技术则推动更多的业务和服务的诞生。

要"加强宽带通信网、数字电视网和下一代互联网等信息基础设施建设，推进'三网融合'，健全信息安全保障体系"。这表明，无论是在政策、技术还是在运作方面，"三网融合"都已到了蓄势待发的阶段。电信网、互联网和有线电视网，都将以宽带网络为特征，为用户提供能够共享的网络信息资源，这将给我国信息传播市场带来产业结构、业务形式、服务内容等方面的巨大变革。中国政府在国家的发展规划中对于"三网融合"给予持续的高度重视，这对于电信业和传媒业的产业融合以及中国大媒体产业的发展来说，意味着一种重要的发展机遇。侯自强教授认为："发展网络新媒体已经成为我国的国策，三网融合在互联网上发展面向大众的网络新媒体为电信业发展提供了广阔空间，电信业能否抓住机会是今后能够持续健康发展的关键。"随着当前信息传播技术的发展和产业发展环境的逐步改善，"三网融合"的进程将逐步加快，并在技术和政策层面上为产业和企业层面的融合奠定坚实的基础。

"三网融合"的基本含义表现为技术趋于一致，网络层可以实现互联互通，业务层相互渗透与交叉，应用层趋向统一。"三网融合"使话音、数据和图像这三大基本业务的界限逐渐消失，整个网络在向下一代的融合网络演进。"三网融合"不仅会将现有网络资源有效整合、互联互通，而且会产生新的服务机制和运营机制，有利于信息通信业结构的优化和管理体制以及政策法规的相应变革。融合以后，不仅信息传播、内容和通信服务的方式会发生很大变化，企业应用、个人信息消费的具体形态也将会有质的变化。

"三网融合"的推进，对于在产业层面优化产业结构和合理进行资源整合和资源配置都将起到明显的作用。而这也是政府推进该进程的一个重要初衷。国家从国家战略的层面积极推进"三网融合"，着眼点在于适应世界信息传播技术的发展趋势，充分利用我国现有的各种网络资源，在最大限度内实现网络、业务和信息的共享。我国电信网经过多年的建设，目前已经成为国家最重要的信息网络基础设施。面对即将到来的"三网融合"的大趋势，电信业不仅要进一步巩固自身网络资源优势，更应根据国家信息化建设的要求，自觉对自身网络加以改造、升级、自觉进行战略转型，主动迎接信息化建设的挑战。在"三网融合"的过程中，我国电信业将扮演什么样的角色，是一个值得关注和研究的问题。一般说来，电信业和传媒业相比，从客观条件来看，电信业的产业规模更大，固定资产的规模也更大。在产业融合和产业转型的过程中，可以发挥更大的作用。从内部驱动来看，电信业已经将转型的方向确定为向综合的信息服务商的方向发展，而电信业在整个产业链上的凝聚力和号召力以及对于资本市场的吸引力都是很强的。从这个意义上讲，对于"三网融合"的进程来说，电信业将扮演非常重要的角色。

三、传媒业在大媒体产业时代的方向

从产业发展趋势来看，传媒业成为支柱产业已经是一个逐渐确定的趋势。作为重要内容产业组成部分的传媒业，对于我国和谐社会的建设具有重大的社会意义。仅仅就传媒业而言，已经是一个比较庞大、复杂的产业群了。而大媒体产业

自身的产业体系则更加巨大，可以视之为一个复杂的巨系统。作为一个更加宽泛的产业群，大媒体产业的发展取决于内部电信业和传媒业的发展情况和融合状况如何。在这个产业群中，以传媒业为核心的内容产业将处于一个重要而特殊的产业地位，扮演重要的产业角色。对于传媒业来说，因为其生产和传播主要的内容产品和服务，所以其生产环节有着不同于制造业和传播业的特征。而对于内容的生产和竞争较其他环节而言，更具有模糊性和不确定性。

我国大媒体产业是否能够得到顺畅的发展，在技术条件确定的情况下，关键就看内容产业在世界范围内的竞争力。在内容竞争力和信息传播力的双重标准的衡量中，我国传媒业的发展面临更加严峻的任务。传媒业在信息社会的发展中显示出越来越重要的产业地位。在大媒体产业的发展过程中，传媒业仍将起到重要的推动作用。在技术因素确定的条件下，内容产业的发展以及市场运作的模式将起到关键的作用。所以，从这个角度来说，传媒业的进一步发展壮大对于真正造就大媒体产业的支柱产业地位是有着重要意义的。同时，只有在一个健康、持续、快速发展的基础之上成长的大媒体产业，才能够对中国经济和社会的和谐发展提供有力的支持。

传媒业的发展方向是什么？一个重要方向就是依托电信业等基础设施的职能，进一步提高其产业的内容丰富性和市场竞争力，扩大产业的市场规模，提高产业的经济效益，从而为大媒体产业的兴起起到内容方面的促进作用。中国传媒业是在改革开放的国内和国际环境中发展的。从国内而言，"中国传媒产业体制改革的宏观背景是文化体制改革，文化体制改革的宏观背景则是中国社会发展与国家政治体制、经济体制改革。"面对我国宏观产业结构调整的大环境，传媒业自身产业的结构调整也没有止步。由于历史的原因以及社会主义市场经济制度不甚完备的原因，中国传媒产业在产业结构方面存在企业数量众多、企业规模不大、产业竞争力不强、产业集中度过低等问题。而我国传媒业产业结构调整的过程，对于我国大媒体产业的发展来说，将起到某种程度的奠基之功。大媒体产业的发展，对于相关信息传播产业也是一种产业结构的内在的、自适应式的调整，同样可以通过市场的力量达到提高产业资源的利用率，提高产业整体竞争力的目的。另外，在大媒体产业发展的过程中，政府的管制将长期发挥重要的调节作用。在我国传媒业中，政府管制的深刻性仍然需要进行深入的研究和把握。而进一步完善政府管制的有效性，则需要完善相关的立法，并完善管制的机制。总体而言，中国传媒业仍然处于一个良好的发展环境之中。

中国社会改革开放的大背景是中国传媒产业不断开放的基础。从 1978 年开始的改革开放，使中国社会的各个方面发生了根本性的变革，而中国传媒产业的逐步开放也是在这一宏观背景下展开的。一方面，相关主管部门鼓励中国媒体"走出去"，鼓励媒体开展对外合作；另一方面，相关领域对外资、民营资本的开放力度也逐渐加大，尤其是 2003 年以来的中国传媒产业变革，更是为业外资本参与中国传媒产业变革提供了发展良机。

而这种开放的产业发展环境，一方面需要进一步完善相关的政策法规建设，另外一个方面，需要具有一个完善的资本金融市场的配套。这样，各方面的资源才能够有序地、理性地进入中国传媒业产业链的运行过程之中，并最大限度地发挥推动和促进作用。其他诸如跨区域跨媒体的运作、区域传媒发展的活跃问题，其实都是传媒业在走向市场化、产业化、融合化的过程中的现象之一。在未来的发展道路上，中国传媒业还将出现更多的基于产业融合的产业现象。

当然，对于我国传媒业的发展趋势而言，不管是近期的分析，还是远期的分析，都是异同互见的。但是，产业融合的趋势不管是在传媒业之内、大媒体产业之内，还是在整个产业体系之内，都是广泛而深刻地存在着。对于要成为产业体系中的支柱产业，并为和谐社会的发展贡献力量的一个重要产业，我国传媒业需要走的路还是比较长的。我国传媒业希望走一条既稳且快的发展路线：稳是可以预期的，却是难以左右的。因为内部和外部的各种因素促使单纯的稳定路线难以有充足的时间来缓步施行。只有在改革中开放，在开放中改革，在市场中成长，在竞争中繁荣，才是具有可行性的发展道路。

对于作为传媒业核心组成内容的新闻出版业来说，政府仍将其作为文化产业和文化事业的范畴加以规划。正如党的十九大报告中所述："中国共产党人的初心和使命，就是为中国人民谋幸福，为中华民族谋复兴"，新闻事业也要不忘初心和使命，为中国人民谋幸福，为中华民族谋复兴，以全新的姿态迎接新时代，踏上新征程。

从整个产业结构调整的角度来看，我国传媒业发展的意义并不仅是在文化产业的层面，而在于其对于大媒体产业和整个国民经济和产业结构升级的促进作用。在"三网融合"的过程中，广播电视业和电信业之间在网络和服务方面的融合比较密切。专家普遍认为，"融合化"将是未来网络技术发展的首要趋势，外部包括电信业和 IT 产业、文化产业的更紧密结合，内部则包括移动固定网融合的推进。对于未来的"三网融合"，专家指出：消费者、运营商和广电部门方面都有需求，广电方面进行了大量的产权改革，如数字电视的建立等，目的就是扩大与市场结合的领域；而电信领域也提出了"信息服务大行业"概念，在这样的背景下，未来电信与广电在企业层面的合作将会逐步增多。从目前的情况来看，双方能否实现"对等进入"是网络融合的关键。专家认为，三大引擎将拉动整个电信行业持续稳定发展。这三大引擎中，"一是移动通信。统计表明，移动通信业务已成为我国信息通信业增长的强劲引擎，其业务收入在整个电信业务收入中所占的比重已达到44.6%。而且，从全球大环境看，移动通信的强劲发展也是一个不可逆转的趋势。二是宽带接入。宽带网络基础设施建设是推进我国信息化建设的基础，也是推进我国信息化应用的重要方面。三是增值业务，也可以称作信息内容服务。增值业务对电信行业增长贡献日趋体现，在它的拉动下，电信行业有望继续保持超过GDP的速度发展。"

从这三个方面来看，不管是移动通信、宽带接入，还是增值业务，对于内容的需求都是迫切而巨大的，所以说离开了内容产业的支持，电信业的持续快速发展是不可想象的。而对于宏观的产业发展来说，传媒业和电信业的深度融合将不但有利于双方的发展，还有利于大媒体产业的健康成长。我国网络融合的可操作性的问题被又一次以国家战略规划的层面上提出，对于网络融合的认识也进一步深入。"三网融合"，不仅仅是网络在物理层的叠加，而更应该是服务层面的融合。而只有服务和内容，才真正能够使网络融合获得存在的基础。

四、大传媒产业的现时价值：突破界限，整合力量，促进信息传播变革

大媒体产业的意义不仅仅在于其产业群内部，还在于其对于整个产业的意义。大媒体产业不但基于融合的力量而诞生，同时将进一步通过信息传播领域的产业融合促进整个产业体系的发展和繁荣。对于历史来说，大媒体产业意味着一种新生；对于未来而言，大媒体产业意味着一种方向。而在当前，大媒体产业的现时价值则主要体现在以下几个方面。

（一）继续推动突破原有产业局限，扩大产业空间

具有信息化特征的电信业和传媒业所做的工作都是在突破原有的产业界限，这为整个产业的发展创造了一个更为广阔的发展空间。这虽然是信息时代才有的重要产业现象，但是从历史的角度来看，这种现象可以说是以技术立足的电信业和传媒业的共同历史特征。电信业的产业范围是逐渐扩大的，而传媒业的产业范围也逐步扩大。这两个产业的范围逐渐扩大，才导致了双方服务和市场等元素的相互交叉。这种交叉为信息传播领域的产业融合创造了前提条件。

当然，产业融合并不仅仅是发生在电信业和传媒业之间的孤立现象，也是一种普遍的现象。在这种普遍现象中，只不过电信业和传媒业之间的融合程度和关联程度比较突出罢了。产业融合扩大了原有产业的发展空间，也拓展了新的产业领域，塑造了新的产业生态环境。而产业空间的扩大一方面满足了人们对于信息

传播的潜在需求，另外一方面则开拓了新的市场空间。不但如此，这个开拓的市场空间还是附加值较高的服务业的一个新组成部分，其意义就更加重大。

（二）通过产业融合方式，在更大范围内整合信息传播资源

随着大媒体产业的市场空间和服务体系的完善，大媒体产业有条件使用市场手段，通过各种产业融合的方式，进一步整合和配置各种资源。这将提高未来大媒体产业的效率。通过信息传播领域产业融合所诞生的大媒体产业的意义不止于此，以电信业和传媒业为核心融合而成的大媒体产业是在"1+1>2"的意义上存在的。

在大媒体产业的产业生态环境下，传媒业的内容产生的薄弱环节将被大大加强。因为这个环节的薄弱将制约大媒体产业的发展，所以在新的产业生态中，更多的资源将被投入这个领域，这将有助于整个大媒体产业的和谐发展。与此同时，大量新形式的传播内容的创造和诞生，对于信息网络的传播环境则提出了更高的要求。高带宽、高速率、高稳定性、高移动环境的要求，将逐步成为电信业发展的方向。

（三）加大产业协同力度，推动相关信息传播产业转型

随着数字化、信息化和网络化趋势的日益增强，大媒体产业的发展需要信息传播领域更加紧密的产业协同能力，并据此在信息传播领域产业融合的平台之上，通过提供综合性或融合性的信息服务来推动相关产业的转型。信息传播领域产业链的延伸和扩张，不是一种孤立的产业现象，而是一种普遍的产业现象。电信业的产业链在向上下游分别延伸，而传媒业的产业链也在向上下游延伸。虽然在目前处于不同信息传播产业环节的产业，调整自身产业角色的努力还需要内外部条件的允许和成熟，但是这种产业链的相互延伸，必将构建出一片新的产业领域。新的信息传播产业领域的本质，就是一种新信息传播产业的逐渐诞生。在这个过程中，原有信息传播产业的转型将不可避免。产业融合是产业转型中的一种客观现象和有效途径。

从技术对于信息传播产业体系的影响来看，信息化、数字化是一种信息传播产业融合的重要推动力量。从信息内容对于传播世界的影响来看，海量化、高质化是一种未来信息发展的必然路径。所以，不管是传播技术还是传播内容，随着新的信息传播趋势而进行的转型是不可避免的，相关的产业融合也将日益深刻。加大信息传播产业协同力度，创造一个有法可依的有序竞争的信息传播产业发展环境的意义是非常深远的。因此，一方面要求信息传播企业组织在现代企业制度

的环境下运营；另外一个方面要求有一个针对大媒体产业的有效的管制体系。这个管制体系应该具有统一性、独立性、灵活性、可管理性、可约束性等特点。在大媒体产业发展的过程中，这样一个管制体系的建设和完善，将在大媒体产业发展的过程中扮演极其重要的角色。总体而言，合理的信息传播产业结构对于整个国民经济信息化发展的意义是极其深远的。在经济全球化的条件下，我国逐步形成合理的信息传播产业结构，对于在复杂的国际竞争环境中，提升我国的综合国力和信息传播产业领域的国际竞争力，是非常必要的。

《三国演义》中说："天下大势，分久必合，合久必分。"对于产业发展来说，信息传播产业形态的分立与融合也可以辩证地用"分久必合，合久必分"的观点来进行某种程度的概括。正是信息传播技术和制度等层面的长期积累和沉淀，才导致人类信息传播产业形态更高层次上的必然融合；而"合久必分"则预示着信息传播产业在未来竞争和垄断的复杂交织状态中，不断寻找到的新的平衡状态，在融合的趋势之下，新的信息传播产业之"分"则不是产业分立之"分"，而是针对信息消费者的更加人性化的内容和服务方面的细分。也就是说，随着信息传播领域产业融合状态的进一步发展变化，在融合基础上，创新的异质的服务形态还会继续出现。

彭兰教授对于媒介融合的终极目标做了精辟的分析："融合是近年来愈来愈炙手可热的一个词，虽然媒介融合的实践还只是初露端倪，关于媒介融合的理论探讨却已经为数不少。但是，人们谈到媒介融合时，更多的是关注'汇聚''集中''整合'等'合'的方面，而对于融合后的'分散''分化'与'分工'等'分'的方面却还没有做出足够的研究。实际上，从多个角度来看，融合只是一个手段而不是目的，合是为了更好地分，通过融合达到更高层次的多样化，这才是媒介融合的终极目标。"

以上论述揭示了在信息传播领域产业融合普遍发生和迅速推进的历史过程中，要辩证地看到信息传播领域的产业融合现象，同时不能忽视在融合基础上的各种信息传播服务的细化和创新。另外，信息传播领域的市场和需求的进一步细分，则意味着在产业运营的视角中所呈现的信息传播产业发展的新形态。但是，这种细分的意义并不是止于细分，而是为了进一步信息传播融合所必须经过的一个历史性阶段。对于人类的信息传播需求而言，融合性的信息传播需求将弥漫于生产方式和生活方式的各个方面。对于人类信息传播活动来说，融合并不意味着全部的发展形态和趋势，而仅仅是所有发展趋势中比较明显的一种或一个侧面。在信息传播产业的发展过程中，融合的过程所导致的结果也不仅仅是唯一的融合，而是将会导致其他的创新产业形态的诞生。所以总体来说，融合和细分的趋势共存共生。但是，有一点是应该明确的，那就是信息传播领域的产业融合将成为未来信息传播领域产业发展的重要基础和发展平台，而新的融合和细分都将以此为新的起点和依托。

五、信息传播产业重要关系略论

大媒体产业是信息传播产业的一个重要的新历史阶段。在这个阶段，需要对信息传播产业所面临的一些重要关系进行思考。对于信息传播产业研究来说，唯物辩证法是一种科学的方法论。在信息传播产业不同形态的研究过程中，通过唯物辩证法我们可以得出新的结论。

唯物辩证法，又称马克思主义辩证法，是指建立在唯物主义基础之上的辩证法理论。它既不同于唯心辩证法，又不同于形而上学片面、孤立、静止的思维方式。它认为主观辩证法是客观辩证法的反映，主张从事物的内部及事物相互之间的关系中把握事物自己的运动。唯物辩证法认为，世界上的万事万物都处于相互作用的普遍联系之中，处于不断产生、不断消亡的运动、变化和发展的永恒的过程之中。世界充满着矛盾，矛盾无时不在，无处不有，矛盾着的两个对立方面既对立又统一，由此推动事物的不断发展。唯物辩证法在本质上是批判的、革命的，是一种锐利的思想武器。在当前信息传播产业发展中，笔者认为有如下几大关系值得引起我们深刻的关注。

（一）信息传播产业一与多的关系

在当前信息传播产业的发展过程中，一个明显的产业特征是：统一信息传播平台和多种信息传播方式的共存状态；统一的信息传播服务和多种信息传播服务实现途径的共存状态。对于信息产业来说，"一"的特征和"多"的特征并存，互为依托，构成了当前信息传播产业的重要关系之一。这种一和多的关系，虽然是一种现象，但是也反映了处于融合阶段的信息传播产业的总体发展态势。

（二）信息传播产业内与外的关系

信息传播产业在产业体系内部的融合进程不断推进，而其对外的融合进程也从未停止。信息传播产业内外融合进程的持续进行，构成了当前信息传播产业的一个重要特征。作为信息传播产业，既要注意内部产业生态系统的平衡，也要注意外部产业生态系统的平衡。其中一个特别需要注意的平衡就是，在中国信息传播市场之内，中国信息传播力量和国际信息传播力量的平衡问题，因为"境外传媒进入本就脆弱的本国传媒市场，……既有产业上的竞争，又有文化上的侵蚀"。

唯有如此，信息传播产业对内才能够协同产生产业竞争力，对外才能够形成合理的产业结构，提高产业效率，构建和谐的产业发展大环境。

（三）信息传播产业转型与回归的关系

信息传播产业的转型问题主要由电信业引发，但是波及整个信息传播产业。而电信业的转型问题却和互联网的兴起密切相关。信息传播产业转型的根本方向是什么？笔者认为，应该是对于人类信息传播需求的回归，是其在更高层次的演进。在产业发展过程中，在经济利益的驱动之下，经过长期的发展往往会出现某些趋势背离产业发展初衷的现象，如媒体低俗内容泛滥、假新闻现象、手机垃圾短信问题、垃圾邮件问题等。对于这种现象的发生，一个方面是需要通过管制手段来进行调整，另一个方面是通过社会舆论进行监督，再有就是通过行业自律的方式进行规范。要以人为本，根据人对信息传播需求的本原意义进行考量，对当前产业发展中出现的问题进行历史性和批判性思考。

（四）信息传播权力集中与分散的关系

总体来讲，传统的信息传播体制属于集中式管理模式。"纵观报纸与电视的传统运作程式，不禁使人想起一只巨大的沙漏。从四面八方吮吸而至的信息之流，线状地挤进新闻业这只狭窄的'漏口'，并由此散播给众多读者或观众。而记者、新闻机构——有时也包括政府部门，则无异于盘踞在'信息漏口'的把关人。他们对涌入'传媒之漏'的各种信息，操有生杀予夺之权。"❶

最初的互联网管理模式也是属于集中式管理模式。但随着新的信息传播技术的产生，如 P2P 等技术的出现，逐渐将分布式管理推向前台。从事物发展的逻辑来看，这种分布式的管理虽然难度提高，但是对于当前的信息传播产业现实是一种进步。"从技术的角度来看，汇聚与分权是互联网发展中并行的两个旋律。汇聚意味着各种力量的整合，意味着更高的效率。而分权则意味着更加平等和个体更广泛、更深层次地参与社会生活。"❷

随着网络本身融合性功能的增强，在信息传播网络的环境下，随着信息传播者和接收者角色的融合以及信息传播活动参与程度的提高，信息传播领域的传播权力逐渐由集中走向分散。虽然集中的特征在总体格局中依旧存在，但是分散的趋势已经不可避免。未来这两种模式如何协调和相处，是一个值得研究和关注的问题。

❶ 汤普森 . 意识形态与现代化 [M]. 上海：译林出版社，2005:121.

❷ 陈怀林，何舟 . 中国传媒新论 [M]. 香港：太平洋世纪出版社，1998:98.

（五）信息传播产业发展大与强的关系

信息传播产业的"大"，是当前的一个突出现象。不管是企业规模、产业规模，还是市场规模和用户规模，都体现一个"大"字。但是，大并不是信息传播产业发展的唯一趋势，而是重要的趋势。"强"是产业竞争力的体现。没有大的基础，强的力量就不能真正地体现。大而不强，终遭淘汰。例如，GE 公司所制定的"数一数二"策略，意味着所有 GE 旗下的公司，如果不能在限期内达到该领域数一数二的地位，那么就只有被关闭或出售一途。对公司和员工来说，这是长期且巨大的改造和变革。然而，公司内每个单位都在各领域的结果就是，GE 公司在全球市场竞争中总能保持数一数二的领先地位。不管是我国国资委对于其所属 167 家大型企业将要调整到 80 家左右的淘汰政策，还是 GE 的韦尔奇的"数一数二"的发展策略，都说明企业大而不强，则命运未卜，前途莫测。

（六）信息传播企业规模大与小的关系

从理论逻辑来看，一个产业生态系统不可能只有参天大树，而没有茵茵绿草。但是只有绿草，而没有大树，也无法真正形成成熟的产业生态系统。作为一个成熟的产业系统，仅仅有大企业是不够的，对于信息传播企业的发展而言，大并不是唯一的选择。在日益复杂的市场竞争环境中，大企业是否能够天长地久，也值得质疑，因为大企业本身也存在着诸如效率低下、管理迟滞等大企业病问题。另外，大企业如果破产，所产生的经济影响和社会影响也是巨大的，所以大企业运营的风险也是很高的。如果运营灵活，小企业也能基业长青。所以，对于信息传播产业来说，企业规模的大与小，不是绝对的好或者不好，而是相对的。对信息传播企业的判断标准，首先要看其是不是一个具有竞争力的企业。在企业的市场经营之中，大有大的难处，小也有小的难处。从整个产业角度来看，需要有一些既大又强的信息传播产业集团；从企业角度来看，规模之大并不是唯一的选择。对于产业生态系统来说，大企业和小企业数量应该有一个均衡的状态。

（七）信息传播产业管制与竞争的关系

信息传播产业的管制正在走向融合，信息传播产业的竞争正在趋于激烈。信息传播产业融合的复杂性导致了管制和竞争的复杂性。这种复杂性给信息产业的发展带来了新的挑战。有效管制和有效竞争对于信息传播产业来说，都是不可或缺的，都是一种理想的状态。不管是放松管制，还是再管制，其实都是一种管制方式的变化，但是管制并没有因为管制方式的变化而消失。竞争却由于全球化和市场化以及信息化等趋势而更加激烈，并在很大程度上对管制提出了新的要求。在两者关系中，有效竞争是主，有效管制是辅。前者是核心，后者是服务。曾经有种主张，认为应该尽量通过市场方式来调节产业发展，管制职能应该逐渐退出或者消失。这种观点是不全面的。信息传播产业的网络型产业特征越来越明显，其虚拟性、融合性和复杂性都需要管制体制的存在和调节。在这个领域，仅仅依靠市场调节是不完善的，如果发生市场失灵等情况则会造成很大的损失。另外，信息传播产业越发达，整个社会对于信息传播安全的需求也就越强烈和迫切。所以，信息传播的安全保障也要求有一个有效的管制机制发挥作用。

（八）信息传播产业分立与融合的关系

汇聚，是网络变革中不可遏止的一个势头，也是信息社会发展的一个大势所趋。这种汇聚首先体现为机器—机器、机器—人及人—人三对关系的调整或更新。从另外一个角度看，与网络相关的技术革命也将带来媒体之间的重组或融合。各种形式的汇聚，不仅将引发互联网产业或传媒产业的革命，也会带来社会的结构性变化，后者更是值得深思的。

但客观来看，融合不是唯一现象，也不是唯一趋势，而是当前信息传播活动中的一种重要趋势和现象。融合不等同于替代和取消，更包含着互补和丰富。产业分立是信息传播技术不完全具备情况下，信息传播产业的必然表现和必然选择。信息传播领域产业融合，是信息传播技术在比较完备情况下所发生的必然结果。产业分立是由于不成熟的单一技术的创新，而产业融合则是由于统一和开放的技术成为产业发展的基础。在信息传播产业的发展过程中，产业分立并没有彻底消失，产业融合也不是唯一的未来。"传播史告诉我们，任何新媒介的产生都不可能完全取代已有的老媒介。"这两种状态在信息传播产业中处于相互依赖、相互转化的状态，它们将在一定时期内保持共存共生的状态，并在此基础上向前演进。

（九）信息传播技术革命性与建设性的关系

信息传播技术的革命性，意味着新的技术对于原有信息传播格局的冲击和破坏，其建设性则意味着对新的信息传播格局的塑造和建设。不管是电报技术还是电话技术；不管是互联网，还是一般的 IP 电话或者是引人注目的 Skype；不管是电子邮件，还是 P2P 等技术，对于传统的信息传播服务来说，都是一种破坏性和颠覆性的技术。但是，新的信息传播技术是否也具有建设性，在破的同时具有立的支撑，能够在旧信息传播技术秩序被打破之后，建立新的秩序？这个问题值得思考。

（十）信息传播产业建构性和批判性的关系

信息传播产业的矛盾性辩证地体现在其产业发展的进程中。在信息传播产业方面，美国强调所谓公共利益和商业利益，我国强调社会效益和经济效益，虽然表述不同，但是基本思路是相同的。其建构性主要表现在对于经济力量的整合和确立上；而其批判性则来自非主流的美国媒体所发出的一种声音。建构性和批判性对于信息传播产业来说，也形成了一种平衡，有助于信息传播产业的发展。

通过对以上信息传播产业中重要关系的简略分析，可以发现，在信息传播产业的大媒体产业阶段，需要对以上这些关系进行深入研究，才能够真正把握产业发展的平衡，使整个产业发展步入良性的发展循环，从而通过大媒体产业的健康发展，将我国信息传播产业做强做大，在世界范围内提高我国信息传播产业的国际竞争力。

站在历史的河岸眺望未来，每个人都会心潮难平。中国先哲孔子曾感叹道："逝者如斯夫！不舍昼夜。"孔子所面对的河水昼夜不息，正如历史和人生永不停止的脚步。作为历史学家，汤因比对历史也同样感悟颇深："我们生活在一条思想的河流当中，我们在不断地记忆着过去，同时又怀着希望或恐惧的心情展望着未来。"在信息传播的历史中诞生新的产业，在产业分立的发展环境中度过150年的时间，在当前信息传播领域产业融合的环境中又诞生出新的产业形态。在大媒体产业的未来发展过程中，新的方向又在引导着信息传播活动向更新的境界迈进。

没有最好的信息传播技术，只有更好的信息传播服务。人类信息传播的需求没有明确边界，人类信息传播产业的发展也将没有明确边界。信息传播产业发展大潮的此消彼长，将最终以人类的信息传播需求为标尺来衡量。人类向着更大信息传播自由世代跋涉的行进之旅将永不停息。从人类信息传播活动的历史来看，大媒体产业是人类信息传播史上的一大结点，大媒体产业是人类信息传播现实的新的形态。在新的信息传播环境中，人类在信息传播方面得到了更大的时间和空间的自由，向着全面的信息传播形态又迈出了重要的一步。

交往的人全面发展的形态，是马克思和恩格斯根据交往的物的依赖形态已经表现出来的发展趋势，所设想的未来社会交往形态。这种社会形态建立在交往的物的依赖形态发展的基础之上，但摆脱了人的依赖关系和物的依赖关系对交往的限制，以个人的全面发展为特征。

从信息传播产业的角度来看，在全球范围内，大媒体产业将继续以高的产业集中度和大规模的企业组织为特征，并在复杂的竞争与垄断的产业环境中向前发展；从信息传播服务的角度来看，以人为本、创造新的信息内容和提供更快速的传播网络、提供全方位的信息传播服务体系，将是大媒体产业未来发展的总体方向。

人类信息产业活动正在迈向信息传播的理想境界，走向信息传播的自由王国。虽然这个历史进程面临着种种局限与冲突，面临着种种羁绊与壁垒，但是人类信息传播的历史将永远向前，并不断去触及新的信息传播空间，开拓新的信息传播领域。

参考文献

[1] 伊尼斯.传播的偏向 [M]. 双语.何道宽,译.北京:中国传媒大学出版社,2012.

[2] 波斯特.第二媒介时代 [M]. 范静哗,译.南京:南京大学出版社,2001.

[3] 海德格尔.存在与时间 [M]. 陈嘉映,王庆节,译.北京:商务印书馆,2015.

[4] 克朗.文化地理学 [M]. 杨淑华,宋慧敏,译.南京:南京大学出版社,2003.

[5] GOGGIN G. Disability and mobile internet[J]. First monday, 2015, 20 (9):15.

[6] RICHLING, PEDERSEN P E, DAN D, et al. Mobile communications[M]. London:Springer,2005.

[7] 帕克.移民报刊及其控制 [M]. 北京:中国传媒大学出版社,2013.

[8] 冯尼格.五号屠场 [M]. 彭利佳,译.呼和浩特:远方出版社,2004.

[9] NGUYEN A. Journalism in the wake of participatory publishing[J]. Australian journalism review, 2006, 28 (1):143-155.

[10] PAVLIK, JOHN V . Journalism and new media[M]. New York: Columbia University Press, 2001.

[11] 傅玉辉.大媒体产业:从媒介融合到产业融合 [M]. 北京:中国广播电视出版社,2008.

[12] 罗胥克.制作新闻 [M]. 台北:远流出版公司,1994.

[13] 卡伦.媒体与权力 [M]. 北京:清华大学出版社,2006.

[14] 凯尔纳,贝斯特.后现代理论:批评性的质疑 [M]. 北京:中央编译出版社,2004.

[15] STEWART W E. Forced convection: IV . Asymptotic forms for laminar and turbulent transfer rates[J]. Aiche journal, 1987, 33 (12):2008-2016.

[16] 王珍珍,鲍星华.产业共生理论发展现状及应用研究 [J]. 华东经济管理,2012, 26 (10):131-136.

[17] 库兰，古尔维奇. 大众媒介与社会 [M]. 北京：华夏出版社，2006.

[18] 巴雷特，纽博尔德. 媒介研究的进路 [M]. 北京：新华出版社，2004.

[19] 吴敬琏. 当代中国经济改革 [M]. 上海：上海远东出版社，2003.

[20] 李良荣. 为中国传媒业把脉：知名学者访谈录 [M]. 上海：复旦大学出版社，2006.

[21] 塔奇曼. 做新闻 [M]. 北京：华夏出版社，2008.

[22] 默顿. 社会理论和社会结构 [M]. 上海：译林出版社，2006.

[23] 马克思，恩格斯. 德意志意识形态 [M]. 节选本. 北京：人民出版社，2003.

[24] 科塞. 社会学思想名家 [M]. 上海：上海人民出版社，2007.

[25] 童兵. 主体与喉舌 [M]. 郑州：河南人民出版社，1994.

[26] 吉特林. 新左派运动的媒介镜像 [M]. 北京：华夏出版社，2007.

[27] 吴冷西. 缅怀毛泽东 [M]. 北京：中央文献出版社，1993.

[28] 朱正. 1957 年的夏季：从百家争鸣到两家争鸣 [M]. 郑州：河南人民出版社，1998.

[29] 马达. 马达自述办报生涯 60 年 [M]. 上海：文汇出版社. 2004.

[30] 胡绩伟. 我与胡乔木的十年论辩 [M]. 香港：卓越文化出版社，2006.

[31] 李大同. 冰点故事 [M]. 桂林：广西师范大学出版社，2005.

[32] 吴飞. 传媒竞争力 [M]. 北京：中国传媒大学出版社，2005.

[33] 张志安. 记者如何专业 [M]. 广州：南方日报出版社，2007.

[34] 谭慧. 媒介融合趋势下报业竞争力研究 [D]. 湖南大学，2009.

[35] 蔡雯. 融合：新闻传播正在发生重大变革 [J]. 新闻战线，2009 (6)：12-17.

[36] 人民日报报史编辑组. 人民日报回忆录 (1948—1988) [M]. 北京：人民日报出版社，1988.

[37] 邓科. 后台：第一辑 [M]. 广州：南方日报出版社，2006.

[38] 邓科. 后台：第二辑 [M]. 广州：南方日报出版社，2008.

[39] 叶成群. 记者档案之聚焦新闻大事件 [M]. 北京：中国青年出版社，2005.

[40] 李大同. 用新闻影响今天 [M]. 香港：泰德时代出版有限公司，2006.

[41] 埃尔德里奇. 获取信息：新闻、真相和权力 [M]. 北京：新华出版社，2004.

[42] CHEN X D. Comparative research on the effect of anaerobic threshold intensity training in inline speed skating[J]. Journal of Changchun normal university (natural sciences), 2009，28 (1)：75-78.

[43] FU Y H. A review of internet communication studies of year 2007 in mainland of China[J]. Journal of international communication, 2008 (1)：21-24.

[44] 李金铨.超越西方霸权 [M].香港：牛津大学出版社，2004.

[45] 方汉奇.中国新闻事业通史：第 3 卷 [M].北京：中国人民大学出版社，1999.

[46] 戴维斯沃茨.文化与权力：布尔迪厄的社会学 [M].上海：上海译文出版社，2006.

[47] 吉登斯.社会的构成 [M].北京：生活·读书·新知三联书店，1998.

[48] 吉登斯.社会学方法的新规则 [M].北京：社会科学文献出版社，2003.

[49] 林晖.历史的探索 [M].武汉：武汉大学出版社，2009.

[50] 孙玉胜.十年：从改变电视的语态开始 [M].北京：生活·读书·新知三联书店，2003.

[51] 汤普森.意识形态与现代文化 [M].上海：译林出版社，2005.

[52] 韦伯.经济与社会：解释性社会学纲要 [M].伯克莱：加利福尼亚大学出版社，1978.

[53] 涂尔干.社会分工论 [M].北京：生活·读书·新知三联书店，2000.

[54] 汪家驷.新闻三十论 [M].北京：人民出版社，2008.

[55] 中共中央宣传部新闻局.为时代英雄放歌 [M].北京：学习出版社，2005.

[56] 陈力丹.马克思主义新闻观思想体系 [M].北京：中国人民大学出版社，2006.

[57] 巴兰，戴维斯.大众传播理论：基础、争鸣与未来 [M].北京：清华大学出版社，2004.

[58] 李良荣.历史的选择 [M].武汉：武汉大学出版社，2009.

[59] 布尔迪厄.文化资本与社会炼金术 [M].上海：上海人民出版社，1997.

[60] 《财经》杂志编辑部.转型中国 [M].北京：社会科学文献出版社，2003.

[61] 张志安.报道如何深入 [M].广州：南方日报出版社，2006.

[62] 李良荣.企业与传媒：竞合之道　财富精英访谈录 [M].上海：复旦大学出版社，2006.

[63] 鲁品越.资本逻辑与当代现实：经济发展观的哲学沉思 [M].上海：上海财经大学出版社，2006.

[64] 西美尔.货币哲学 [M].北京：华夏出版社，2002.

[65] 马克思.资本论：第 1 卷 [M].北京：人民出版社，1975.

[66] 霍克海姆，阿道尔诺.启蒙辩证法 [M].上海：上海人民出版社，2006.

[67] 黄旦.传者图像：新闻专业主义的建构与消解 [M].上海：复旦大学出版社，2005.

[68] 吉登斯.现代性的后果 [M].上海：译林出版社，2000.

[69] 丹尼斯，梅里尔.媒介论争 [M].北京：北京广播学院出版社，2004.

[70] 王永亮,成思行.倾听传媒论语[M].北京:新世界出版社,2003.

[71] 基兰.媒体伦理[M].南京:南京大学出版社,2009.

[72] 邓莹.关于新闻媒体自律的若干思考[J].社会科学家,2005 (6):149-150.

[73] 韩国强.论市场经济背景下的媒体自律[J].电视研究,2000 (1):22-24.

[74] 蔡招娣,傅小朋.媒体自律与虚假新闻防治[J].新闻世界,2010 (3):67-68.

[75] 沈月娥.新媒体伦理缺失及其体系构建[J].甘肃社会科学,2012 (2):19-21.

[76] 苏玲,阳波.网络新闻媒体伦理失范的原因与对策[J].南华大学学报(社会科学版),2013,14 (3):34-38.

[77] 李良荣.论中国新闻媒体的双轨制:再论中国新闻媒体的双重性[J].现代传播,2003 (4):1-4.

[78] 段孟,张昕怡,姜向海.关于我国新闻媒体的双轨制研究[J].新闻研究导刊,2016,7 (17):94.

[79] 张重宪.建立一体化双轨制学习型媒体新机制的思考[J].职业教育研究,2007 (11):153.

[80] 邢仔芹.媒介融合的现状及对传媒业的影响[D].济南:山东大学,2009.

[81] 蔡雯.培养具有媒介融合技能的新闻人才:与美国密苏里新闻学院教授的对话[J].新闻在线,2005 (8):84-86.

[82] 言靖.媒介融合时代的人才培养[J].新闻爱好者(理论版),2009 (9):150.

[83] 蔡雯.美国新闻教育改革的经典个案:对美国哥伦比亚大学新闻学院的调研报告[J].国际新闻界,2005 (5/6):45-50,61-66.

[84] 叶蓁蓁,盛若蔚.中央厨房探路融合发展[J].中国报业,2015 (7):38-39.

[85] 姚丽亚.基于"中央厨房"模式的新闻生产理念创新[J].新闻界,2015 (14):63-67.

[86] 温建梅.基于"中央厨房"制的全媒体运作模式探讨[J].中国出版,2011 (12):56-58.

[87] 阿特休尔.权力的媒介[M].北京:华夏出版社,1989.

[88] 赖特米尔斯.社会学的想象力[M].北京:生活·读书·新知三联书店,2001.

[89] 厉以宁.超越市场与超越政府:论道德力量在经济中的作用[M].北京:经济科学出版社,1999.

[90] 王建芹.非政府组织的理论阐释:兼论我国现行非政府组织法律的冲突和选择[M].北京:中国方正出版社,2005.

[91] 陈怀林,何舟.中国传媒新论[M].香港:太平洋世纪出版社,1998.

[92] 董郁玉, 施滨海. 政治中国：面向新体制选择的时代 [M]. 北京：今日中国出版社, 1998.

[93] 魏永征. 新闻法新论 [M]. 北京：中国海关出版社, 2002.

[94] 刘锐. 微博意见领袖初探 [J]. 新闻记者, 2011 (3)：57-60.

[95] 桑亮, 许正林. 微博意见领袖的形成机制及其影响 [J]. 当代传播, 2011 (3)：12-14.

[96] 宋好. 微博时代"意见领袖"特点探析 [J]. 今传媒, 2010, 18 (11)：96-97.

[97] ZHOU Y, JANG Y. The influence resulted from the mobile phone to the news dissemination[J]. Press circles, 2009 (1)：76-78 .

[98] KONG L H. Four roles and three operations of work of propaganda, ideology and culture in colleges and universities[J]. Journal of Nanjing university of aeronautics and astronautics (social sciences), 2009 , 11(3)：16-19 .

[99] 列宁. 列宁全集：第 12 卷 [M].2 版. 北京：人民出版社, 1987.

[100] 马克思, 恩格斯. 马克思恩格斯全集：第 46 卷（上）[M]. 北京：人民出版社, 1987.

[101] 马克思, 恩格斯. 马克思恩格斯选集：第 3 卷 [M]. 北京：人民出版社, 1995.

[102] 列宁. 列宁选集：第 2 卷 [M]. 北京：人民出版社, 1972.

[103] 李良荣. 李良荣自选集 [M]. 上海：复旦大学出版社, 2004.

[104] 段晓锋. 非正式制度对中国经济制度变迁方式的影响 [M]. 北京：经济科学出版社, 1998.

[105] 梁博祥. 我国晚报事业发展概况 [M]. 北京：中国社会科学出版社, 1987.

[106] 李良荣等. 历史的选择 [M]. 武汉：武汉大学出版社, 2009.

[107] 邢仔芹. 媒介融合的现状及对传媒业的影响 [D]. 济南：山东大学, 2009.